Елена Улановская

Пальмы на асфальте

Дорогой нашей [illegible] с любовью и благодарностью от автора
[illegible] 04/30/[illegible]

БОСТОН • **2016** • BOSTON

Елена Улановская Пальмы на асфальте
Elena Ulanovsky Palmy na asfalte
(Palms from the Asphalt)

Редактор Наталия Гастева / Edited by Natalia Gasteva

ISBN 978-1-940220550

Library of Congress Control Number: 2016915232

Published by M•Graphics, Boston, MA
www.mgraphics-publishing.com
info@mgraphics-publishing.com
mgraphics.books@gmail.com

Подготовка к печати и дизайн: M•Graphics © 2016
Дизайн обложки: Н. Коэн © 2016

В оформлении обложки использована картина Елены Гурович (Анел Гур)
Фотографии: Игорь Шрайбман и Наташа Майко

При подготовке издания использован модуль расстановки переносов русского языка **batov's hyphenator**™ (www.batov.ru)

Отпечатано в Израиле

*Моему мужу Александру Улановскому,
родителям Вите Ароновне
и Миле Мойшевичу Мирошникам,
брату Александру Мирошнику,
и детям Мише, Кате, Данику, Карине
посвящается.*

*Без них не было бы меня. Без их помощи,
поддержки и беззаветной любви
не было бы этой книги.*

Автор приносит самые сердечные благодарности:

— Марине Адамович, главному редактору «Нового Журнала» (Нью-Йорк) и Наташе Гастевой, литературному консультанту «Нового Журнала» и редактору этой книги за веру и поддержку.

— Михаилу Минаеву за замечательное издание книги.

— Наташе Остапенко, Тане Соломахе, Марине Волковой, Сергею Чирве, Мэри Загашвили, Марии Писаревой, Ирине Столпер, Елене Овчаренко, Ольге и Мише Свет, Алле Фаризон, Ирине Белл, Норе Хант, Ольге Гейликман, Юлии Стоун, Ольге Лихтциндер, Тамаре и Боре Райхманам, Ольге Молдавской, Ирине и Саше Ищенко, Жене Абрамовой, Саше Золотницкой, Леониду и Виктории Явецам, Юлии Зайчик, Марине Мачулиной, Рине и Жене Мирошник, Эдуарду Улановскому, Наталии и Геннадию Майко, Юлии Шнеер, Любе Катцев, Любе Марголиной, Оксане Роговой, Юлии Жоровой, Инне Рифкиной — моим первым читателям и советчикам.

Энциклопедией Большой Алии 1989–2003 года я бы назвала свой роман «Пальмы на асфальте». Как морской вал, обрушившись на берег, тащит с собой назад в море камни, ракушки и не сумевших зацепиться крабов, так и волна эмиграции в Израиль тащила за собой всех: согласных и несогласных, евреев в душе и евреев только по паспорту, да и неевреев вовсе — тех, кто выехал по необходимости, вслед за мужьями и женами, а также всех, кто был готов уехать любой ценой, даже подделав документы, чтобы стать евреем.

Все эти герои есть в моей книге, они связаны родственными связями, любовными узами, некоторые жили в одном городе до отъезда, а некоторые познакомились в бесконечной очереди на получение Израильских виз в Москве… Они все оказались в Израиле практически одновременно — к началу войны в Персидском заливе… Сколько лет понадобилось им, чтобы назвать Землю Обетованную своей? Кому-то одна ночь бомбежки, кому-то десяток лет, а кому-то целая жизнь…

Елена Улановская
октябрь 2016 г.

Об эмиграции в разные времена написаны сотни книг, среди которых особое место занимает литература о массовом переселении на землю обетованную.

Роман Елены Улановской «Пальмы на асфальте» — еще одна попытка рассказать о тех, кто по тем или иным причинам покинул Родину и направился в далекую неведомую тогда страну Израиль, в поисках лучшей жизни. Время «великого переселения» приходится на период 1990–2005 года.

Перед читателем проходят вереницы людей — героев повествования из самых разных уголков бывшего Советского Союза, и продолжай они жить там где родились и выросли, — никогда не встретится им в этой жизни: столь различными изначально были их судьбы, среда обитания, сфера деятельности и т.п.

Однако волею автора все они оказываются в схожих условиях, сталкиваются с одинаковыми трудностями, попадают в подобные ситуации. И тут-то начинают проявляться настоящие качества каждого, скрытые, возможно, даже от них самих. Эмиграция высвечивает с неожиданной стороны то, чего на самом деле стоит человек.

Автор показывает весь спектр человеческих отношений: где бывшие хозяева жизни порой пасуют перед первыми трудностями, а тот, кто слыл слабым, неожиданно проявляет верх мужества, преданности и воли. Рушатся надежды, разбиваются амбиции, а побеждают любовь, вера и терпение…

Наталия Гастева, редактор
октябрь 2016 г.

Глава 1

Мороз сковывал все члены, особенно отмерзало причинное место, потому что Игорь, поддавшись порыву пижонства, надел короткую дублёнку, вернее, даже не дублёнку, а куртку из искусственной замши, которую вчера купил на толкучке. Деньги нужно было тратить, так как с собой в Израиль можно было вывезти только сто долларов на человека. Всё, что было выручено за машину, он спустил быстро. Только за вчерашний день ему удалось потратить семь тысяч рублей, прикупив эту «дублёнку», кожаный костюм сестре, мокасины на чисто кожаной подошве, которые он тоже напялил по своей глупости, забыв про знаменитые московские морозы, видно, давно «Войну и мир» не перечитывал. Глупость заключалась в том, что оделся Игорь во всё новенькое только из-за той активной дамочки — конечно же, брюнетки, и с такими вот, вразлёт, бровями, — которая вечером составляла списки на сегодняшнюю очередь в консульство. Надо же, неизменно тянет его на активисток, так сердце и замирает сладко, как слышит их командный голос. Так и видится ему ежедневная линейка в пионерском лагере, когда их горластая вожатая звонким голосом отдавала команды, высоко задрав руку в пионерском приветствии. До того высоко, что вся её, и без того короткая, синяя юбка взвивалась, как флаг на флагштоке, и открывала жадным до сексуальных впечатлений подросткам все прелести летнего отдыха... Надо честно признаться, что звук барабанных палочек возбуждал его не меньше. Эх, надо было идти в военное училище... Но в лётное евреев не брали, а на штурмана он размениваться не согласился.

Игорь осмотрелся. Сейчас листочком со списком очереди в израильское консульство, где последний номер уже перевалил за четыреста, размахивал холёного вида молодой человек с чеховской бородкой, в такой же точно, как у Игоря, дублёнке, купленной, по всей видимости, у того же спекулянта на вчерашней толкучке. А когда Игорь узнал, что этот парень приходится мужем вчерашней активистке, он очень расстроился: она увидит и его, Игоря, в этой злосчастной куртке. С Володей — так звали его близнеца по дублёнке — они быстро подружились. Он вообще всегда испытывал симпатию и быстро входил в приятельские отношения с мужьями женщин, которые ему нравились. Так, по-родственному.

Сотрудники их отдела праздники и дни рождения отмечали без мужей и без жён, но на демонстрациях[1] обязательно встречались семьями в заветном месте за главным универмагом,[2] куда сходились колонны всех городских предприятий. Тут же рядом, в универсаме,[3] покупали пару бутылок водки, докторскую колбасу[4] или холодную курицу в кулинарном отделе (этого добра тогда ещё хватало), и тут же, со всеми своими половинами, выпивали за праздник.

Особенно хорошо водка согревала на Седьмое ноября,[5] — когда руки стыли от солёных огурцов, которые Светка для него приносила; и он точно знал, что приносила она их для него, хоть она их и ему и мужу своему, Анатолию, сама по очереди из банки вытаскивала — ручки у неё были маленькие и аккуратные. Эти ручки, хоть и маленькие, многое умели делать, когда Игорь со Светкой оставались во вторую смену. У них всегда был час, когда наладчики уходили на перерыв, и не было опасности, что кто-нибудь будет ломиться в двери. Часа хватало с головой, даже лишнее время оставалось, когда надо было придумывать, о чём говорить…

Игорь вздрогнул — то ли от холода, то ли от неприятных воспоминаний: какую истерику ему устроила Светка, когда он ей сказал, что уезжает в Израиль. Как-то особенно, противно, по-бабски, она заголосила и театрально бросилась ему на грудь, благо никто не слышал. Двери у них в отделе железные, и на-

---

[1] Демонстрации — проводились 7 ноября и 1 мая во всех городах СССР.

[2] Универмаг — универсальный магазин (сокращение).

[3] Универсам — универсальный продуктовый магазин (сокращение).

[4] Докторская колбаса — вид варёной колбасы, продававшейся без ограничения.

[5] 7 ноября — день Великой Октябрьской Революции (отмечался с 1918 по 1999 г.).

ладчики все на перерыв ушли, только станки мерно гудят. После этого он с ней ни разу во вторую смену не оставался — зачем ему эти драмы и трагедии? Да у него таких Светок ещё видимо-невидимо будет, вся жизнь впереди; и какая жизнь — не то, что в этой социалистической тюрьме. В первую очередь он себе купит компьютер, и это будет его личный, только ему подвластный компьютер, и первое, что он на него запишет — это порнографическую игру. Он про такие игры слышал от одного приятеля, который побывал за границей. И тогда не надо будет в видеозале с подростками сидеть и смотреть, как они потихоньку в темноте онанируют, думая, что их никто не видит. И с очередной Светкой можно будет подождать, пока он язык не выучит.

У него и сейчас после каждого урока иврита на несколько дней желание пропадает — хоть ходи в видеозал, хоть не ходи…

Игорь почувствовал, что замерзает окончательно, и хотел было предложить своему новому приятелю греться по очереди, когда тот, уже передав список очередному активисту, сам же потянул его в ближайший магазин погреться.

Они стояли между колбасным и мясным отделом, прислонившись к раскалённой батарее, и говорили так, как будто знали друг друга много лет. Они были чем-то похожи: в одинаковых дублёнках, коренастые; оба, как оказалось, занимались вольной борьбой. Правда, Володя сейчас бросил тренировки, не до этого. Спиртное покупать не стали, неудобно: кто-то выйдет из израильского посольства, а тут запах алкоголя. Уж очень по-русски получается, а они всё-таки евреи.

Это теперь Игорь стал евреем, а раньше был своим парнем, но с «пятой графой».[6] И сколько бы его лучший друг Женька (украинец, конечно), с которым он десять лет сидел за одной партой, ни доказывал, что евреи — самый умный народ в мире и что сам Иисус Христос был евреем, Игорь ещё в младших классах понял, что он не такой, как другие. При этом на еврея внешне он похож не был: светловолосый и голубоглазый, круглолицый и улыбчивый, с ямочками на щеках, он всегда был любимцем девочек и в школе, и в институте.

[6] Пятая графа — графа для указания национальности в типовых анкетах.

И фамилия у него была не еврейская, а, можно сказать, самая что ни на есть русская — Дубровский. Но в классном журнале точно было записано, что он еврей. Это ему отец сказал. И ещё отец всё время ему внушал: «Ты, — говорил он, — если обижают, должен бить крепче всех, а если математику спрашивают — знать лучше всех, потому что ты — еврей, и спрос с тебя больше…»

А сейчас они с Володей этим были одинаковые, и все четыреста человек в очереди были такими, как они, и потом, как оказалось, ещё шестьсот тысяч человек таких же, как они, поднялись и уехали в маленькую страну Израиль, которая была величиной с Харьковскую область. А пока они не просто разговаривали, а обменивались информацией.

Информация на ту пору была на вес золота. В основном, её по крупицам собирали из писем родственников, уехавших в Израиль, — таковые в том или другом виде неожиданно находились почти в каждой семье.

У Игоря, вернее, у его мамы, нашёлся родственник её — двоюродный брат со смешным именем Барух, который после отсидки в лагерях был в семидесятых годах выпущен в Израиль. Три факта выудил Игорь из его мало понятных писем, где многие слова состояли из одних только согласных, как на иврите. Первое: все жители страны обетованной продали свою душу золотому тельцу; второе: дескать, в море Барух купается 350 дней в году; и третье: что Хайфа — самый лучший город в Израиле.

Не было никакой логики в том, что на основе этой богатой информации семья Игоря, то есть он, отец, мать и семнадцатилетняя сестра, приняли решение оставить всё и ехать в Израиль и, конечно же, в Хайфу, — но это произошло именно так…

Игорь очень опасался, что Барух (а по-русски просто Борис), который был явно не от мира сего, не сможет послать вызов, необходимый для оформления визы, но «дядя» — как они стали его ласково называть — с задачей справился.

Володя только посмеялся над этим рассказом. Сам он был из Минска, но институт заканчивал в Москве, и у него здесь осталось много друзей. А Москва, как известно, столица нашей Родины, и информация сюда приходит из первых рук. Володя знал всё досконально. Но Игорь даже не стал его ни о чём расспрашивать. Изменить уже ничего было нельзя. Как морской вал, обрушившись на берег, тащит с собой назад в море камни, ракушки и не сумевших зацепиться крабов, так и волна эмиграции в Израиль тащила за собой всех: согласных и несогласных, евреев в душе и евреев только по паспорту, да и неевреев вовсе — тех, кто выехал по необходимости, вслед за мужьями и жёнами, а также всех, кто был готов уехать любой ценой, даже подделав документы, чтобы стать евреем. Быть евреем стало выгодно и почётно.

Так, в разговорах, перекличках в очереди, перебежках в магазин погреться, незаметно пролетел день. Новые приятели, которым посчастливилось сдать документы в этот день, с чувством выполненного долга шли, вернее, почти бежали к станции метро, к призывному теплу, валящему паром из распахнутых дверей. Снег у входа растаял и превратился в мокрое коричневое месиво, — куда Игорь тут же попал ногой, испортив новые мокасины.

«Брось, не расстраивайся, — пошутил Володя, — в Израиле они тебе не понадобятся, будешь во «вьетнамках» на море ходить триста пятьдесят дней в году, как твой Барух. Всё равно работу не найти». Игорь не прореагировал на шутку. Он вспомнил, как слышал по «Голосу Израиля» о том, что вся страна активно готовится к приезду большого количества эмигрантов. Директор одного из крупных предприятий отрапортовал представителю «Сохнута»,[7] что они приготовили для новых «олим»[8] аж девять рабочих мест. Между тем, только сегодня, за один день, на глазах Игоря через израильское консульство прошло не менее четырёхсот человек. И снова, как часто бывало в последнее время, когда он узнавал что-нибудь новое об Израиле, ему начинало казаться, что его со страшной силой затягивает в огромную чёрную воронку, из которой нет выхода.

Игорь очнулся, услышав, как Володя смеётся. «Что, заснул, разомлел от тепла? Мы сейчас выходим, ты едешь со мной».

---

[7] Сохнут — организация для абсорбции новых репатриантов.

[8] Олим-хадашим — новые репатрианты (иврит)

У Игоря не было сил сопротивляться, да и очень не хотелось возвращаться к своей московской тётке, которая хоть и являлась спасением всей семьи, когда нужно было съездить в Москву, но была одновременно и сущим наказанием. Мало того, что в каждую поездку Игорь привозил ей огромную сумку с трёхлитровыми банками украинских огурчиков и помидорчиков домашнего засола, но приходилось терпеть её скучные разговоры, по-московски жидкий чай с прошлогодним печеньем; упиваться тремя кружочками венгерского сервелата из закрытого распределителя (куда она была прикреплена как ветеран партии), тогда как дома Игорь съедал палку копчёной колбасы в два присеста — одну половину утром за завтраком, а вторую половину вечером после работы. Одним словом, Игорь сопротивляться приглашению Володи не стал. У него только хватило сил спросить — не нужно ли чего купить поесть, на что его новый приятель ответил, что о них уже позаботились. К тому же, в глубине души, как ни стеснялся Игорь себе в этом признаться, ему хотелось ещё раз увидеть жену Володи, эту вчерашнюю «пионервожатую». Что-то подсказывало ему, что он был ей симпатичен.

К тому же его разрыв со Светкой и отсутствие времени заниматься своей личной жизнью поставило Игоря в довольно непривычную ситуацию. Несмотря на то, что он не был женат, а, может быть, именно поэтому, Игорь не привык больше трёх дней обходиться без женщины.

На случай внезапной ссоры с очередной подругой, или какой-нибудь другой непредвиденной ситуации, у него всегда был запасной вариант, а то и два.

Но с тех пор, как они стали вдвоём оставаться во вторую смену, альтернативные варианты уже не были нужны. Светка своим обожанием и готовностью ублажать его двадцать четыре часа в сутки отбила его у всех старых, новых и будущих подруг. Он растерял их адреса, позабыл телефоны и разучился знакомиться на улицах.

В Москве он уже неделю, а последний раз был со Светкой во вторую смену ещё за неделю до этого. «Признайся, — говорил он сам себе теперь уже в электричке, пока Володя, тоже разморённый жарой натопленного вагона, клевал носом, —

только из-за этого ты и хочешь её видеть, его жену, только из-за этих двух недель воздержания! Парень о тебе заботится, а ты уже на его женщину глаз положил. Недаром Светка что-то такое кричала о твоей порочной душе; где только слов таких набралась, ведь колхозница-колхозницей. Зря с ней связался, — вздохнул он. Потом, вспомнив её маленькие ручки, улыбнулся про себя, — нет, не зря…»

Наконец, выпрыгнув на абсолютно пустую, погружённую в кромешный мрак и холод платформу и совершив небольшой рывок в двадцать минут по ночному зимнему лесу, они открыли калитку небольшого четырёхквартирного дома на улице маленького рабочего посёлка. Протянув руку к дверному звонку, Володя скороговоркой объяснил Игорю, что супруга его ещё ночью улетела в Минск: у ребёнка поднялась температура; комнату в гостинице он сдал, и сегодня они заночуют здесь, у его старой приятельницы по институту. Он всегда останавливается здесь, когда бывает в Москве. По тому, как быстро открылась дверь, и приятельница — между прочим, в красном шёлковом халате, — увидев Игоря, явно подавила в себе естественное желание броситься Володе на шею, и как церемонно она пожала ему руку, а он по-хозяйски подёргал ручку входной двери и тут же попытался закрутить ногтем большого пальца расшатавшийся винт, — Игорь понял, что Володя в Москве бывает часто. И хотя Володя не выглядел чрезмерно счастливым от этой встречи, Игорю всё равно стало обидно за пионервожатую: так вот эти энтузиастки и сгорают. Жалко было, что он её уже, скорей всего, никогда в жизни не увидит, и смешно было от своих сегодняшних угрызений совести перед Володей. «Зачем вообще жениться, — подумал он в который раз в мысленном споре с мамой. — Зачем жениться, чтобы через год или два захотелось почаще бывать в Москве у какой-нибудь старой приятельницы? Да ещё этот красный халат…»

Глава 2

Лидия Михайловна (по паспорту Лидия Моисеевна) Дубровская сидела, опустив руки, на диване, глядя на свой, обычно набитый, а сегодня полупустой, повидавший виды учительский портфель. В нём легко поместились все личные вещи, которые она забрала из своего знаменитого на весь район химического кабинета, освобождая его для преемницы. Это то немногое, что осталось у неё после 29-ти лет бессрочной службы в одной и той же школе. Одного года не хватило ей, чтобы отметить тридцатилетие работы, получить медаль, устроить банкет прямо здесь, в школе, в складчину с «девочками».

«Девочками» называл всех учительниц, пришедших вместе с ним из института в новую школу, только что открывшуюся на рабочей окраине, директор школы — их любимый Коля, а для учеников — Николай Сергеевич. Таких уже осталось всего несколько, одна за другой «девочки» приходили к этому своеобразному юбилею, за которым «светила» только пенсия, для одних — долгожданная, когда можно будет полностью отдаться дачному участку, а для других — жуткая, как смерть с косой.

По единодушному мнению женского пола, Коля был в школе единственным мужчиной. Военрук, учитель труда и учитель физкультуры в мужчинах не числились, так как на «девочек» внимания не обращали абсолютно, как будто состояли в каком-то своём мужском заговоре, — хотя очень даже по-мужски, каждый день, «на троих», распивали бутылочку, — и (об этом с ужасом недавно узнала Лидия Михайловна от своего сына) иногда приглашали к себе в компанию старшеклассников, которые всегда готовы были сбегать в соседний магазин, где их уже знали и к возрасту не придирались.

Наступили времена гласности, и учительница по новому в школе предмету — психология, годившаяся в дочери всем «девочкам», высказала осторожное предположение, что тройка этих мужчин-учителей представляет собой закрытую «гомосексуальную группу». Кроме того, она не отрицала возможности, что группа будет расширяться за счёт старшеклассников. Все «девочки» задохнулись от ужаса, кроме учительницы пения, Ларисы Александровны, которая была тоже лет на двадцать пять моложе основного костяка. Она долго хохотала, да так сильно, что её кудряшки, торчащие во все стороны, разметались ещё больше, — пока не поймала взгляд, полный ненависти, брошенный на неё математичкой. Все знали, что математичка была тайно влюблена в Колю, ещё со студенческой скамьи, и так и не вышла ни за кого замуж, чем очень усложнила изучение математики всем ученикам школы номер 54.

Все знали также, что Коля, иногда по-отцовски пытается пригладить кудряшки Ларисе Александровне, упрекая её за беспорядочную причёску. А вот о том, что у благополучного семейного Коли, женившегося на своей однокласснице ещё до поступления в институт, есть любовница в отделе народного образования, и поэтому их школа финансируется лучше, чем другие, — сплетничать боялись, особенно при математичке.

Всё это крутилось в голове у Лидии Михайловны, когда она смотрела на последний номер торчащего из портфеля журнала «Химия и жизнь», диплом члена химического общества и фотографии детей, стоявшие обычно в большом шкафу, прижатые большими колбами. А ведь она была уверена, что уже не вспомнит о школе, как только выйдет за её порог.

Такой и застал её Игорь, вернувшись из Москвы, — сидящей, бездеятельной и притихшей, без своих любимых очков с неизменно золотистой, неокисляющейся оправой. Он переступил порог, свалил в углу чемоданы, увидел полупустой портфель, из которого выпали их с сестрой фотографии, и присел напротив матери. У них издавна сложились не только семейные, вернее, не столько семейные, сколько производственные отношения. Игорь учился в той же школе, где его мама работала и, несмотря на недовольство отца и сочувствие друзей, ему это не мешало. К чести Лидии Михайловны нужно сказать, что она никогда не вмешивалась в его школьные дела, не говорила о нём с учителями, а если на него жаловались, только молча разводила руками.

Всегда подтянутая, стройная, уверенная в себе, с коротко подстриженной копной таких же, как у него, непокорных русых волос, Лидия Михайловна целыми днями была занята в своём химическом кабинете, готовила препараты к какому-нибудь очередному уроку. После всех занятий она тоже домой не торопилась, нужно было приготовиться на завтра, а Игорь, перед тем как пойти на тренировку по борьбе, делал уроки на коленях, втиснувшись между металлическими шкафами для химической посуды. Большие колбы его всегда особенно интересовали. Когда он был маленький, он представлял их стадом огромных загадочных животных с другой планеты и, когда мама не видела, переставлял их в шкафу «по росту». Как- то он случайно отбил у одной колбы кусок горлышка, порезал руку, но маме не рассказал и долго потом стыдился своей трусости, решив, что обязательно расскажет ей об этом через год или два. А через год или два эти же огромные округлые колбы своими выпуклостями стали вызывать в нём такие сильные сексуальные ассоциации, что какое-то время он даже стеснялся открывать этот шкаф.

Что ни говори, всё, связанное с матерью, для Игоря всегда было защитой. Это был тыл, стена, что-то незыблемое. И хотя на его памяти Игорю не пришлось прибегать к её поддержке ни разу, он всегда чувствовал и в молчании матери, и в руке на его плече её готовность закрыть его собою, если понадобится.

И вот она сидит перед ним — такая непривычно беспомощная, сгорбившаяся. У него защемило сердце, запершило в горле и даже как-то предательски защипало в глазах. В эту минуту в коридоре хлопнула дверь: вернулись отец и сестра. Лидия Михайловна моментально выпрямилась — отец Игоря был последним человеком, перед которым она хотела бы показать свою слабость.

Отец — особая статья в жизни Игоря. С одной стороны, тот всегда принимал активное участие в жизни сына, а с другой, — всегда неимоверно его раздражал. На родительские собрания в школу ходил отец и всегда расстраивался, если не из-за Игоря, то из-за других ребят. И дома, поймав Игоря после тренировки, долго его терзал разговорами о «нашей общей ответственности». Игорь, когда был помладше, прислушивался, тоже расстраивался, и даже плакал, а в старших классах, когда понял, что репертуар не меняется, стал злиться. У него и так никогда не было времени, а про себя думал, что если бы отец не изменял матери, то, наверное, не стал бы приставать со своими нудными разговорами, тем более, что претензии к нему, к Игорю, предъявить было трудно: учился он не хуже других и все годы занимался спортом.

В передней к голосам отца и сестры примешивался ещё один смешливый женский голос, и тут уже вытягиваться пришлось Игорю. Он и забыл, что по средам приходит Аллочка и проводит уроки английского для всей семьи. Так было принято во многих семьях, которые собирались выезжать в Израиль. Тут Игорь с мамой были аутсайдерами, находясь приблизительно на одном уровне; зато сестра вдруг преображалась и из серой мышки превращалась в настоящую американку: одутловатое лицо её с мышиного же цвета оправой вдруг облагораживалось и становилось этакого западного образца. Сестра была ещё одной проблемой в жизни Игоря. Точнее сказать, сестра и отец представляли собой один лагерь, а он с матерью — другой. Игорь, как и его мать, был немногословен, деятелен и собран, сестра же была в отца: размазанная, с вечными недомоганиями и переменчивым настроением.

Сестру — чтобы ей не надо было слишком рано вставать — определили в ближайшую районную школу. Отец вызвался её по утрам сопровождать. После школы она была на продлёнке и возвращалась почти одновременно с отцом. Намного позже приходила мама, и только потом Игорь — с тренировки. К приходу Игоря все уже расползались по комнатам; впрочем, расползаться особенно было некуда: две комнаты, одна, спальня, — его с сестрой, вторая, «гостиная», — родительская, проходная, между прочим...

С сестрой он не ссорился, но и не дружил. Когда она родилась, приходилось помогать маме: гулять с ней, ходить на молочную кухню или сидеть дома, когда сестра болела. Пару раз даже пришлось пропустить школу: мама должна была проводить районную олимпиаду по химии и не могла взять больничный. Игорь выполнял все обязанности по уходу за сестрой добросовестно, но симпатии, а, тем более, любви к ней никогда не испытывал. И имя ей дали неприятное в сочетании с фамилией — Маша. Маша и Дубровский — Маша Дубровская. Ребёнком она была плаксивым, рыхлым и не очень симпатичным, хотя отец в ней души не чаял. Может быть, это тоже охлаждало чувства Игоря. В школе, вопреки его ожиданиям, её никто не обижал, хотя Игорь, зная, как к таким девочкам относятся в классе, был готов отстоять честь семьи. То, что она училась в другой школе, его не смущало. Впрочем, с малолетками он драться не собирался, достаточно их было припугнуть. Но, видимо, не такой уж бесхребетной была Маша Дубровская, раз, несмотря на полное отсутствие популярности и подруг, ухитрялась не давать себя в обиду.

Да и Игоря она держала на расстоянии, и он с ней никогда не связывался, несмотря на то, что его отчаянно раздражали вечно разбросанные по комнате вещи, и он никак не мог понять, как среди всего этого бедлама можно лежать на кровати, задрав ноги, и читать Блока с мечтательно-идиотским выражением лица. Он старался поменьше бывать дома, ему это легко удавалось, — сначала школа и спорт, потом школа, спорт и девочки, потом работа, спорт и женщины. И уж его женщины были полной противоположностью его сестре.

Глава 3

Маша была в своей стихии. Во-первых, она обожала говорить по-английски (всегда приятно делать то, что хорошо получается); во-вторых, ей доставляло истинное удовольствие осадить своего задаваку-братца. Куда только его спесь делась… а ведь помимо общих занятий, он берёт уроки английского индивидуально. Видишь, молчит, как воды в рот набрал.

Читать и переводить каждый дурак может, а ты попробуй поговорить. И перед англичанкой хвост распустить не может, а та — женщина вполне ничего; (старовата, правда, и полновата: ей уже тридцать, но держит себя, как леди), да ещё этот английский прононс. Аллочка, как она сама себя мило называла, что снимало ей минимум лет пять, проходила практику после института в Манчестере. Как зло подшучивала Маша, у их учительницы должен был быть акцент рабочих окраин, ведь Манчестер — это рабочий город; но эту шутку дома никто не подхватывал — куда им, с их английским, рассуждать о произношении. Вот и мамочка сидит, слова не может сказать. Конечно, на русском команды легко раздавать: «Маша, помой посуду, Игорь сегодня на тренировке. Маша, сходи купи хлеб, ты заканчиваешь позже Игоря; Маша, сложи свои вещи в шкаф, Игорь пройти не может к окну…»

Вот оно, ключевое слово, — Игорь. Игорь мамин любимчик, а чем он лучше её? Троек не получает (в маминой школе тот, кто до десятого класса читать научился, считается хорошим учеником). Да и спорт брат выбрал самый тупой из всех возможных. Маша как-то была на соревнованиях у Игоря, так её стошнило от запаха пота и самого вида этих пыхтящих и противных полуголых тел. Пусть сейчас родители оценят, чего она стоит. И иврит ей давался легко — так же, как и Игорь, она ходила на уроки в так называемый «ульпан».[9] Религиозные, в кипах и с длинными пейсами, которые там иногда появля-

[9] Ульпан — студия (школа) для изучения иврита.

лись, были ей неприятны, особенно когда в одном из них она признала бывшего комсорга их школы. А вот иврит её потряс своей новизной, простотой построения фраз, гортанными звуками.

Ну и что, что справа налево, зато хоть какое-то разнообразие в жизни. Разнообразия в жизни у неё действительно было немного. Подруг у Маши не было — она отпугивала всех сочетанием невзрачной внешности, высокого интеллекта и острого языка. Даже хулиганы и двоечники боялись с ней связываться. Не совсем понимая смысла её язвительных высказываний в свой адрес, чувствовали в этом что-то нехорошее для себя и быстро отставали. Неудивительно, что по вечерам она всегда сидела дома и ни разу в жизни не была ни на одной вечеринке, даже на школьной. Единственным человеком, вкусы которого были сходны с её, был отец — Борис Николаевич. Вечера они коротали вместе за одними и теми же телепередачами; любили одних и тех же поэтов, несмотря на разницу в возрасте. Когда Борис Николаевич понял, что Маша, возвращаясь с продлёнки, не садится без него есть, решил, что надо сократить время, отведённое на личную жизнь после работы. Таким образом, он стал подыскивать себе подруг поближе к дому, что было само по себе опасным делом. Так и случилось: Игорь пару раз видел его, выходившим из первого подъезда соседнего дома, а потом мальчик из параллельного класса подтвердил: «Твой папка к моей мамке ходит» и потребовал за неразглашение информации по 30 копеек в день. В первый раз Игорь от неожиданности деньги дал, лишив себя завтрака, а во второй так толкнул нахала, что тот больше денег не просил, зная заслуги Игоря в спорте.

Но ни жена, ни сын — какими бы сведениями они ни располагали — не могли представить масштаба и размаха его, Бориса Николаевича, (а по паспорту — Наумовича) Дубровского, личной жизни.

Неприметный инженер — именно неприметный: до сегодняшнего дня разрабатывал технологические процессы, не поднявшись даже до начальника бюро, несмотря на то, что был единственным мужчиной в отделе. Жене он жаловался, что Коган, начальник отдела, его затирает, так как он тоже еврей. Лидия

Михайловна молча соглашалась, в душе зная мужу цену. Никакие технологические процессы, которые он описывал в своих картах, его не интересовали, и вообще, от техники он был весьма далёк.

Лампочки в доме вкручивал Игорь, с тех пор как стал доставать до люстры, залезая на стул. Мелкие ремонты, покраска дверей и окон — тоже были на нём. Для ежегодной побелки у Лидии Михайловны в классе всегда находилась какая-нибудь мама ученика, которая за небольшую плату («надо помочь училке») готова была побелить квартиру. По какой-то старой традиции, видимо, от бабушки, всё это приурочивалось к еврейской Пасхе, так что к весне квартира светлела, и настроение у всех улучшалось. О таких излишествах, как обои, никто и не мечтал. Таким образом, Борис Николаевич снял с себя все рутинные обязанности по дому, и мог предаваться своему «хобби» с полной отдачей.

Вот где со всей силой развернулся его талант, присущий любой творческой личности. Свои любовные встречи он проводил по определённому плану. Залогом успеха было кредо — один цветок. Ни о каких букетах, бутылках вина и конфетах речи быть не могло. Скромный инженер без премиальных, мог ли он это себе позволить? Даже чтобы обеспечить для свидания один цветок в день, приходилось как-то изворачиваться. Весной, летом и осенью — до конца сентября — он приспособился покупать по цветку после работы у одной бабки в частном доме, по дороге из проходной на автобус. Бабке он сказал, что каждый день приносит жене цветок, и та, от умиления, установила ему цену по 10 копеек за штуку, независимо от сезона и сорта цветка. Таким образом ветка сирени в мае и роскошная красная роза в июне обходились ему по одной цене. Это была первая и последняя удачная торговая сделка в его жизни. Тяжёлые времена наступали в конце сентября, когда отцветали последние астры. Приходилось покупать гвоздики по рублю у грузин в переходе, благо они не переводились всю зиму. Теперь по утрам, притворно негодуя и жалуясь на страшный аппетит из-за холодов, Борис Николаевич заворачивал себе бутерброды, экономя на заводской столовой. Пришлось переходить на сокращённый график встреч: вместо пяти дней в неделю использовать два или три, в зависимости от состояния финансов. В результате любовная жизнь Бориса Николаевича зимой замирала, как и всё живое; но зато он мог уделить больше внимания дочери, и они читали друг другу любимые стихи наизусть, которые потом Борис Николаевич декламировал подругам в минуты любовных вдохновений. Поэзия в сочетании с кредо «одного цветка» и привлекательной внешностью (Борис Николаевич был худощавым шатеном, без унции лишнего жира, и, когда улыбался, на щеках появлялись детские ямочки) обеспечивали ему успех у любой, самой красивой женщины отдела, включая секретаршу главного инженера.

Борис Николаевич не мог не понимать, что решение семьи эмигрировать в Израиль разрушит его хрупкую, построенную с таким трудом систему личной жизни; но то ли технологические процессы надоели окончательно, то ли его романтической натуре захотелось перемен, но, когда пришлось принимать решение, ему как раз потребовалось меньше времени, чем остальным членам семьи. Чем он будет зарабатывать на жизнь, его не очень волновало, — как-то живут же люди, даже на пособие; а то, что кредо «одного цветка» вывезет его в любом месте, куда бы он ни попал, — это он знал твёрдо.

Глава 4

Таня Полонская сидела, вжавшись в кресло самолёта, так и не расстегнув привязные ремни, хотя они летели уже час и народ так спокойно прогуливался по салону самолёта, как будто это был зал ожидания. Таня боялась полётов панически, но ехать поездом из Баку в Москву в сегодняшние неспокойные времена было безумием, и пришлось уже второй раз за месяц лететь самолётом, чтобы получить израильские визы. Кроме неё, заниматься этим было некому: она собиралась ехать в Израиль с мамой и тётей, которая всю жизнь прожила с ними и так и не вышла замуж. Глядя на неё, Таня всегда в глубине души страшно боялась остаться старой девой. Как известно, чего больше всего боишься в жизни, — то с тобой и случается. А ведь Таня была хороша собой, ну, полновата немного, так ведь манекенщицы, они только на подиумах. Карие глаза на её лице занимали так много места, что в них можно было утонуть, и, чтобы ещё больше подчеркнуть их глубину, она специально подкрашивала волосы в шоколадный цвет. Поклонники у неё были всегда, особенно из мужчин постарше, в основном музыканты оркестра городской филармонии, в котором она работала на полставки. А главный дирижёр её иначе, как «наша Жорж Санд», не называл, и даже пару раз предлагал поужинать в ресторане, хотя уже был женат столько лет, сколько Таня вообще себя помнила. Проблема, как понимала это Таня, была в ней самой. Ей просто никто никогда не нравился настолько, чтобы она могла представить себя расстёгивающей перед этим человеком кофточку, не говоря уже о других предметах туалета. Оставаться девушкой в двадцать восемь лет, если ты не замужем, поощрялось ближайшим Таниным окружением, но ей было уже стыдно признаваться в этом даже себе самой. Итак, сегодня, в свои двадцать восемь лет Таня была девушкой и, соответственно, не замужем. Положа руку на сердце, в Баку это был возраст, который уже считался безнадёжным; поэтому, как только Таня услышала о том, что у «лиц еврейской национальности» есть возможность эмигрировать в Израиль, она с неожиданной для окружающих, как, впрочем, и для себя самой, энергией, взялась за дело. Конечно, об истинной причине отъезда она никому не рассказывала, да её никто и не спрашивал. Обстановка в конце восьмидесятых в Баку была такой, что все эмигрировали, когда появлялась такая возможность. Знакомые вздыхали сочувственно, друзья и родственники предлагали свою помощь, не представляя, как Таня сама со всем справится — ведь ей нужно вывозить ещё двух пожилых женщин. Но вдруг оказалось, что все эти хлопоты Таню не утомляют, а, наоборот, придают ей силу и энергию. И вот сейчас, чтобы отвлечь себя от этого ползущего страха, заполнявшего всё её существо, когда она поворачивалась к окну и видела бездну, которая открывалась под крылом самолёта, Таня стала думать о том, как она будет паковать багаж и что с собой возьмёт.

Багаж для поездки в Израиль был отдельной темой, которая в каждой семье разрабатывалась по-своему. Принцип был такой: за отправку контейнера определённого размера и веса израильский «Сохнут» возвращал деньги, а если эмигрант багажа не отправлял, то он получал эту же сумму (своего рода подъёмные) уже в Израиле. Обставить квартиру на них было нельзя, и уж конечно, нельзя было купить и сотой части таких вещей, которые были у Тани. Таким образом вопрос — брать или не брать багаж — у неё просто не стоял. Дело было в том, что Таня несколько лет назад стала наследницей своей второй тётки по отцу, которая была женой известного в республике хирурга. Детей у них не было, и всё досталось Тане. Единственное, что просила тётка за это: чтобы Таня не меняла имя после замужества и чтобы не снимала табличку с именем врача с входной двери. Плата за право жить в своей собственной квартире, обставленной, как дворец, была ничтожной, к тому же при мысли о замужестве приходилось только вздыхать… В глубине души Таня тайно надеялась, что когда она будет жить одна, когда вырвется из атмосферы безнадёжного женского одиночества, в её жизни всё переменится. И ей очень импонировало, что на табличке было выгравировано мужское имя. Но прошёл год, другой, ничего не менялось, и решение ехать в Израиль стало спасительной соломинкой…

Конечно же, она возьмёт багаж, ведь все накопления тётка вложила в украшение и интерьер квартиры: в стулья, столы и столики красного дерева, кожаные диваны и кресла стиля поздний модерн, золочёные люстры и полированные горки, полные хрусталя и китайского фарфора. Немалую сумму Тане пришлось заплатить знакомому оценщику из комиссионного магазина за справку, что её мебель и посуда не имеют антикварной ценности и их можно вывозить за границу. Табличку она тоже собиралась вывезти, а вот с квартирой было сложней. Продать квартиру и вывезти деньги было опасно, но подумать об этом у Тани ещё было время. Она пока что должна была решить, как упаковать все ценные вещи, чтобы позолоту не испортила влага, фарфор не приехал разбитым, мебель не поцарапали при погрузке…Таня так задумалась, что не заметила, как зажглась лампочка «Пристегните ремни»: объявление о посадке застало её врасплох. Вспомнив, что взлёт и посадка — самые опасные минуты полёта, она закрыла глаза и вцепилась в подлокотники, — так что побелели пальцы.

«Скорый поезд Минск–Москва через тридцать минут прибывает на Белорусский вокзал». Объявление не было для Рины неожиданным. Чемоданы сложены, умывальные принадлежности спрятаны, выброшены остатки завтрака, и проводница уже забрала стаканы из-под чая. В последний раз Рина и её попутчица перетряхивают постель, чтобы посмотреть, не завалилась ли куда помада или перчатки. Двое мужчин, тоже попутчики, деликатно вышли, чтобы дать женщинам закончить свой туалет. Они курят в коридоре, приоткрыв верхнее окно, откуда тянет холодом, свежестью и особым запахом предместий Москвы.

Рина прильнула к окну. Такая знакомая картина разъездов, перепутанных железнодорожных путей, каких-то деревянных домов, длинных, как бараки, — неужели там живут люди? Рина обернулась на своих спутников. Вдруг жалко стало расставаться… Как объяснить это волшебное единение случайных попутчиков, этот феномен поездов и длинных расстояний, когда на ночь или на сутки чужие люди становятся ближе, чем родные, и незнакомому человеку вдруг можешь рассказать то, что, бывает, не откроешь и близкому другу… Так, вчера вечером, они долго ужинали, угощая друг друга своими припасами, попивая чай, который снова и снова приносила утомлённая проводница. И после ужина, потасовав для приличия колоду, говорили и говорили взахлёб… без остановки…

А сейчас, как только поезд замер у перрона, все подхватили свои чемоданы и, понимая, что нужно сказать «Прощай», небрежно бросили «Пока» или «До свидания» и через секунду уже торопились, каждый в свою сторону…

Рине пришлось ехать в Москву второй раз, и второй раз — неожиданно. С самого начала всеми вопросами отъезда в Израиль занимался её муж Володя, тем более, что поездки в Москву были для него рутинным делом: два года назад он открыл совместный кооператив со своим другом по институту. Но именно на этой неделе Володя не мог выехать, что-то «горело» на работе, и ехать пришлось ей. Вообще, поездки Рину не утомляли, это было то, что она больше всего в жизни любила. Только жалела, что опять не смогла взять с собой Гошика — так хотелось показать ему Красную площадь, Кремль! Но зимой сын всегда сильно болеет, маленький ещё. Ничего, погуляют по Москве, когда полетят в Израиль, тогда они будут вместе с Володей, а он знает Москву лучше неё. И вообще, он многое знает лучше неё. Рина вдруг вспомнила, как он приезжал из Москвы, где учился в Радиотехническом, и его всегда окружал ореол человека из большого мира.

А ведь они учились в одном классе, вращались в одной компании, и у каждого из них были какие-то романы, совсем не в классе. Класс — это была просто школьная дружба, у них не были приняты зажимания и поцелуи на вечеринках, и, вообще, вечеринкам все предпочитали выезды с палатками в выходные и в праздники. Очень стильно было привозить с собой друга или подругу, и Рина даже один раз позвала соседа по дому — он был старше её и уже учился в Политическом военном училище в Ленинграде. Спать пришлось в одной палатке одетыми, к его большому разочарованию, но всем одноклассникам она доказала… Что доказала — она сейчас и сама не знает… Сейчас ей кажется, что единственный человек, кому она вообще что-то когда-то хотела доказать, был Володька. Он был единственным из мальчишек, которого она в жизни не зацепила словом — а язычок у неё был острый, — и единственным, кого она ни разу не огрела по спине портфелем — а портфель у неё всегда был тяжеленный. А Володя вообще жил своей жизнью, занимался в радиотехническом кружке, был фанатом спорта, а на последний их школьный выезд с палатками и вовсе не приехал, хотя Рина предусмотрительно на этот раз явилась одна. И вот, на годовщину окончания школы он появляется в нимбе столичного жителя, и в этот же вечер, в школьном дворе, презрев все законы школьной дружбы, они целовались, как ненормальные, страшно сожалея, что не делали этого раньше. После чего они больше не расставались. То есть, конечно, Володя доучился, и Рина тоже, и свадьба у них была, как у всех, и Гошка родился ровно через девять месяцев — всё, как у людей…

Потом Володя начал ездить в Москву по работе и как-то, после его возвращения из третьей или четвёртой поездки, что-то нехорошее мелькнуло между ними: как-то очень уж раздражённо он отстранил Рину, когда она бросилась ему навстречу; правда, через секунду пожалел об этом и сказал, что не успел побриться и хочет принять душ с дороги, и несколько раз опять отстранялся от её поцелуев уже за столом.

«Неужели, — сказала она себе, внезапно расстроившись, что бывало с ней редко, — неужели это произойдёт со мной, с нами? Неужели все закончится или уже закончилось, а я не успела заметить?» Но вечером, в постели, всё было, как всегда, как всегда хорошо, и она специально обругала себя крепко, обозвав «параноидальной дурой», и думала, что на этом успокоится. Но страх, один раз посетив нас, имеет липкое свойство возвращаться.

Испугавшись по-настоящему один раз, Рина начинала нервничать перед каждой Володиной поездкой в Москву, плохо спала по ночам и по-настоящему успокаивалась только тогда, когда муж был рядом. Обычная житейская женская логика подсказывала ей, что выяснения отношений, слёзы и просьбы не помогут. Нужны радикальные меры, нужно найти выход, и таким выходом стала для неё эмиграция в Израиль. Чтобы прекратить эти поездки в Москву, чтобы всё было как раньше, нужно преломить жизнь под другим углом. Тогда Володя поймёт, что он, она — его жена Рина, и их маленький сын — единственно близкие друг другу люди; и это может случиться только в чуждой среде, в чужой стране. Только настоящие трудности могут сплотить по-настоящему, а трудностей Рина никогда не боялась.

Глава 5

Таня подходила к израильскому посольству… Уже выходя из метро, она начала заворачиваться в шаль и надела пару шерстяных варежек поверх кожаных перчаток. Каждый раз такими неожиданными кажутся ей эти жестокие московские морозы после мягкого климата Баку. Для получения готовых виз нужно было занимать отдельную очередь. Почему-то она была намного меньше, чем на подачу документов, хотя, говорят, что в визах почти никому не отказывали.

Таня, тоскливо ожидая провести на улице ещё один морозный день, неожиданно обрадовалась, увидев знакомые лица. Она только сейчас сообразила, что сегодня приглашены все те люди, которые сдавали документы в один день. Она тут же подошла к Рине, к которой прониклась симпатией ещё в прошлый раз, спросила её о здоровье Гошика и поинтересовалась, почему не видно Володи… В очереди в израильское посольство дружба завязывалась так же быстро, как в поезде. Тем более, что у Тани, как у всех музыкантов, была хорошая память и каждый человек напоминал ей какую то мелодию. Рина ассоциировалась у неё с «Турецким маршем» Моцарта. Тоненькая, лёгкая, с мелкими чертами лица и смеющимися глазами, она была полной противоположностью Тане. На высоченных каблуках, в лёгкой дублёнке, она носилась вдоль очереди, переставляя народ. Одновременно, отогревая то одну, то другую руку своим дыханием, она кого-то отмечала, кого-то вычёркивала из списка карандашом (в шариковой ручке всё время замерзали чернила). Никто не спорил, все слушались, как дети в детском садике, оставалось только выстроить их парами и завести в посольство… «Общественница» — подумала про себя Таня, в первый раз в жизни с симпатией. К вящему удовольствию обеих, они оказались коллегами, служительницами муз, вернее, музыки, а так как говорить о мужьях и детях с Таней не представлялось Рине удобным, они сосредоточились на работе.

В области карьеры Таня положила Рину на лопатки в одну минуту. Для непосвящённого, разница между музыкальным работником детского сада и преподавателем консерватории, который к тому же играет в серьёзном оркестре, может быть, и была невелика, но Рина точно знала, какой путь она должна была бы пройти и не прошла, чтобы выйти на тот уровень, на котором сейчас была Таня.

В консерваторию Рина поступить не смогла, хоть и окончила музыкальную школу с отличием. Существовал большой соблазн обвинить в своей неудаче членов комиссии, некоторые из которых славились как антисемиты, или родителей, которые, по простоте душевной, не знали, что нужно достать деньги и дать взятку, а если бы и достали, то не знали, кому дать… Но в то лето, после выпускных экзаменов, репетируя днём и ночью отрывок Шуберта к вступительному экзамену, Рина поняла, что как бы долго она ни работала над произведением, как бы ни мучилась с ней её старенькая учительница, бравшая с неё очень маленькую плату за свои уроки, — не появится у Рины эта «божья искра», которая должна быть у настоящего музыканта. Тем не менее, Ринины знакомые по музыкальной школе ребята выступали в составе местного симфонического оркестра, концерты которого она никогда не пропускала. Рина понимала, что только у некоторых из них был настоящий большой талант, а остальные просто работали, может быть, очень много работали. Как они поступили в консерваторию, Рина понять не могла; впрочем, кроме денег и таланта у них могли быть связи, кто знает… Рина, по настоянию родителей, сдала документы в Институт культуры и, неожиданно для себя, поступила. Первый год она говорила себе и всем, что это — временно, «вынужденное отступление»: и Кутузов Москву сдавал. Она проводила часы за фортепиано, учила такие произведения, к которым не подступались даже студенты второго курса консерватории; а весной поехала на гастроли самодеятельного ансамбля, и вся эта атмосфера танцев, песен, разъездных концертов так захватила её, что она забросила занятия музыкой у своей учительницы и- осталась в Институте культуры.

И сейчас, когда она работала в садике с маленькими детками, среди которых был и Гошик, и когда они так радовались знакомым песенкам, так старательно пели и танцевали и готовились к утренникам, чтобы не опростоволоситься перед родителями, и она волновалась вместе с ними; когда Володя перед утренником серьёзно желал ей успеха, как перед настоящим концертом, — жизнь казалась ей бесконечно наполненной, и всё, что она делала, имело необыкновенно важное значение.

Игорь, который в этот раз летел самолётом, ругал себя последними словами, что зимой понадеялся на советскую авиацию. Рейс отложили из-за снегопада, и он просидел всю ночь в аэропорту, вместо того, чтобы попивать чай в уютном купе скорого поезда и спокойно прибыть в Москву в восемь утра. Вылет протянули до девяти утра; таким образом, до посольства он добрался почти в полдень. Но компенсацией за все его мучения было то, что ещё издалека он угадал силуэт своей (он её уже называл своей) пионервожатой. Его почему-то это так взволновало, что он на секундочку притормозил, чтобы овладеть ситуацией. Вообще-то Игорь ловеласом себя не считал и был знаком с намного более серьёзными специалистами в этой области, но заговорить с понравившейся девушкой на улице для него проблемы не составляло, как не составляло проблемы предложить ей что-нибудь посерьёзнее, чем посещение кинотеатра или прогулка по парку.

Тем не менее, сейчас он, с одной стороны, не мог рисковать, понадеявшись на импровизацию, а с другой, — нельзя было тянуть. Во-первых, непонятно, сколько она ещё здесь пробудет; во-вторых, неизвестно, приехал ли с ней Володя; и, наконец, в-третьих, Игорь чувствовал, что если он упустит первую минуту, то потом не сможет вымолвить и слова…

Он решил идти «ва-банк», но в последнюю минуту увидел, что Рина (он помнил её имя, хотя Володя произнёс его только один раз) была с подругой и, судя по всему, отходить от неё не собиралась. Подругу эту Игорь помнил ещё по прошлому разу: непривычно восточная внешность, крупная фигура, чего Игорь в женщинах не любил, и огромные печальные глаза.

«Как у коровы», — обычно говорил про себя в таких случаях Игорь. Но тут он понял, что она будет ему подмогой: слишком пугающей была перспектива остаться с Риной один на один. Сам удивляясь своему мальчишескому волнению, Игорь смог, наконец, пересилить себя, и «девочки», как он шутя называл двух подруг, вспомнив опыт маминого директора школы, уже через несколько минут смеялись его шуткам, прикрывая лицо варежками, из-под которых валил пар.

Визы в посольстве они получили легко и быстро, даже не верилось, что шли к этому так долго… Тут уж Игорь, конечно, предложил «отметить», и Рина, по своей пионерской наивности, пригласила всех к себе, так как только у неё была комната в гостинице.

Ещё по дороге к метро Таня стала чувствовать себя «третьей лишней». Как правило, она избегала таких ситуаций и предпочитала провести вечер дома; ведь только наедине с собой не чувствуешь одиночества. Таня болталась в вагоне метро, держась за верхний поручень, и не переставала проклинать себя. К чему ей было наблюдать зарождение чужой любви, слушать, как Игорь блистает остроумием и отпускает такие удачные шутки, что даже окружающие фыркают, и всё, конечно, только для Рины, с которой он не сводит глаз. Хоть бы раз, для приличия, обратился к Тане. И Рина, сама ещё не понимая, что происходит, хохочет без умолку; нет, конечно же, она понимает — вон как вцепилась в Танин рукав, и не подумает её отпустить, боится остаться с ним наедине, сама себя боится. Вот ведь почувствовала, что Тане больше всего на свете хочется сейчас уйти, и шепчет ей в ухо «Не уходи, не бросай меня…», а сама смеётся, заливается. Рина была Тане очень симпатична — бывает такая «любовь с первого взгляда» между женщинами, — и она не хотела её оставлять одну. Опыта большого в сердечных делах у неё не было, но тут невооружённым глазом видно, что Рина скоро будет готова не только расстегнуть кофточку, но и снять трусики перед этим, хоть и симпатичным, но малознакомым гражданином… Почему же с ней, досадовала на себя Таня, никогда ничего подобного не происходило и, наверно, уже не произойдёт.

Никогда она не целовалась самозабвенно не только с первым встречным, но и с давно знакомым и проверенным, и всегда ей мешала какая-нибудь мелочь: плохо выглаженная рубашка, нечищеные туфли или сбитый набок галстук.

В комнате у Рины развитие романа продолжалось с нарастающим напряжением. Выпитая на троих бутылка шампанского уже ни на что не могла повлиять. Таня демонстративно проверила в сумке ключ от квартиры родственников и заявила, что забрала две последние пары ключей и хозяева не смогут зайти в свою квартиру. Рина уже не возражала, и вообще, Таня не была уверена, что кто-то заметил её уход. Никогда в жизни она не видела такого ожидания счастья, которое было написано на лицах этих двоих: тихонько прикрыв за собой дверь, Таня даже не стала оглядываться, чтобы не сглазить…

В самолёте, на обратном пути, Таня уже не так боялась. То ли начала привыкать, то ли московские впечатления выбили из неё все страхи и переключили её на другой лад, но так или иначе, Таня к середине полёта осмелела настолько, что решилась отстегнуться и пройтись по салону. Она шла между кресел, поглядывая на лица читающих или спящих пассажиров и, по давней привычке, искала то единственное, которое должно перевернуть всю её жизнь. Но все лица были заспанные, усталые, небритые, и ни один мужской взгляд не задержался на ней с интересом. Таня вздохнула, попыталась протиснуться на своё место и чуть не упала на свою соседку, толстую армянку (точно, в Москве какой-то торговлей занимается). Молча проглотила неодобрительный взгляд и села к своему окну, позволив себе краем глаза скользнуть по облакам…

Она поняла, что тревожило её и не давало покоя. «Почему, — говорила она себе, — почему одному достаётся в жизни всё, а другому — ничего? Почему у этой Рины, — которая, конечно, очень приятная, — почему у неё есть муж, настоящий муж из плоти и крови, и ребёнок, и ещё первый же стоящий мужчина, попавшийся на пути, тут же влюбляется в неё с первого взгляда? А что есть у неё, у Тани?» «Божья искра»? Таня вспомнила свой разговор с Риной. Совсем она не была уверена, что у неё была эта самая пресловутая «божья искра». Для того, чтобы поступить в консерваторию, «божья искра» ей всё равно не пригодилась бы. Достаточно, что её отец был главным дирижёром Бакинской филармонии и преподавал в консерватории. Но над конкурсными произведениями Таня работала добросовестно и на вступительных экзаменах порадовала членов экзаменационной комиссии, с большинством из которых была знакома с детства. Все они: и бородатый дядя Миша со своим неизменным кларнетом, и красавчик дядя Марат, похожий на Муслима Магомаева, обладатель настоящего белого концертного рояля, и платиновая блондинка, арфистка Ольга Борисовна, которую так не выносила Танина мама, — все они бывали у них дома. Но ещё больше Таня любила ходить в гости к ним. Она ещё помнит, как хорошо пахла мягкая борода у дяди Миши, когда он поднимал её на руки поцеловать, как папа ругал его за эту оппортунистическую бороду и говорил, что парторг филармонии уже два раза сделал ему замечание… И настоящий белый рояль, который стоял в большой комнате самого настоящего частного дома дяди Марата, где, по понятиям маленькой Тани «было миллион комнат», а в саду росли гранаты… И она как-то слышала, как папа рассказывает маме на кухне, что дед Марата Фаризовича был нефтяным магнатом и дом этот остался от него, только в доме этом жила прислуга магната, а его дом был двухэтажным, каменным, и государство забрало его сначала под музей, а потом туда переехал райком комсомола. Воспоминания вернули Тане уверенность, и она подумала, что напрасно она переживает: у неё есть её жизнь, её прошлое, её дом, её музыка, её ученики, которые без неё шагу ступить не могут, хоть и называют иногда Толстой Танькой — она своими ушами на той неделе слышала, проходя мимо мужского туалета. Она сначала расстроилась до слёз, а потом вспомнила, какие клички они в детстве давали своим учителям — тому же дяде Мише, которого, тем не менее, обожали, и успокоилась. Неужели весь этот её мир не стоит какого-то потного и грязного мужика, которому нужно будет стирать носки и всячески угождать… А ребёнка родить можно и без мужа, вот в Израиле, она слышала, уже поставили это «производство» на конвейер…

Глава 6

Софья Александровна выключила газ под кастрюлей с далмой — любимым Таниным блюдом — и присела тут же в кухне пролистать «Огонёк».[10] Но читать не получалось, каждые две минуты она поглядывала на часы. Тревожные мысли сменяли одна другую: «Полина, сестра, час назад вышла за хлебом и не возвращается, как бы не поскользнулась где-нибудь. Подморозило только сегодня, и никто ещё не удосужился посыпать раскатанные дорожки песком. Хорошо, хоть Таня позвонила из аэропорта, что долетела нормально. Получила-таки израильские визы, вот ведь какая упрямая оказалась…» Когда Таня год назад сообщила матери, что решила эмигрировать в Израиль и надеется, что мама и тётя поедут с ней, Софья Александровна не восприняла это всерьёз.

Она привыкла видеть в Тане послушную девочку, знала, что та всегда плывёт по течению и не будет прилагать серьёзных усилий, чтобы что-нибудь менять в своей жизни. Больше всего Таня любила удобство и покой, и Софья Александровна пользовалась этим, чтобы как можно дольше удерживать дочь около себя. Конечно, она каждый день твердила сестре Полине (с другими она на эту тему не разговаривала), что Тане срочно нужно выйти замуж и родить ребёнка; и что она, Софья Александровна, не спит ночами от беспокойства: не получается у дочери устроить свою личную жизнь… На самом деле, Софья Александровна не хотела признаться самой себе в том, что её вполне устраивало оставаться для Тани единственным близким человеком — разве Таня будет нуждаться в ней, когда у неё появятся муж, дети… «Ещё год-два, — говорила она себе, — Таня ещё совсем ребёнок, она всегда жила в таком защищённом мире, и её может обидеть любой, несмотря на то, что ей двадцать восемь лет… В конце концов, мы живём не в средние века, женщина

---

[10] Популярный общественно-политический и литературно-художественный иллюстрированный еженедельный журнал.

должна выучиться, сделать карьеру». И вот Таня выучилась, сделала карьеру, даже жить стала отдельно, а Софья Александровна всё так же говорила себе: «Ещё год-два», как будто бы она смогла изменить жизнь Тани по мановению волшебной палочки, если бы захотела…

Поскольку Софья Александровна была дирижёром мужского хора, само собой разумеется, что она была дамой не робкого десятка; но именно тот, кого она хотела подчинить себе больше всего, ей так и не поддался. Её собственный муж, тоже дирижёр, руководил симфоническим оркестром городской филармонии, периодически выезжая даже за границу, и поэтому своей личной жизнью, как и оркестром, дирижировал сам. Так что Софья Александровна, властная и неприступная на работе, дома руководствовалась знаменитой присказкой бакинских женщин: «Неважно, куда мужчина ходит; важно, куда возвращается». Когда же, после двадцати лет неспокойной, но всё-таки супружеской жизни, он объявил жене, что уходит к другой женщине, которая на поверку оказалась первой скрипкой оркестра, Софья Александровна восприняла это мужественно и всем сочувствующим повторяла шутку, известную в среде музыкантов: «Дирижёр приличного оркестра обязан быть в связи с первой скрипкой, даже если это мужчина». И продолжала жить так, как будто ничего не изменилось. Как будто муж не возвращался каждый день домой только потому, что был в длительной заграничной командировке… Так же каждое утро Полина, её незамужняя сестра, которая жила с ними с того дня, как родилась Таня, готовила завтрак. Горячий обед, как всегда, подавался в послеполуденное время, когда хозяин дома обычно приезжал домой переодеться и отдохнуть в перерыве между лекциями и вечерним концертом.

Это сводило с ума Таню каждый раз, когда она появлялась в родительском доме, — а появлялась она часто. Прямо из консерватории она приезжала к маме, где её всегда ждали, и съедала горячий обед, предназначенный, впрочем, больше для отсутствующего отца. Таня ничего не говорила Софье Александровне, так как понимала, что безнадёжное, по её мнению, ожидание — это та ниша, в которой Софья Александровна спасалась от страха и ужаса одиночества, и это иллюзорное ожидание давало ей возможность надеяться — муж вернётся и всё будет, как раньше. Таня ничего не говорила, понимая, что никакие доводы не помогут; но всё больше и больше в ней зрела уверенность в том, что необходимо вырвать мать из этого замкнутого круга. Так что решение ехать в Израиль должно было изменить жизнь не только Тани, но и Софьи Александровны. И, конечно же, изменить к лучшему…

Таня отца не любила. То есть не любила той безумно зависимой любовью дочери знаменитого отца, которая ждёт его ласки и не засыпает ночью, пока он не вернётся с концерта, которая жадно ловит каждый его взгляд, каждый жест, направленный к ней.

Полонский Роман Соломонович (в паспорте то же самое) был человеком настолько харизматичным, что мог позволить себе не только совмещать еврейское имя-отчество с еврейской же фамилией, но также и много других человеческих слабостей. Высокий лоб с небольшими залысинами, которые только подчёркивали благородство его лица, крупный нос и немного выдающийся вперёд, но приятно закруглённый подбородок — создавали образ человека, знающего, чего он хочет, и добивающегося этого с неизменным упорством и обаянием. Высокий же рост и грива вьющихся, седеющих тоже как-то по-особенному благородно волос добавляли последний штрих к облику заслуженного деятеля искусств республики. Было бы вульгарно и оскорбительно назвать его любимцем женщин или кумиром публики. Он был выше этого, и обаяние его витало где-то ближе к высоким заоблачным сферам, тревожа духи великих музыкантов прошлого… Конечно, с возрастом, когда родители начинают играть гораздо меньшую роль в жизни человека, Таня его простила. Простила его безразличие к её личности, к её интересам; к её робким проявлениям любви и внимания, выражавшимся, например, в неизменной утренней чашке кофе, которую маленькой Тане никак не удавалось сварить по его вкусу. Можно было бы, наверное, найти психолога, который как дважды два нашёл бы связь между доминантной ролью отца в семье и страхом Тани перед зависимостью от сильных чувств к мужчине, но никто этого не сделал. Более того, простив отца, Таня даже стала им гордиться и слегка презирать мать за её собачью преданность мужу. Особенно тогда, когда начала учиться в консерватории, где по-настоящему смогла оценить силу его влияния и силу его таланта.

Московский поезд задерживался и прибывал на другую платформу. Володя уже двести раз пожалел, что поспешил купить цветы: теперь таскайся по перрону с этими гвоздиками, как герой-любовник. Руки стынут. «И вообще, — думал Володя, — поездки в Москву стали таким обычным делом, что процедуры встреч и проводов давно можно было бы упростить». Но он знал, что для жены все эти внешние проявления внимания были главным признаком благополучия семейной жизни (дурное влияние тёщи), и старался не нарушать ни эту, ни многие другие традиции, заведённые Риной, зарабатывая, таким образом, дополнительные очки не самым обременительным способом.

Когда женишься на женщине, — женишься на её семье. Эту печальную истину Володя осознал очень скоро, даром мама радовалась, что её мальчик входит в такую хорошую семью. Хотя внешне жаловаться ему было не на что. Когда Володя с Риной поженились, её родители поменяли свою трёхкомнатную в центре на однокомнатную для себя в том же доме и двухкомнатную для молодых супругов в новом районе, за что Володя должен был быть им пожизненно благодарен. А он, на самом деле, мечтал привести свою жену к себе домой. У них с мамой семья была маленькая: «ты да я». Родив от своего одноклассника, Тонечка так и не дождалась его из армии: он остался в маленьком подмосковном городишке служить прапорщиком и там же женился; сына своего не видел, но отцовство признал и алименты платил исправно. Тонечка, давно превратившись в Антонину Ивановну, работала медицинской сестрой в детском отделении городской больницы. Жила, можно сказать, на работе — у неё ни сил, ни времени не оставалось о чём-то вспоминать или сожалеть. Она совсем не была похожа на его жену, Володина мама, — что бы ни говорили друзья и знакомые, была круглолицая, курносая, с открытым тёплым взглядом. Но у Рины вокруг глаз так же собирались симпатичные морщинки, когда она смеялась. Рина была выше и стройнее, но какая-то особая энергетика роднила их: одинаково быстро носились они на высоких каблуках и одинаково упрямым жестом отбрасывали назад прямую жёсткую чёлку, неизменно падающую на лоб.

Антонина Ивановна, маленькая, живая, всегда в идеально наглаженном белоснежном халате, была самой образцовой сестрой в отделении, и завхоз больницы раз в неделю посещал её лично, чтобы убедиться, что ей хватает оборудования. Злые языки говорили, что приходит он не за этим, а ищет её, Антонины Ивановны, благосклонности. Но благосклонность Антонины Ивановны давно принадлежала главному врачу детского отделения больницы, Якову Семёновичу (по паспорту Шимоновичу), — настолько похожему на Чехова, что Антонина Ивановна безбоязненно выставила портрет великого русского писателя дома и любовалась своим кумиром в своё удовольствие. Доктор был на тринадцать лет старше Тонечки, тогда ещё молоденькой, сразу после медучилища, сестрички, и не смог остаться равнодушным к её пылкому восхищению. Он и сейчас её обожал, так же, впрочем, как всё своё отделение маленьких пациентов, которые хоть и менялись, но были неизменно любимы доктором, да и всем персоналом. Однако каждый вечер, кроме ночного дежурства — раз в неделю, Яков Семёнович возвращался домой к супруге. Будучи человеком мягким и глубоко порядочным, он не мог её оставить вот так просто, на пустом месте: тем более, что кроме него, у неё никого не было, а ребёнка родить у них не получилось… Поэтому он разделил своё счастье пополам между двумя женщинами, справедливо полагая, что его глубокой и доброй натуры достанет на двоих. Как и для всех окружающих, для Володи не было секретом мамино обожание Якова Семёновича; именно он первый разгадал секрет её страсти к портретам Чехова. Тем не менее, поскольку дома у них Яков Семёнович ни разу не был, Володя догадался об истинном роде их отношений только лет в четырнадцать. Это и было ответом на его извечный вопрос, почему мама не собирается выходить замуж, что, в принципе, его только радовало. Когда Володя объявил Антонине Ивановне, что едет поступать в Москву, она сразу поняла, что он хочет увидеться с отцом, заскочить как бы по дороге, невзначай, но возражать не стала. Значит, пришло время… Володя, действительно, встретился с отцом в первые же институтские каникулы. Отец ему не понравился. Он был скучным: говорил какими-то отрывочными, казёнными фразами, всё предлагал выпить. Больше они не встречались. Володя, конечно, понял, что отцу было мучительно неловко и, несмотря на честно выплаченные алименты, он чувствовал себя кругом виноватым перед этим спортивным подростком с лицом, будто украденным с его старой дембельской фотографии. «Мой сын, мой сын, мой сын, — напевал про себя Володя, лёжа на верхней полке скорого поезда Москва – Минск. — Мой сын, мой сын, мой сын, — в такт стучали колёса. — Мой сын никогда не останется без отца», — поклялся себе Володя в семнадцать лет.

Глава 7

Рина летела обратно самолётом. Билет на поезд она не использовала: просто порвала и выкинула в гостинице, — провела ещё ночь с Игорем и вернулась утренним рейсом. Самолёт, конечно, дороже, но последнее, что её сейчас интересовало, — это деньги, тем более, что после разговора с Таней — всё равно за ней не угнаться, — решила багаж не брать, а распродать всё, что у них было. Денег теперь будет пруд пруди: как известно, с собой можно взять только сто долларов на человека, всё остальное нужно потратить. Жалко только оставлять пианино, но, может, удастся уговорить кого-нибудь из знакомых. На самом деле, все эти вопросы, которые казались жизненно важными всего полтора дня назад, теперь отступили перед тем действительно важным, что произошло в её жизни. Какая-то нужная фраза из давно прочитанной книги крутилась в памяти, но Рина никак не могла её ухватить… ага, вот: «Он не был опытным любовником». Да, её Володя не был опытным любовником, но она никогда и не искала этого, вернее, не знала, что нужно искать. Скажем прямо, она тоже не была опытной любовницей. Володя был у неё первым и — до вчерашнего дня — единственным мужчиной.

Ну и что, это была их любовь, азы которой они постигали вместе… А Игорь, Игорь, безусловно, не был новичком в отношении с женщинами, и это больше пугало, чем радовало. Надо же, она — взрослая замужняя женщина, у неё ребёнок, и она чувствует себя школьницей, которую совратил во время вечеринки у брата какой-то студент… кровь бросилась в голову, когда она вспомнила, что он с ней делал и как, но даже не это главное. Главное, что ей всё время, и сейчас тоже, хочется прикоснуться к нему рукой, или губами, или всем телом, и то, что она уже никогда не сможет сделать этого, — кажется ей неестественным и жестоким наказанием. «Любовь, — подумала Рина, и её обдало жаркой волной… — Измена! Измена и предательство, — и теперь уже волна стыда и ужаса накрыла её с головой. — Что же она скажет Володе? Что она его уже не любит? Так вот — любила четыре года, и теперь разлюбила в один день? Что Гошик пусть растёт без отца, а она будет днём и ночью сидеть у телефона и ждать, пока малознакомый, но столь желанный мужчина соизволит ей позвонить, если вообще соизволит...»

Только после посадки, отстегнув ремни, Рина сообразила, что Володя приедет встречать её на вокзал, да ещё с цветами... К этому она сама его приучила. Сразу из аэропорта Рина взяла такси — чёрт с ними, с деньгами, всё равно всё продавать — и через сорок минут была на вокзале.

Она столкнулась с мужем носом к носу на перроне; конечно, у него в руках были гвоздики, он растерянно пробормотал: «Как же так, неужели я не услышал, как объявили прибытие?» — обнял её, радуясь, что дурацкое ожидание закончилось, а она, почувствовав знакомое тепло и родной запах, вдруг разрыдалась, как девчонка... Володя, тоже внезапно растрогавшись, — где это видано, чтобы Рина плакала, — приписал эти слёзы её первой самостоятельной поездке в консульство, волнению по поводу теперь уже решённого отъезда: вот они, в руках — израильские визы. Он обнимал её и уговаривал, как маленькую, и обещал, что всё скоро закончится, они уедут в Израиль, и теперь всё будет хорошо. А Рина всё плакала и не могла успокоиться, потому что про себя, в глубине души, она точно знала, что по-настоящему хорошо у них уже не будет никогда...

На самом деле, Володя заартачился сразу, как только услышал о поездке в Израиль. На это было несколько причин: во-первых, евреем в его семье был только мамин доктор, и к Володе лично это никакого отношения не имело, а на рассказы Рины об антисемитизме он только отмахивался, его-то мама была счастлива тем, что он входит в настоящую еврейскую семью, — так она чувствовала себя ближе к своему обожаемому Якову Семёновичу; во-вторых, его кооператив только начал становиться на ноги и появились деньги, и он наконец-то почувствовал себя мужчиной и кормильцем; в-третьих, ему очень подходила такая семейная жизнь, — с приездами, отъездами, встречами и прощаниями: уж очень тоскливыми оказались эти пелёнки-распашонки — хоть Гошик и прелесть, — и ежедневный обед из трёх блюд (гордость Рины), и генеральные уборки по субботам. Конечно, упорядоченная сексуальная жизнь, то есть вообще какая-то сексуальная жизнь, и грудь у Рины... но он уже забыл, что когда-то это было весомой составляющей в его решении жениться. А самое главное — ему очень не хотелось ехать с родителями Рины и её братцем; его утомляли их церемонные отношения, плоские шутки, упорное празднование всех торжественных дат с неизменными дефицитными шпротами и зелёным горошком. Когда список пополнили еврейские праздники, Володя наотрез отказался их отмечать, под предлогом того, что он не еврей, чем спровоцировал межнациональную рознь в своей собственной семье.

Больше всего Володя боялся, что откажется ехать мама. Оставить отделение, оставить своего доктора... Он никак не мог решиться поговорить с ней; и вдруг понял — ему нужно обратиться к Якову Семёновичу.

С любимым маминым доктором — вернее, скажем откровенно, с маминым любимым или, ещё откровенней, маминым «любовником», как в сердцах стал называть его Володя, когда подрос, — отношения у него были двойственные. Иногда он его ненавидел, особенно в те дни, когда мамины ночные дежурства чудесным образом совпадали с ночными дежурствами доктора и она, посетив парикмахерскую, заходила к Володе в комнату, якобы сказать «спокойной ночи», а на самом деле, пококетничать и показать ему, что она ещё интересная женщина, и получить от него комплимент. Всё-таки он был единственным мужчиной в доме. А Володя специально закапывался в книгу, бурчал что-то вроде: «отстань от меня, я делаю уроки», и Антонина Ивановна уходила в ночь. Стоя на остановке, — а троллейбусы[11] ходили после пяти вечера раз в полчаса, — думала о том, как мало она уделяет внимания сыну и как он растёт без материнского присмотра, совсем стал дичком. У него переходный возраст и свои мальчишеские проблемы, а она стоит тут, как «женщина

[11] Троллейбус — общественный транспорт, сочетание автобуса и трамвая.

лёгкого поведения», на троллейбусной остановке, с причёской и на каблуках, и кто поверит, что у неё сегодня ночное дежурство в детском отделении, самый тяжёлый день недели, а для неё — самый счастливый. Ведь после дежурства её любимый доктор приходил к ней, пока Володя был в школе. Таким образом, она могла видеть его всю ночь, а утром — не только видеть, но и чувствовать… И её мучило чувство вины перед сыном за своё женское, ограниченное одним днём в неделю, счастье. А Володя, когда мать уходила, вставал, наливал себе чай и включал телевизор. Он знал, что мать стоит сейчас на остановке и мучается угрызениями совести, и ему было стыдно и жалко её, и он клялся себе никогда больше этого не делать, никогда с ней так не разговаривать и провожать её вечером на остановку, тем более она такая разнаряженная, как бы кто не пристал. И в эти минуты ненавидел Якова Семёновича, самого доброго и безобидного человека, которого он знал; и труднее всего ему было понять своим недетским уже умом, что человек может, любя, приносить другому боль и, будучи таким хорошим, губить чью-то жизнь. Он хотел понять: почему жена доктора, которая не разделяет с ним и сотой доли тех тягот, которые разделяет с ним его мать, и которая, конечно же, не любит его так, как мама, потому что больше любить невозможно, — почему именно она пользуется всем: его славой, положением, деньгами. Она ездит с ним на курорты, ходит на званые вечера и гордо носит звание «жена доктора», а его мама, такая красивая и умная, живёт только этими ночными дежурствами.

Прийти в отделение, чтобы поговорить с Яковом Семёновичем, Володя не мог: не хотел встречаться с матерью. Он знал, что единственные свободные минуты у доктора, когда он находится вне отделения, — это полчаса по дороге домой. Поэтому, как-то раз, когда тянуть с объяснениями уже было нельзя, Володя дождался Якова Семёновича с работы и, оттеснив толпу родителей, которые всегда поджидали доктора около отделения, вызвался его проводить.

— А я не знал, Володя, что ваша супруга и её родители имеют возможность выехать в Израиль, — сказал Яков Семёнович, постеснявшись назвать их евреями.

— Так получилось, — шутя ответил Володя, чтобы для приличия продолжить разговор. — А вы не собираетесь?

— Да, именно собираюсь, — огорошил Володю Яков Семёнович. — Моя жена сегодня поехала в Москву, подавать документы на выезд.

— А как же отделение, больные дети? Вы же незаменимый… — Володя был потрясён.

— Незаменимых людей, Володенька, нет, вы поймёте это с возрастом. И молодым надо дорогу давать, вон сколько у меня в отделении замечательно талантливых молодых врачей… Они тоже должны успеть в своей жизни что-то сделать. А больные дети есть и в Израиле, к сожалению, несмотря на высокий уровень медицины. И для врача с моим опытом всегда дело найдётся. Даже если я не смогу работать в отделении как практикующий врач, — он тяжело вздохнул, но видно было, что в глубине души не верил, что такое может с ним случиться, — даже если я не смогу работать в отделении, — повторил он, — я буду давать частные консультации или читать лекции студентам — как Вам, наверное, известно, английский у меня на неплохом уровне. Что касается Тонечки — ох, извините, Антонины Ивановны, — она, я думаю, ещё не в курсе. Мне будет тяжело ей это объяснить.

— Ещё бы, — ругнулся про себя Володя. Теперь он понял, почему мать в последние дни ходит «краше в гроб кладут». Но теперь он мог быть уверен, что она поедет с ними, и камень упал у него с души.

Глава 8

Игорь, действительно, так и не позвонил Рине, хотя у него был номер телефона детского садика, где она работала. Много раз он поднимал трубку и представлял, как кто-нибудь зовёт: «Рина Аркадьевна, вас к телефону» и она встаёт от пианино и на своих высоченных каблуках спешит к телефону, знакомым жестом отбрасывая назад непослушную чёлку, и малыши цепляются за неё, и среди них её сын. Рина берёт трубку, слушает Игоря и говорит ему: «Да, да, да», — и глаза её светятся счастьем, а ребёнок смотрит и чувствует, как кто-то чужой отбирает у него любовь мамы…

Был у него и другой сценарий, когда Рина подходила к телефону сама, а дети оставались в зале с воспитательницей; она брала трубку и долго молчала, а потом говорила только одно «нет», — и он понимал, что другой мужчина, её муж, отец её ребёнка, стёр своими прикосновениями следы его, Игоря, поцелуев, и его терзала животная ревность и мучительный страх услышать это короткое «нет».

Но ведь у Рины есть его номер телефона… На работе Игорь был спокоен, знал, что его обязательно позовут, даже из туалета вытащат. А вот дома никогда нельзя знать, что Машка выкинет, и первую неделю после приезда из Москвы он сам подскакивал к каждому телефонному звонку, пока Машка ядовито не процедила сквозь зубы: «Что, не все девочки ещё наши…?»

Рина не позвонила ни в первую неделю, ни во вторую; а когда Игорь совсем потерял надежду, позвонил из Минска Володя. «Ну что ж, — подумал Игорь, когда разобрался, кто с ним говорит, — вот сейчас всё и решится…». Он был в таком напряжении, что не сразу понял, что Володя говорит о каком-то новом компьютере, который они купили для кооператива, а в нём никто ничего не понимает; о деньгах, которые ему, Игорю, готовы заплатить, как будто он в них сейчас нуждается, — свои вот не знает куда девать, ещё не всё на московской толкучке спустил… И вдруг до него дошло: «Рина, он поедет к Рине… он её увидит, посмотрит в глаза и сразу поймёт, есть ли у него надежда».

Взять пару дней на работе, чтобы слетать в Минск, у Игоря не было проблемой. Он был уже «отрезанный ломоть». Говорят, незаменимых людей нет. Эту грустную истину Игорь прочувствовал на своей шкуре. Не успел он поговорить с начальником об отъезде в Израиль, как на его компьютер нашлось двести желающих. Конечно, сейчас все умные — а где они были, когда он сам пробивался сквозь дебри толстенной инструкции, которую американцы кокетливо упаковали в ярко-красную папку; когда он выискивал в доисторическом англо-русском техническом словаре какое-то подобие значений новых слов, перевода которым ещё никто не придумал; когда он поднял все возможные и невозможные связи, чтобы достать учебник по программированию…

Рина так и не позвонила Игорю, хотя больше всего на свете хотела этого. Она не позвонила не потому, что ей было стыдно перед мужем, и не потому, что решила обо всём забыть, и не потому даже, что с отъездом в Израиль жизнь всё равно перевернётся, и что от неё останется? Она не позвонила сама, потому что боялась услышать в его голосе безразличие или показную вежливость, а то и вовсе пренебрежение; нет, хуже всего безразличие, безразличие и скуку.

Рина не позвонила, но при этом отчаянно ждала его звонка. Она каждый раз спускалась в кабинет Александры Васильевны, методиста садика, где стоял телефон, чтобы взять то какую-то книгу, то ноты, то карандаши. Рина нарочно медленно перебирала книги на полках, вела долгие профессиональные беседы с Александрой Васильевной, и ей каждую минуту казалось, что вот сейчас за её спиной зазвонит телефон. Иногда она даже специально становилась боком, чтобы видеть аппарат, пока Александра Васильевна не заметила ей осторожным голосом: «Если бы, Рина Аркадьевна, вы не были женщиной, и к тому же такой молодой, я бы наверняка поверила, что вы ко мне неравнодушны, так часто вы посещаете мой кабинет…» А иногда Рине казалось, что вот Игорь возьмёт и приедет, и будет ждать её около работы или на ближайшей автобусной остановке. Трудно поверить, но каждый раз, когда она выходила из садика, то присаживалась поправить Гошику шарф и незаметно осматривалась. Потом они с Гошиком неторопливо возвращались домой пешком, дышали морозным воздухом, и она выглядывала Игоря в толпе людей, вываливающих из дверей Центрального универмага: и каждое такси, выпускавшее пассажира, привлекало её внимание. Она понимала, что похожа на сумасшедшую, но чувствовала, что может встретить Игоря каждую минуту и в любом месте. Однако меньше всего она ожидала встретить его у себя дома.

Игорь отказался от предложения Володи остановиться у него — предпочёл гостиницу в аэропорту, так как ни в одной из центральных мест, конечно же, не было. Лучше пару раз смотаться на такси в аэропорт и обратно, чем смотреть, как Рина расхаживает по дому в домашнем халате, а Володя где-то в коридорчике между гостиной и кухней прижимает её к стенке и тискает ей грудь, пока ребёнок сидит на ковре и играет в кубики. Почему-то именно так представлял себе Игорь правильную семейную жизнь, такую, какой не было у его родителей, и такую, какую ему необычайно остро захотелось сейчас иметь с Риной.

После длинного рабочего дня в Володином НИИ,[12] где Игорь с огромным удовольствием возился с новым компьютером, а все завидовали его знаниям, Володя затащил-таки его к себе домой. «С женой познакомлю, — соблазнял он Игоря, — пацана моего посмотришь. А какой борщ Рина варит, закачаешься…»

Рина сегодня борщ как раз не сварила, и с работы они с Гошиком пришли поздно: стояли в очереди за майонезом. Увидев Игоря, Рина оцепенела, подумала, что он приехал за ней. «Сейчас всё решится», — мелькнуло в голове.

И поэтому, когда Володя, закончив рассказывать смешной анекдот, начал знакомить её с Игорем, Рина даже не сразу сообразила, что речь идёт о каком-то совместном проекте. А назавтра Игорь уезжал прямо с работы в аэропорт, и Володя должен был его провожать; ни о какой встрече наедине, даже

[12] НИИ — научно исследовательский институт.

на секунду, не было и речи. Но они успели посмотреть друг другу в глаза, и это была и любовь, и прощание. Перед самым уходом, в том самом коридорчике между гостиной и кухней, пока Гошик играл на ковре в кубики, а Володя присел ему помочь, Рина всунула Игорю в карман куртки несколько листков, исписанных мелким почерком. «И когда только успела написать, — поразился Игорь, — ведь никуда не выходила…» Но каково было его удивление, когда в гостинице, не снимая куртки и не отряхнув от снега ботинки, он вытащил из кармана Ринино письмо и увидел, что это были стихи. С ботинок уже натекла лужа, с куртки валил пар, а он читал, перечитывал и не мог остановиться, столько чувства и боли было в этих не совсем складных, но таких дорогих ему строчках…

В аэропорту Володя передал Игорю две пачки денег, аккуратно перетянутые резинкой. На одной был записан телефон. Эту пачку Володя попросил передать его приятельнице в Москве — той, у которой они были в гостях.

— У неё больной ребёнок в специнтернате, — извиняющимся голосом добавил Володя, — а я в Москве больше не буду — в Тель-Авив мы летим из Ленинграда.

Аллочка уже дошла до повторения неправильных глаголов, когда вошёл Игорь. Он извинился, вытащил из ящика серванта свою тетрадь и присел на диван около Людмилы Михайловны; но уже по раздражённому жесту, с которым он кинул на колени свой дипломат, чтобы удобнее было писать, Аллочка поняла, что он не в духе. Игорь стоял первым в её списке претендентов на фиктивный (или не фиктивный) брак, и поэтому она внимательно следила за его настроениями. По правде говоря, он был ей очень симпатичен, но Аллочка боялась форсировать события, чтобы не навредить. Однако сейчас она с сожалением поняла, что упустила время, визы уже готовы — хотя это ещё можно было бы исправить: ещё раз съездить в израильское посольство и вписать молодую жену, то есть её, Аллочку. Но после того, как Игорь вернулся из Москвы, он переменился к ней совершенно. Её безошибочная интуиция подсказывала ей, что в этом замешана женщина. Вот и сейчас он скользнул по Аллочкиной груди равнодушным взглядом, а она вчера на толкучке[13] специально для него купила «анжелику».[14] Деньги за три урока ушли, а съём квартиры в этом месяце не оплачен, и Юлечке надо шубку справить — зима на дворе…

Как нарочно, у Аллочки в этот вечер было ещё два урока, и домой она вернулась поздно. Наташа, её сестра, оставшись, как была, после тренировки, в спортивном костюме, сидела на диване, напротив телевизора. Она вытянула свои длинные ноги в шерстяных носках маминой вязки (по полу всегда тянуло холодом) на журнальный столик, а Юлечка спала у неё на коленях, неудобно завернув руку, и прядь белокурых волос прилипла к губке. Аллочке хотелось её поцеловать, но её щёки были холодные с мороза: полчаса пришлось стоять на остановке, ждать автобуса.

— Почему ты не уложила её в кроватку? — Аллочка, не снимая дублёнку, грела руки над батареей.

— Она хотела со мной смотреть телевизор, да и холодно там, — Наташа махнула рукой в сторону спальни, — батарея не греет.

Аллочка только вздохнула… Она снимала эти полдома у старой бабки в частном секторе.[15] Дети старухи пребывали на Камчатке,[16] и, даже если в комнате завтра обвалится потолок, Аллочка сможет рассчитывать только на себя… Конечно, родители ей помогают, продукты возят: всё своё; за Наташу тоже деньги дают. Отец — председатель колхоза, старшую дочку выучил, а Наташа живёт с ней, потому что учится в спортивной школе. Ну, и алименты капают. Аллочка посмотрела на Юлечку. Она не даст девочке почувствовать, что та растёт без отца. Для гимнастики она купила ей импортный купальник, и коньки с белыми ботинками на каток, и шубку она ей вчера на рынке

[13] Место, где торгуют товарами, которые отсутствуют в магазинах.

[14] Лифчик, поддерживающий грудь, оставляя её при этом наполовину обнажённой.

[15] Частный сектор — та часть города, где находятся частные, малоэтажные дома.

[16] Камчатка — одна из северных территорий, куда можно было уезжать работать и при этом сохранять квартиру.

присмотрела из настоящего кролика, тоже беленькую... Аллочка, согревшись, скинула на спинку кресла дублёнку и подошла к двери в так называемую гостиную, где на гвоздике висел список претендентов... Она взяла ручку и вычеркнула первого в списке — Дубровского Игоря. Наташа проследила за ней взглядом. «И фамилия красивая», — вздохнула она.

Чтобы отвлечь старшую сестру от мысли об очередном провале, она протянула ей детскую книжечку-раскраску, полученную на уроке иврита: «Смотри, учили сегодня с Юлькой иврит. Видишь — это первая буква алфавита, «Алеф», как наше «А». Нужно нарисовать ей смешную рожицу. Юлька уже её выучила, способная, вся в тебя». Аллочка только покачала головой. Как длинен путь от знакомства с первой буквой алфавита чужого языка до умения на нём общаться, знала в своей семье только она — дипломированная выпускница факультета иностранных языков. «И вот же несправедливость, — с горечью сказала сама себе Аллочка, — она, которая в совершенстве знает английский и немецкий, и вполне сносно объясняется на французском и на испанском, должна сидеть в этой догнивающей дыре, Совке,[17] и ждать, пока всё окончательно развалится, а всякие там Дубровские... — Аллочка глянула на плохо зачёркнутую строчку и начала снова с досадой черкать по фамилии, пока не порвала в этом месте бумагу, — а всякие там Дубровские и многие другие уезжают за границу только потому, что они Мойшевичи и Абрамовичи, как будто бы они не такие, как остальные, как мы, которые пострадали в этой стране не меньше...»

Первую еврейскую семью, желающую подтянуть свой английский перед отъездом в Израиль, Аллочка «получила» от своего одногруппника, который уехал по договору в Германию работать переводчиком в фирме по продаже компьютеров... И пусть это была всего лишь бывшая социалистическая страна, всё равно Аллочка понимала, что такая работа — это прерогатива мужчин. А что остаётся ей, слабой женщине? И тут у неё возникла гениальная идея — фиктивный брак! Выгодная сделка для обеих сторон. Она, Аллочка, понятно, полу-

[17] Совок — сленг, обозначает Советский Союз или, сокращённо, СССР.

чает возможность выехать в Израиль, а что она может предложить другой стороне? Во-первых, деньги: Аллочка неплохо зарабатывала и скопила приличную сумму на счету в сберкассе. Да и родители, если надо будет, помогут. Во-вторых, первая помощь по приезде в страну с языком. Видела она этот «избранный народ», три слова на английском связать не могут. А у неё, у Аллочки, английский в совершенстве, и иврит она вовсю осваивает в новой синагоге, уже с женой раввина говорила об еврейских праздниках, правда, все время на английский сбивалась. Ну, и в-третьих, — она снова расстроенно взглянула на зачёркнутую строчку в списке претендентов — в-третьих, такому, как Игорь Дубровский, можно оказывать и другие, конкретно супружеские услуги. А что он себе думает, там на него бросятся тамошние аборигенки? Да они же только на деньги клюют, это любому школьнику известно, — капитализм.

Глава 9

Татьяна Романовна Полонская давала прощальный концерт. Это её отец затеял, Роман Соломонович. Он приготовил несколько произведений, где соло отдавалось фортепиано, потеснив на время первую скрипку, и пригласил весь город.

В этом был весь Роман Соломонович: из любого небольшого события он мог сделать фестиваль. Тане было заказано новое концертное платье у лучшего портного — за счёт отца. «На зависть первой скрипке», — не преминула упомянуть Софья Александровна. На афишах слово «последний» или «прощальный» не прозвучало, но на концерт пришли все известные люди города и все те, кто хотел проявить своё внимание к Роману Соломоновичу. После концерта был «коктейль», на котором Софья Александровна присутствовала наравне с «первой скрипкой». К Тане подходили с комплиментами, пожеланиями, напутствиями: пророчили ей большое будущее на западных сценах. Софья Александровна никак не могла наглядеться на свою дочь, которая в этом платье, копирующем последнюю модель солистки «Ла Скала», действительно выглядела звездой. Тем не менее, она не забывала предостерегать Таню каждые пять минут: «Не зацепи платье, не пролей на платье шампанское! Кто знает, когда сможешь сшить новое?» Таня уже отправила все свои концертные наряды с багажом, а это, последнее, собиралась положить в чемодан. Действительно, в чём она будет играть в оркестре, пока не придёт багаж?

Свою опустевшую квартиру Таня сдала в ЖЭК,[18] контейнер был отослан. Софья Александровна багаж не отправляла, мебель не продавала: квартира была оставлена в её первозданном виде в распоряжении Романа Соломоновича, если он вдруг захочет вернуться или отдохнуть от бурной жизни с «первой скрипкой». Это был его мир, и Софья Александровна не была готова сдвинуть с места ни одну вещь, ни одну безделушку.

---

[18] ЖЭК — жилищно-эксплуатационная контора.

Единственное, что напоминало об отъезде, — их с Полиной чемоданы, которые были уже две недели как собраны и стояли в проходе, не давая пройти в кухню. Такси было заказано на понедельник, десять утра; родственники в Москве предупреждены, что кроме всегда разобранной раскладушки в кухне необходимы ещё два спальных места.

Литровая банка чёрной икры была уже для них приготовлена в холодильнике. И действительно, сколько они терпели, предоставляя ей кров и раскладушку… И даже такси в Шереметьево на полдень следующего дня было заказано заранее. Таня никогда ничего не оставляла на последний момент. Вечером перед отъездом пришёл Роман Соломонович прощаться. Вид у него был немного потерянный, если у божества вообще может быть потерянный вид. Таня приписала это их завтрашнему отъезду; посидела немного с родителями и Полиной на кухне и пошла спать. Проснулась в семь вместо шести — будильник почему-то не зазвенел вовремя. Таня в ужасе выскочила на кухню прямо в пижаме, протирая заспанные глаза. То, что она увидела, выветрило последние остатки сна. Роман Соломонович сидел в своём неизменном шёлковом бордовом халате на своём постоянном месте между холодильником и столом и попыхивал своей неизменной трубкой с ароматическим табаком (который уже десять лет присылал его друг из Амстердама, дирижёр духового оркестра, выходец из Армении). На столе дымилась чашечка правильного кофе, варить который умела только Софья Александровна. Полины не было: «за свежими булочками пошла», — догадалась Таня. А Софья Александровна стояла у плиты в полной боевой готовности, и глаза её блестели так, как не блестели с того страшного дня, когда «первая скрипка» роковым стечением судьбы вторглась в её жизнь.

— Что вы сидите, — запаниковала Таня, — мы опоздаем на самолёт.

Софья Александровна показала Тане глазами, что нужно выйти, поговорить.

Таня, полузаспанная, с ужасом соображая, как всё успеть до приезда такси, вышла с мамой в гостиную, приготовившись выслушать очередные новости о первой скрипке.

Софья Александровна не была многословна, но тон её был категоричен:

— Отец вернулся домой навсегда. Я никуда не еду.

— Но визы, билеты... Ведь второй раз ты это не получишь... — Софья Александровна молчала.

— А я? Ты оставляешь меня одну, — Таня прибегла к последнему и самому весомому аргументу. Она не могла поверить, что это происходит с ней на самом деле...

— Ты, Танечка, — сказала Софья Александровна, — ещё очень молода, перед тобой вся жизнь. А моя жизнь вон там, на кухне, сидит между столом и холодильником и курит трубку...

— А Полина? — Таня не знала, что ещё придумать. Софья Александровна только пожала плечами.

Таня не без натуги подняла свой чемодан в багажник такси и в последний раз обернулась на двор, где она выросла. Утром дворники опять смели в огромные кучи опавшую за ночь листву, но высоченные старые клёны не сдавались и сыпали, сыпали жёлтыми листьями, как будто выстилали ей дорожку обратно к дому — только вернись... Водитель махнул ей рукой. Таня села в машину. На щитке машины был приклеен календарь. Таня автоматически отметила для себя дату — первое ноября 1990 года.

Володя окончательно смирился с идеей отъезда в Израиль после возвращения Рины из Москвы. Вдруг ему стало казаться, что его с Риной связывает не только супружеская постель, ребёнок и общее школьное прошлое. Что-то появилось в ней неуловимое, мерцающее и притягивающее. Ему вдруг стало тревожно и неуютно думать о ней, как будто земля периодически уходила из-под ног, превращаясь в палубу корабля. Он перестал ездить в Москву и вообще старался пораньше возвращаться домой. Иногда он задерживался и переводил дыхание перед тем, как вставить ключ в дверь. Ему казалось, что он войдёт, а Рины там нет. И даже когда она была рядом и он держал её руку в своей, Володя чувствовал, что она отсутствует, что она где-то далеко, не с ним. Её внезапное решение не брать багаж тоже было для него странным. И это та Рина, которая не давала выбросить ни одной треснутой тарелки — всегда находился горшок с цветами, куда её можно было склеить и подставить; Рина, которая перевернула весь город, чтобы достать импортную мебель, и заставила его везти поездом немецкий торшер из Москвы. Ему самому были безразличны все эти атрибуты счастливой семейной жизни: у них с мамой всегда была спартанская обстановка, главным было состояние какого-нибудь очередного маленького пациента в отделении. Только с Володей, на кухне за тарелкой супа Антонина Ивановна позволяла себе оспаривать, сомневаться, критиковать диагнозы её любимого доктора, и часто она спрашивала Володю о каком-то тяжело больном малыше: «Скажи, он выживет?» Володя с полным ртом, не задумываясь, мычал своё «Да, конечно», и мама успокаивалась до следующего тяжёлого случая. Но вот Володино «Да, конечно» не сработало, и умер семилетний мальчик, которого привезла в отделение «Скорая» с гнойным менингитом. Пропустил его школьный врач, но обвинение выдвинули против Якова Семёновича. Его долго таскали по судам, хотели снять с должности, но потом побоялись трогать. Все знали, что на нём держалось детское отделение, и вообще, слишком известным было его имя, и все партийные деятели области, у которых были дети или внуки — а они были у всех, — от него зависели. Эти постоянные перипетии и волнения были осью, вокруг которой вращались жизни матери и сына Мурашёвых, и материальные ценности их не интересовали. Было бы на чём есть и было бы на чём спать.

Всё это прокрутилось в голове у Володи, пока он стоял перед дверью с ключом. Он зашёл в квартиру и вздохнул с облегчением. Рина была дома. Она сидела на ковре и перебирала книги. Перед ней грудой возвышалось содержимое книжного шкафа, и Рина выбирала те книги, которые нужно упаковать в посылки, а Гошик носился вокруг, сосредоточенно сортируя отобранное в стопки по размерам. «Вот, — расстроенно посмотрела на Володю Рина, откладывая в сторону альбом гравюр с изображениями Ленинграда, — и это я тоже не беру», — она махнула в сторону внушительной стопки Пушкина — девять томов, подаренные родителями на свадьбу, собрание сочинений Шолохова и ещё девять томов сказок «Тысячи и одной ночи». Книг Володе было жалко. Он наклонился и взял в руки «Швейка». За эту книгу он перетаскал тонну макулатуры,[19] и всё на троллейбусе, — о машине и мечтать было нельзя. Он тихонько, пока Рина отвернулась, переложил её в стопку счастливых кандидатов на эмиграцию, а для себя решил, что когда Рина пойдёт укладывать Гошика спать, он посмотрит, что ещё можно спасти…

— А что с мебелью, пианино, торшером, наконец? — Володя решил быть толерантным по отношению к Рине.

— Пианино возьмут в свой багаж родители. А больше у них ничего не поместится.

— Да в этот контейнер можно трёхкомнатную квартиру впихнуть, а у них однокомнатная…

— О чём ты говоришь, — устало возразила Рина, — а гладильный аппарат, а бильярдный стол, а приспособление для изготовления лепных украшений из гипса, а насос, в конце концов…

— Какой ещё насос? — засмеялся Володя.

— Какой, какой, — ответила Рина вполне серьёзно, — маме сказали, что селить будут в виллы, а вокруг трава. А чем траву поливать, лейкой? Это же огромные площади.

— Ну хорошо, а бильярдный стол зачем? На траве поставить и играть? — так же серьёзно высказал своё предположение Володя.

— Да нет же, бильярд — на продажу. А лепкой украшений из гипса папа будет заниматься, если не найдёт работу, — предварила Рина следующий вопрос Володи. — Ты же знаешь, у него редкая специальность, откуда в Израиле ядерные реакторы?

— Конечно же там есть ядерный реактор, — Володя начал раздражаться как всегда, когда Рина или её мама начинали говорить о незаменимой папиной профессии, — в пустыне.

— Вот видишь, а папа жару не выносит… У него давление.

---

[19] Макулатура — старые газеты и журналы, которые в СССР сдавали в обмен на право купить книгу.

Высокое давление тоже было редким папиным достоинством, поэтому Володя решил перевести беседу в другое, более безопасное русло, прекратив этот разговор.

—Гошик,—он схватил сына и поднял до потолка.—Видно Израиль?

Гошик, он же Гриша, он же Григорий, названный так в память Володиного деда, ждал отъезда в Израиль с мучительным детским нетерпением. Если бы он был старше и читал классиков, например, Гейне, то сравнил бы свое восприятие Израиля с Эльдорадо, страной всеобщего счастья и благоденствия. Он всё время ходил с мамой и папой по всяким организациям, чтобы получить важные документы, без которых в Израиль не пускают, и был очень разочарован, когда оказалось, что это обычные бумажки. Родители почему-то очень не любили эти хождения, а ему, Гошику, нравилось. В эти дни не надо было спать в садике и есть суп, а ещё всякие тёти вытаскивали из ящиков столов конфеты и угощали его, и все завидовали, что они едут в Израиль, и говорили, что теперь у них начнётся совсем другая жизнь.

Глава 10

Семья Мурашёвых планомерно, уже вторую неделю, отмечала отъезд. В центре, как будто специально для них, открыли новый «Гриль бар». Рина составила список: родственники, затем её сотрудники, сотрудники Володи, одноклассники — одним словом, все, кто когда-то был вхож в семью Мурашёвых, имели счастье съесть половину курицы за их счёт. Все говорили, что уезжают они вовремя, что страна катится в пропасть, прочили им безбедное будущее и, расклеившись от сытной еды и обильной выпивки, пускали слезу, тискали в объятиях и просили не забывать... А Володя не мог справиться с чувством внутренней неловкости и совершённого предательства. «Крысы бегут с тонущего корабля» — эта фраза не выходила у него из головы ни днём, ни ночью, и он делал всё, чтобы ускорить отъезд. Но, по известному закону Мэрфи, всё получилось не так, как Володя рассчитывал: бюрократические процедуры по переводу его кооператива на другое имя заняли ровно в два раза больше времени, чем планировалось, и за это время успели уехать Ринины родители с братом, а также Володина мама. По удивительному стечению обстоятельств доктор Яков Семёнович с супругой оказались с Антониной Ивановной в одном самолёте.

Таким образом, все родители уехали в начале декабря, а под Новый год от них пришло письмо, где они писали, что в Израиле всё хорошо и прекрасно. Оговорились, правда, что немного мёрзнут ночью, потому что хозяин не поменял разбитое окно в ванной комнате, а электрическая печка расходует слишком много электричества и удовольствие это недешёвое, но в остальном всё замечательно. Услышав, что родители мёрзнут, Рина помчалась покупать тёплое бельё им и Антонине Ивановне. Она так разволновалась за них, что сама себе удивилась, — ведь до сих пор только они всегда волновались за неё.

Когда в ноябре Володя менял билеты в посольстве, дату удалось перенести только на четырнадцатое января. Кто же мог подумать, что 1 декабря 1990 года Совет Безопасности ООН примет очередную резолюцию, разрешающую применение против Ирака военной силы, если иракские войска не покинут Кувейт до пятнадцатого января 1991 года. Кто мог знать, что угрозы Саддама Хуссейна, президента Ирака, бомбить Израиль в знак протеста окажутся не пустыми словами. Комментаторы советского телевидения не придавали большого значения ни резолюции ООН, ни заявлению Саддама, ни ультиматуму американского президента, и поддерживали в народе иллюзию, что конфликт в Персидском заливе не примет серьёзных масштабов. Володя и Рина тоже как будто не верили в реальность происходящего: билеты на самолёт, полученные бесплатно в Москве, в израильском посольстве, всё равно поменять было уже невозможно, и четырнадцатого января семья Мурашёвых в полном составе прибыла в аэропорт Шереметьево за несколько часов до окончания ультиматума. Перед проверкой чемоданов Рина нервничала так, как будто провозила наркотики.

Во-первых, у них был перевес на три килограмма: в последнюю минуту она вспомнила, что не взяла Гошику ни одного запасного тёплого костюма, а в Израиле всё-таки зима. И пижамы для родителей… Володя смеялся над ней, а она вспоминала, как её тётя из Сухуми[20] всё время куталась в пуховую шаль и жаловалась на промозглую сырость и ужасный климат, тогда как в середине января за окном среди сочных зелёных листьев желтела хурма, и море плескалось в берег с летним шорохом, и шелестели тополя…

Во-вторых, среди вещей, в Гошиных носочках, были запрятаны дедушкины запонки с крошечными бриллиантиками посередине и его же золотые часы. Это были последние семейные реликвии, и продать их не поднялась рука — так, как продали в скупку серебряные рюмочки, из которых пили на свадьбе родители Рины, и пепельницу с обезьянками из красной яшмы, с которыми очень любил играть Гошик, так же как когда-то любила делать маленькая Рина. А когда пограничники открыли чемоданы и стали перебирать её вещи: свитера, юбки, бельё, — Рину затошнило;

[20] Сухуми — курортный город на Кавказе.

чувство омерзения охватило её, тошнота подступила к горлу. Первый раз публично попирались её права, и в эту минуту она поняла, насколько это унизительно. И вдруг незнакомая доселе волна ненависти подняла в ней целый пласт памяти её предков: погромы, обыски, досмотры, липкий страх. Если бы не Володя, она бы высказала этим подонкам всё, что она о них думает.

«Они делают то, что им приказывают, — убеждал Володя жену, когда они прошли досмотр и были допущены в «предбанник» перед посадкой в самолёт. Это их работа». «Если бы они были порядочными людьми, — горячилась Рина, — они бы не стали тут работать». Она забыла, как ещё год назад, до решения об отъезде, она убеждала Володю устроиться в милицию — как сделал его друг детства Пашка, закончивший Минский Политехнический институт. В милиции ему платили лучше, чем Володе на его работе, и каждый год Пашка с супругой отдыхали по бесплатной путёвке в доме отдыха МВД[21] в Крыму.

Володя в милицию отказался идти наотрез: его деда отправили в тридцать седьмом в лагеря только за то, что тот на партийном собрании сгоряча сплюнул в сторону портрета Сталина. А в 1941-м, сразу же, как только началась война, переместили в штрафную роту. Выжил дед только потому, что в первом же бою, вернее, на первом же минном поле, через которое штрафников прогоняли после сапёров, ему оторвало руку взрывом мины. Это была мина, на которой подорвался его напарник…

Володя так глубоко задумался, что не заметил, как Рина толкает его ногой, а сама, отвернувшись, давится от смеха и прыскает в кулак. Эти быстрые переходы настроения от гнева к веселью у жены Володя очень любил, хотя всегда им удивлялся. Ему, в отличие от Рины, очень трудно было так быстро изменить настроение. Вот и сейчас он даже не улыбнулся, когда толстая блондинка напротив начала снимать с себя одежду, уменьшаясь на глазах, как матрёшка.

С трудом стащив шикарную норковую шубу, осталась в другой, полегче, «под котика», из которой смогла высвободиться только с помощью мужа.

[21] МВД — министерство внутренних дел.

Тому даже пришлось для этого встать на скамейку. Последним слоем остался длинный, из мягкой чёрной кожи, плащ. Всё это, видимо, предназначалось для продажи в Израиле, но в чемоданы уже не влезло. Володя представил, чем набиты их баулы, и покосился на Рину.

Её покупки «на продажу», то есть, чтобы продать и хоть что-то заработать, закончились приобретением трёх «Посадских» платков, а остальные деньги, вырученные за мебель и новую стереосистему, Володя отвёз отцу. Он должен был получить от него разрешение на выезд, но отец так долго распространялся по телефону о своих болезнях и тяжёлом материальном положении, о том, что у него нет ни гроша за душой и он ничего не смог отложить на старость из-за алиментов, а теперь вот никому не нужен: сын подаётся за границу, а дочка сбежала в Москву, — что Володя понял: придётся откупаться. В эту встречу отец не понравился ему ещё больше, чем в предыдущую. Он был возраста матери, но у него сильно тряслись руки, когда он разливал по рюмкам дешёвый портвейн. «А в прошлый раз было хорошее сухое вино», — отметил про себя Володя… Ему стало стыдно, как будто не отец бросил его маленьким, а он бросает его сейчас. «А ведь в следующий раз, пожалуй, будешь здесь на моих похоронах, — отец как будто прочитал его мысли. — Я ведь и гроб уже приобрёл, вон в сенях лежит, — махнул он головой в сторону входа.

«Что за чёрт, — думал про себя Володя, — ведь ни дня вместе не жили, а как по живому рвёт…». Он покосился на свадебную фотографию отца, которая ещё в прошлый приезд показалась ему знакомой. Он точно знал, что когда-то уже видел это лицо. И только сейчас он, наконец, понял: это его собственное лицо сегодня. Он перевёл глаза на отца. Володе стало не по себе. Создавалось ощущение, что он смотрится в зеркало времени. Неужели Володя через двадцать лет станет таким заскорузлым и безрадостно одиноким, бессмысленно прожившим жизнь, и его сын будет смотреть на него с таким же сожалением? Кто знает, как повернётся его жизнь в Израиле. «Мой сын, — сказал он себе, — никогда не будет меня стыдиться».

Рина снова толкнула его в бок. Она уже согнулась от смеха, когда Володя увидел, что теперь та же самая дама с ловкостью фокусника начала вытаскивать из рукавов плаща длинные мочалки и кожаные ремни. Тут и ему пришлось отвернуться, закашлявшись от подступившего смеха, и он подумал, что всё-таки счастливый у его жены характер; а он вот каждую минуту возвращается в прошлое, вместо того чтобы жить сегодняшним днём и наслаждаться настоящим… Только когда объявили посадку, кто-то из попутчиков, сумевший кое-как объясниться с израильскими сопровождающими на плохом английском, объявил, что летят они в Тель-Авив через Будапешт, где им придётся переночевать.

По прилёте в Будапешт прямо около трапа их встречали вооружённые охранники в гражданской одежде, они же и сопровождали их в автобусах до рабочего общежития, где они должны были провести ночь. Рине, видевшей людей с оружием только в советских фильмах про войну или в американских вестернах, стало не по себе. Гошик потянулся было к автомату, и хозяин его, светловолосый парень лет двадцати, больше похожий на немца, чем на еврея, потрепал мальчика по щеке и дал конфетку. «Просто сюрреализм какой-то», — подумала Рина. Ещё большей фантасмагорией показалась Рине комната в общежитии — с деревянными кроватями, пуховыми одеялами и отдельным санузлом.[22] Володю же по-настоящему потрясла стойка бара в рабочей столовой. На стойке красовались открытые бутылки заграничных напитков: «Jonnie Walker», «Martini» — романтические названия из голливудских фильмов. «Так расслабляются венгерские рабочие после тяжёлого трудового дня, — пошутил Володя. — Просто победа социализма по всем фронтам». Всё, что происходило с ними с минуты взлёта самолёта из Шереметьева, казалось им лёгким приключением, пока в комнату не постучали… Володя открыл. На пороге стояли две женщины. Они — на странной смеси русского и английского, и не без помощи жестов — объяснили, что от-

[22] Санузел — туалетная комната.

носятся к какой-то благотворительной организации, помогающей нуждающимся. Рина пыталась объяснить, что они ошиблись дверью, но женщины настаивали, указывая на Гошика и поставив на тумбочку у двери игрушечную машинку и баночку кока-колы. И тут Рина вдруг в первый раз реально, как будто со стороны, оценила ситуацию, в которой они находились, и поняла, что несчастные и нуждающиеся — это они. Она, её муж и её ребёнок. На сегодня они люди без гражданства, без документов, без денег, а завтра, пятнадцатого января, должна начаться война в Персидском заливе, именно в том месте, куда их везут, как бессловесную скотину.

Утром в столовой, куда их повели завтракать, кто-то сказал, что сейчас самое время обратиться в американское консульство и просить статус беженцев, которые не могут ехать в страну, где сегодня начнётся война и вот-вот должны объявить чрезвычайное положение. Рина с Володей переглянулись. Их так удачно оставили без денег и документов, что, как ни крути, больше недели не протянуть в чужой стране, обивая пороги американского консульства. Да и не пошли бы они на это… Дети системы — как далеки они были от принятия самостоятельных решений такого рода… Недаром самое тяжёлое впечатление от всей суматохи по оформлению документов уже в аэропорту Тель-Авива на Володю произвела беседа с представителем Моссада. Добродушный еврей, похожий на дядю жены — Моню из Одессы, только с обритой налысо головой, с очаровательным грассирующим «р» южного местечка, на приличном русском задавал Володе наводящие вопросы. Казалось, его целью было уличить Володю в намерениях вести шпионскую деятельность на территории Израиля в пользу Советского Союза.

Когда он в этом не преуспел, то сделал вид, что всё это время они обсуждали богатый урожай помидоров нынешнего года в украинских провинциях, как было принято в советских фильмах про разведчиков, и наконец, отпустил Володю восвояси…

«Какое счастье, — шептала ему в ухо Рина, которая, волнуясь, ждала его за дверью со спящим Гошиком на руках — какое счастье, что ты не работал в милиции, иначе бы тебя так просто отсюда не выпустили…»

В такси по дороге в Хайфу, когда в кромешной тьме за окном фары машины выхватывали то фрагмент огромного мексиканского кактуса, то здание с плоской крышей типа самолётного ангара, Рина ни на минуту не выпускала Володину руку… Они были одни против этого страшного, чужого мира, — он и она и их ребёнок, — и не было для неё человека ближе, роднее и надёжнее. Всё, что было с ней перед отъездом — Москва, Игорь, волнение в крови, когда она думала о нём, ожидание, её горькие стихи, — всё смыло приливом новых впечатлений, немыслимой ответственностью за свою жизнь и жизнь своей семьи, неожиданным и окончательным взрослением…

Глава 11

Таксист долго кружил по центру Хайфы в поисках адреса, который вручила ему Рина. Центр города представлял собой круг с отключённым фонтаном посередине — видимо, чтобы не расходовать ночью воду, — и несколько пальм вокруг. Вечнозелёная растительность, запахи, очертания домов, которые стали понемногу вырисовываться в предрассветных сумерках, напоминали Туапсе[23] зимой, где Рина с Володей проводили свой запоздалый медовый месяц. Сходство усиливал сам таксист, своим видом и непонятным языком напоминавший жителя Кавказа. «Просто чурка какой-то», — тихонько сказала Рина Володе. «Это мы чурки, — ответил Володя, — он же с нами пытался на английском говорить, а мы двух слов связать не можем».

От центральной «площади» звездой отходили улицы, причём одна карабкалась прямо вверх, на гору... Таксист несколько раз проехал каждую из них туда и обратно, тщетно пытаясь найти хоть кого-то, чтобы спросить адрес, но ни души не мог найти в этот ранний час. При этом, с истинно восточным темпераментом, он каждую минуту звонил диспетчеру. Единственным словом, которое они умудрились выхватить из этого непостижимого телефонного разговора, было название улицы, нелепо звучавшее на гортанном, совершенно чуждом их уху языке. Наконец, водитель свернул в какой-то переулок и что-то радостно прокричал, показывая рукой в окно. Они увидели, что на стене, освещённой фонарём, начертаны краской какие-то иероглифы и номер дома, который им был нужен. Таксист показал знаками, чтобы они подождали, и заскочил в подъезд. «Хочет удостовериться, что довёз нас правильно, — сообразил Володя, — ответственный». Буквально через пару минут из подъезда выскочил таксист, торжественно улыбаясь с чувством выполненного долга, а за ним торопились родители Рины, полностью одетые, как будто и не ложились.

---

[23] Туапсе — курортный город на Кавказе.

Таксист выставил баулы и чемоданы прибывших, пожал руку Володе, потрепал по щеке заспанного Гошика и моментально уехал. Как оказалось, родители действительно не ложились, ждали детей. Они обрадованно засуетились: тесть начал хватать чемоданы, и даже Володя немного расчувствовался, увидев их радостное и в то же время чем-то жалкое оживление.

—А мама спит?—спросил он. Родители Рины переглянулись.

—Как, ты ничего не знаешь?—у Володи кровь отлила от лица.

—Что-то случилось?—Он и не думал, что может так испугаться за мать…

—Да нет, ничего не случилось, просто она захотела снять квартиру не с нами, а с Яковом Семёновичем.

—Он же приехал с женой!—невольно вырвалось у Володи.

—Ну они и сняли квартиру на две семьи, с общим салоном—здесь так гостиную называют. Так дешевле,—заявила мамочка Рины с невинным видом, как будто жить с любимым человеком и его женой в одной квартире было чем-то само собой разумеющимся.

—Не страшно, мы вас отведём к ним утром. Это недалеко…

—А где Олежек?—заволновалась Рина.

Володя насупился. Олежек—это Ринин брат. Володю всегда раздражала в нём напыщенность инфантильного подростка. Зато Рина, когда они приходили к родителям на очередное застолье, шла к Олегу в комнату, и они болтали и смеялись там часами о чём-то своём,—а в это время Володя с Гошиком вынуждены были выслушивать рассказы тёщи о покупке очередного ковра…

—А Олежек спит,—у Рининой мамы появилось умильное выражение лица,—вчера намучился в очереди за противогазами.

—Какие противогазы? У вас что, учения гражданской обороны?

—Вам что, ничего не сообщили? Мы думали—вам вылет перенесут. Сегодня вечером Ирак начнёт бомбить Израиль химическими бомбами.

—Да вы не переживайте,—тут же стали успокаивать детей родители, увидев их вытянутые физиономии,—мы уже приготовили липкую ленту — щели заклеивать, чтобы отравляющий газ не зашёл внутрь. И радио купили. Сегодня пойдём получать с вами противогазы в большой синагоге. А Гошику дадут специальный противогаз для малышей, с вентилятором! Ну давайте, что вы стоите, заходите в дом, — пытались они вывести Рину и Володю из оцепенения.

И произнесли на иврите уже знакомые два слова, которые, как заклинание, повторяли служащие в аэропорту, оформляя их документы; этим же самым выражением представитель Моссада закончил свой разговор с Володей; её же всё время повторял водитель такси, когда колесил ночью по Хайфе в поисках нужного дома. Расхожая эта фраза, как оказалось, в переводе имела очень простое значение — «Всё будет хорошо».

«Что же может быть теперь хорошо, — думала про себя Рина, с трудом карабкаясь по крутым узким каменным лестницам на верхний этаж, — что же может быть теперь хорошо, если сегодня будут бомбить. У нас же мир во всём мире…»

Володя молча нёс Гошика, который каждую минуту просыпался и снова засыпал… Сзади тяжело пыхтел тесть с двумя баулами.

Они остановились на верхнем этаже перед металлической дверью с маленьким решётчатым окошком посередине.

— Что это? — поразился Володя.

— Ничего, ничего, — захихикал тесть, — это Олежек снял квартиру у наркомана. Вы не представляете, какая тут проблема снять квартиру. Тысячи человек приехали одновременно. Он, кстати, то есть хозяин, в это окошечко наркотики выдавал, — тесть вытащил из кармана огромный ключ и начал со скрипом проворачивать его в замке, пытаясь открыть дверь. — Но он смешной, этот парень, — продолжал Ринин отец, посмеиваясь, — дверь металлическую поставил, а окно в ванной выбито. К нам уже два раза в квартиру влезали, наркотики искали. Ничего, представь, не взяли, кроме французских духов. Эстеты! — снова хихикнул отец Рины.

— Ну, пожалуйте, господа, в наши пенаты! — он театральным жестом распахнул дверь. Володя с Гошиком на руках шагнул первым…

Вся квартира состояла из двух комнат и длинного, узкого коридора с ободранными стенами, который одновременно представлял собой кухню. Кухня-коридор плавно переходила в балкон, опоясывающий весь дом. На этот же балкон выходило окно ванной, о котором упоминал тесть, — только стекла в нем не было со времён Британского мандата.[24] Арочный вход открывал гостиную, вернее, салон:[25] огромную, мрачную проходную комнату без единого окна, где у стены угадывалась кровать, в которой, по-видимому, спал Олег. Единственная дверь в комнате вела в спальню, куда Володя и понёс укладывать Гошика. Она оказалась угловой комнатой в виде беседки пятиугольной формы, и три стены из пяти являлись окнами... Уже светало, и во всех трёх окнах, как в калейдоскопе, глазам Рины открылось море.

— Самое настоящее, как в Крыму! — воскликнула она в восхищении, тут же забыв все тяготы бессонной ночи.

— Нет, как в Туапсе зимой, помнишь наш медовый месяц, — обнял её за плечи Володя. Он обрадовался неожиданному всплеску энтузиазма у жены, хотя понимал, что это ненадолго. Рина всегда реально смотрела на вещи и уже поняла не хуже него, что вляпались они «как кур в ощип» и насос для поливки газонов им понадобится не скоро. Володя снова посмотрел на море. В Хайфском заливе стояло несколько военных кораблей. «Американские, — подумал Володя, — надо же, находимся прямо в эпицентре международного конфликта. Эх, почему я не пошёл на журналистику...» — впервые в жизни засомневался в своём выборе Володя.

Олег проснулся поздно, и у него сразу засосало под ложечкой, как будто сегодня должно произойти что-то плохое. «Нет, — подумал он, — я перепутал, — что-то хорошее». Он поворочался под одеялом, пытаясь завернуться в него получше. Холод в квартире стоял такой, что стыла даже макушка. Вот тебе

[24] Британский мандат в Палестине — период, в течение которого был установлен режим управления Великобритании по мандату Лиги Наций.

[25] Салон — гостиная.

и «тёплые страны», скоро придётся колпачок на голову надевать, как у Диккенса. И квартира эта такая же мрачная и зловещая, как в английских романах. От холода весь сон улетучился, и он вспомнил и хорошее, и плохое, что должно было произойти сегодня.

Хорошее — это Рина, она уже приехала, вон он слышит голоса в спальне. Он расскажет ей всё, что с ним произошло за этот месяц: о том, в какое дерьмо они влезли с этой «страной обетованной», и о том, что он наконец-то стал мужчиной. Он расскажет ей о Тане. Она, конечно, совсем не похожа на Рину — разве что возрастом, — но он первый раз видит женщину, к которой его бы так влекло. Исключая саму Рину, разумеется, но об этом ей знать не нужно. В сестёр влюбляться не положено…

Рина с Олегом возвращались из большой синагоги, нагруженные противогазами для всей семьи Мурашёвых. Олег специально вывел Рину из синагоги через боковой выход и повёл окружным путём, всё равно она дороги не знает. Ему хотелось выиграть время, чтобы успеть поговорить. Поговорить с сестрой у него значило «рассказать». Она всегда была самым лучшим и самым чутким его слушателем и советчиком. Ужасы репатриации он решил оставить на потом, ещё успеет нахлебаться. То плохое, о чём он вспомнил утром, то есть предполагаемая вечерняя бомбёжка, для неё не новость, — вон уж на всех противогазы получили, — поэтому он сразу решил приступить к главному: к своей любви.

То, что Таня на десять лет старше его, то есть практически одного возраста с Риной, он решил опустить. Олег начал рассказывать, что Таня приехала в Израиль из Баку совсем одна и учится с ним в одном студенческом ульпане; что ей очень хорошо даётся иврит и она помогает Олегу с уроками; что ей негде было жить и «мора» (учительница) взяла её к себе, но муж «моры» стал к ней приставать, и она наутро ушла, и её подруга из ульпана предложила снимать ей комнату в квартире, где она живёт вдвоём с дочкой, и теперь у неё, наконец-то, есть своя большая и светлая комната, куда Олег приходит к ней заниматься; и как-то раз перед экзаменом было поздно уходить, и ему пришлось остаться, ну, так получилось…

— А мама, — перебила его Рина, — как ты сообщил маме, у вас же нет телефона?

— Ну, маму я заранее предупредил, — хитро улыбнулся Олег, и они весело рассмеялись.

Потом они встретили друзей Олега из ульпана, и ребята одинаково взволнованно обсуждали прошедший экзамен по глаголам и предстоящую бомбёжку. При этом они всё время вворачивали какие-то странные словечки на иврите, которые делали их речь похожей на испорченную пластинку, но было ясно, что они этим заметно бравировали.

Рина стояла в нескольких шагах от них и наблюдала за братом. Всего месяц они не виделись, но он очень возмужал. Бывают такие периоды в жизни подростков, когда из вислоухих, сопливых щенков они превращаются в поджарых и породистых псов. Вот так и Олег: ещё вчера — долговязый и неуклюжий, с каким-то жалким пушком на подбородке, а сегодня — высокий, стройный, с молодцеватыми усиками и широкими плечами. Понятно, что у этой Тани не поднялась рука его выгнать, когда он засиделся с ней за уроками... И вот он влюблён... Не то чтобы с ним этого не случалось раньше, — она единственная, кто знал все его сердечные секреты, — но сейчас это было чувство совсем другого качества. В его жизнь вошла женщина, которая, как показалось Рине, была значительно старше Олега. Он опустил эту деталь, скорее всего, нарочно. Конечно, об общих интересах, кроме совместного изучения иврита, речь не идёт, ну и что? Зато есть влечение, настоящее сексуальное влечение, а силу его Рина уже узнала. Её снова захлестнуло жаркой волной воспоминаний. «Вишь, даже войной не выбило, — усмехнулась сама себе Рина, — крепко зацепило». Если бы кто-то сказал ей в эту минуту, что Игорь мечется возле главного входа в синагогу и ищет её, она бы ни на минуту не удивилась.

Глава 12

Лидия (Лидия Михайловна) сидела в комнате, обложившись учебниками. Сегодня из-за предполагаемой бомбёжки занятия в ульпане отменили — можно было спокойно позаниматься дома. Противогазы в коробках лежали горкой, сложенные у стола. Лидия, в который раз закрыв рукой русский перевод, пыталась учить глаголы, но беспокойная суета за спиной мешала ей сосредоточиться.

Её муж Борис (Борис Николаевич) сновал по комнате, включал и выключал маленький переносной телевизор, который презентовали им хозяева квартиры, но новости были или на иврите, или на английском; понять что-либо не было никакой возможности.

— Пойди сходи на рынок, купи бананов. Сегодня точно будут скидки, — сказала она мужу, не оборачиваясь.

— Да есть ещё бананы, сама же говорила — надо экономить, — Борис снова включил телевизор и бессмысленно крутил ручку каналов.

«Боится выходить, боится, что начнут бомбить, а он на улице», — подумала про себя Лидия, но не сказала этого вслух, а продолжала зубрить глаголы…

— Смотри, смотри, — Буш выступает! Что же он говорит? Можно с ума сойти, ни слова не понимаю! За что мы только этой Аллочке деньги платили?

— Как за что, за грудь её большую, ты же с неё глаз не сводил…

— Лида, что с тобой, ты никогда так не разговаривала со мной, — растерялся Борис Николаевич.

— Ну, во-первых, я теперь не Лида, а Лидия — видел как меня в теудат-зеуте[26] записали. А ты Борис, а не Борис Николаевич, забыл? Во-вторых, мы с тобой много лет вообще не разговаривали, ты не заметил?

---

[26] Теудат-зеут — удостоверение личности гражданина Израиля.

Лидия встала, надела куртку:

— Пойду пройдусь на рынок. Всё равно учить невозможно. Сегодня определённо цены должны упасть. И Игоря, может, встречу, он пошёл в большую синагогу менять противогаз. А ты свари картошку, Игорь придёт — поест. Да, когда будешь чистить, не срезай половину картошки вместе с кожурой. Экономить надо.

Борис Николаевич был как раз не против, чтобы его называли Борисом. Это как-то бодрило и давало ощущение молодости. Тем более что во всём остальном Борис чувствовал полную неуверенность.

«Кредо одного цветка» больше не работало, вернее, необходимость в нём отпала. Дамы, конечно, были, вон только в их классе, в ульпане, было несколько очень интересных представительниц прекрасного пола разного возраста, разной комплекции и разного цвета волос. Но они почему-то его не волновали.

Если и был кто-то, кто действительно волновал его романтическое воображение, то это «мора». «Мора» — по-русски учительница, только назвать её «учительницей» язык не поворачивался. Ей было приблизительно столько лет, сколько Аллочке, то есть тридцать с хвостиком, звали её Дафна, но, несмотря на такое громоздкое имя, строения она была миниатюрного, одета, как студентка на субботнике, когда нужно приходить мыть окна в новом корпусе: в каких-то рейтузах в обтяжку и огромной застиранной футболке навыпуск, которая, впрочем, не скрывала её внушительную грудь. Но когда она легко запрыгивала на стол и, сидя нога за ногу, пыталась привлечь внимание класса к повторению глаголов, Борис любовался на её библейский профиль, на длинные смолянистые кудри и говорил себе, что никогда не понимал по-настоящему, что такое красота… Дафна замечала его влюблённые взгляды, но её этим удивить было трудно. Все ученики мужского пола в классах ульпана, где она преподавала, были к ней неравнодушны, и она неосознанным и вполне невинным кокетством поддерживала в них эту лёгкую влюблённость, так как свято верила, что это светлое чувство способствует лучшему погружению в язык. При этом для всех своих поклонников она была своего рода недоступной звездой, потому что выразить свои чувства на иврите никто из них не мог — и Борис не был исключением. Но если его чувства к Дафне не удивляли его нисколько — ему ли привыкать к лёгкой влюблённости, — то отношения с женой стали для него сюрпризом… Они, конечно, проспали всю жизнь в одной кровати, за неимением излишков жилплощади, но в пижамах и отвернувшись в разные стороны. Это началось с того самого дня, когда Лида узнала о его близких отношениях с одной из сотрудниц. А что там было? — да ничего — наплевать и растереть. Он давно привык не замечать в жене женщину, в глубине души считая её чёрствым сухарём и синим чулком, а после того, как она его перестала к себе допускать, и вовсе перестал считать изменой свои любовные похождения. Не думает же она всерьёз, что он, мужчина, может обходиться без секса, как она. Но сейчас, когда приходилось быть каждую минуту вместе — учиться в одном классе, обсуждать денежные вопросы, разбираться в тонкостях счетов и банковских распечаток (ещё и написанных на невероятном языке), сражаться не на жизнь, а на смерть за каждый грош на рынке — он проникся к ней уважением. Она бросалась на счета, как на баррикады: без страха входила в споры со служащими банков, обладая словарным запасом в пять слов. А на рынке все торговцы уже знали её по имени и безропотно принимали цену, которую она назначала. Иврит она учила, как будто это был её личный враг: вгрызалась в таблицы, делала карточки, не выпускала из рук словарь и даже, когда жарила котлеты, зубрила слова. А самое главное — она ничего не боялась.

Вот и сейчас — накинула куртку и пошла на рынок, как будто не сказали вчера в ульпане, что Саддам Хуссейн не готов выполнить ультиматум американского правительства и начнёт бомбить уже сегодня. У самого-то Бориса, когда он думал об этом, сердце замирало и падало в пустоту, а там его подхватывала Лида и возвращала на место. Она, конечно, давно не выглядела той энергичной студенткой с непокорной копной волос… и морщины у глаз, и шея — да что там говорить. Но когда она неслась с двумя матерчатыми сумками по рынку, на ходу перекидываясь словечками на иврите с торговцами, а они кричали ей вслед: «Лидия, хорошо, Горбачёв», он, честное слово, гордился ею.

О прошлом он запретил себе думать, хоть и не было это прошлое таким уж успешным. Но, когда он забывался, в голове всплывал дом, вечера с Машенькой, «его женщины», его уютное, тёплое, с новыми столами технологическое бюро; отмечание дней рождений, праздников; пинг-понг в перерыве; долгое заваривание цейлонского чая; лёгкий флирт на лестнице с очередной сотрудницей; а главное, главное — он мог говорить: обсуждать политические проблемы, читать стихи; и снова женщины; он закрыл глаза… Нужно забыть всё, это было в другой жизни…

А по Машеньке он просто сильно скучал. Она выкинула такой трюк, что родители до сих пор не могут в это поверить. В Тельавивском аэропорту, по приезде, проскочив между стойками служащих, принимавших новоприбывших, Маша нашла представителя Сохнута и на гремучей смеси английского и иврита заявила, что хочет делать абсорбцию[27] в киббуце.[28] Оказалось потом, что этот маленький, лысый человечек, одетый, как колхозник — в защитного цвета куртку и туристские ботинки — немного говорил по-русски и вообще, сам был родом из киббуца. Упорство девочки подействовало, и, несмотря на то, что по закону она должна была оставаться с семьёй, чтобы получить общее пособие на всех, он оформил её как прибывшую отдельно, даже не взяв разрешения у родителей.

И тут же ночью, вместе с несколькими ребятами, которые действительно приехали сами, без семей, она укатила в киббуц на каком-то стареньком микроавтобусе. Откуда она вообще знала про такую возможность — осталось для Лидии тайной, как и всё, что делала и о чём думала дочь. При прощании Маша поцеловала только отца, матери и Игорю махнула рукой и была такова. Из киббуца они получили одно письмо со списком вещей, которые остались у них в чемоданах, и адресом в Хайфе,

[27] Абсорбция — интеграция иммигрантов в израильское общество.

[28] Киббуц — сельскохозяйственная коммуна в Израиле, характеризующаяся общностью имущества и равенством в труде и потреблении.

куда их передать. Ни «люблю», ни «скучаю», никаких сантиментов…

Хлопнула дверь, — Игорь с матерью вернулись вместе.

— Смотри, — громко провозгласила Лидия, и это звучало, как «смотри, дармоед». Лидия гордо показала на сумки, — смотри, три сетки овощей набрали… И всё за три шекеля. На месяц хватит. Хорошо, Игоря по дороге встретила.

Игорь скинул с плеча противогаз в общую кучу и пошёл на кухню ставить чайник.

— Ну что? — отец пошёл за ним. — Какие новости, что говорят? Будут бомбить?

— Будут, будут, — вмешалась Лидия. Ей как будто нравилось его дразнить. — Сегодня вечером и начнут. Сейчас пойдём делать герметизированную комнату. В твоей комнате, Игорь, там всего одно окно, — обратилась она к сыну.

Игорь только пожал плечами.

— Игорь, — суетился отец, — почему ты так спокоен? На тебя ничего не действует.

«Спокоен»? Все эти три с половиной месяца в Израиле он был совершенно спокоен… Спокойствие пришло на следующий день после приезда. Он пошёл на почту, чтобы отправить вызов[29] родственникам, и не смог этого сделать только потому, что забыл, как будет «марка» на английском. На иврите он тоже, естественно, не знал этого слова, а все его попытки объяснить на пальцах или показать на конверте, что ему нужно приклеить марку, не увенчались успехом. Толстая тётка на почте не хотела его понимать и, судя по всему, получала удовольствие от его унижения. Игорь выскочил на улицу, хлопнув дверью, и на глазах его, впервые за последние двадцать лет, появились слёзы. В эту минуту Игорь, сцепив зубы, дал себе слово, что никто и ничто больше не сможет вывести его из равновесия, пока он не только не будет изъясняться на иврите в любом месте и на любую тему, но и сможет указать любому выродку, где его место. И ещё: Игорь вспомнил картину, кажет-

[29] Вызов — официальное приглашение, которое требовалось в консульстве Израиля для оформления виз.

ся, Сальвадора Дали, изображавшую голову человека с выдвинутыми из неё ящичками. Так вот, все свои ящички, забитые воспоминаниями из прошлой жизни, Игорь задвинул крепко-накрепко, закрыл на ключ и бросил в море… И прожил так три с половиной месяца…

А сегодня один из ящичков выскочил, замочек сломался, и Игорь понял, что никакой силой не сможет закрыть его обратно. В большой синагоге он увидел Рину и не поверил своим глазам. Отскочил за колонну, чтобы перевести дыхание, а тут кто-то закрыл её спиной, и она исчезла. Он выскочил на улицу, расталкивая возмущённую очередь, вернулся обратно, выслушав всё, что о нём эта очередь думала, но всё было напрасно: Рины и след простыл. «Может быть, показалось?» — думал он, примеряя предложенный ему противогаз. Потом, не слушая объяснений, рассеянно кинул в коробку шприц с атропином, как будто только сегодня утром он не беспокоился о том, хватит ли у него силы воткнуть в себя иглу, если начнётся химическая атака?

Он никак не мог заставить себя уйти из синагоги, не верил, что упустил её, не верил, что обознался, не верил, что показалось. Он не ожидал, что эта встреча его так взволнует: таким далёким и нереальным казалось всё произошедшее с ним перед отъездом. Сейчас Игорь вспомнил, что Володя собирался на несколько месяцев передвинуть отъезд. Ему стало понятно, что семья Мурашёвых приехала вчера или может быть, даже сегодня, в день войны, и сразу же отправилась получать противогазы. Странно, что он не видел Володю. А может быть, Рина приехала без него? Кровь бросилась ему в лицо от этого предположения… Тут он подумал о ребёнке. Что же с ними будет сегодня, когда начнут бомбить? Почему же их привезли сегодня, почему не задержали? Впрочем, чему тут было удивляться? Сохнуту не выгодно было останавливать победный приток олим. Игорь заскрипел зубами. Ему стало жалко Рину. «Если жалеешь, значит, любишь», — всегда говорила бабушка. Он задумался, жалел ли он когда-нибудь прежних своих подруг, и пришёл к выводу, что жалеть их было особенно не за что. Вкус у него был хороший, и поэтому все они, как одна, были ухоженные, красивые и уверенные в себе.

Глава 13

Когда Рина с Олегом вернулись с противогазами, отец Рины с Володей обклеивали окна спальни широкой изоляционной лентой, купленной в огромном количестве по большой скидке на рынке.

— Но ведь здесь окон больше, чем стен! — разнервничалась Рина, в очередной раз осматривая безнадёжным взглядом их пятиугольную беседку. — Известно, что при взрыве даже в соседнем доме стёкла лопаются.

— А что делать, Риночка? — её отец развёл руками. — В салоне и дверей-то нет, какая уж тут изоляция…

— Ничего! — бодрым голосом заявил Володя, как будто готовить свой собственный дом к возможному попаданию бомбы было для него рутинным занятием. — Мы окна крест-накрест лентой заклеим, как фильме «В шесть часов вечера после войны», помните?

— Гошика кроватку надо к внутренней стене подвинуть, — услышала свой голос Рина и не поверила, что это говорит она. — Я сегодня в синагоге слышала, что к внешней ставить нельзя, она первая обрушится от взрыва.

«Как же так, — продолжала Рина уже про себя, — что же я сделала со своей жизнью, с Гошиком, с Володей?» Только два дня назад они гуляли втроём по Красной площади. Правда, «гуляли» — громко сказано, они шли полусогнувшись, чтобы ветер и снег не били в лицо, и волокли за собой Гошика. Судя по всему, Гошик чувствовал себя лучше всех. В серебристом чешском комбинезоне, замотанный шарфом выше ушей, он держался ручками в двойных рукавичках за маму и папу, подгибал постоянно ноги, чтобы повиснуть, и представлял себя по очереди — то космонавтом на холодной Луне, то белым медведем…

Они подошли к Мавзолею и как раз попали на смену караула. И пусть кумиры уже были низвергнуты, но так же, как раньше, волновала чеканная поступь солдат, красный флаг над Кремлём, бой курантов. И чувство защищённости, незыблемости, — взращённое в них, наивных, этой колоссальной безумной державой — вернулось на секунду, и вспомнилась прежняя, детская гордость за свою страну. Даже Гошик затих, как будто хотел запомнить эту минуту. И все это было только позавчера, а сегодня она выискивает в этой византийской беседке, которую кто-то по ошибке записал комнатой, хоть одну внутреннюю стену, которая может спасти её ребёнку жизнь.

К счастью, поток Рининых горьких воспоминаний и сожалений был прерван матерью:

— В войну тоже кушать нужно, ещё неизвестно, когда мы из этой комнаты выйдем, — позвала она за стол.

Сегодня на обед были котлеты из индюшачьих крыльев, вернее, из мяса, ободранного с индюшачьих крыльев, — самого дешёвого на том единственном рынке в Хайфе, в окрестностях которого им «повезло» снять квартиру. Рецептом этих котлет мама Рины гордилась по праву, и все женщины в ульпане его переписали. Учительнице на невозможной смеси английского и иврита объяснили, какая находка этот рецепт, чем та была немало удивлена, так как всю жизнь считала, что крылья индюшки несъедобны и их при разделке выбрасывают.

Пока взрослые общались, Гошик, который давно поел, быстро нашёл себе занятие: стал играть в обезьяну, которую отправили в ракете на Луну, а она нашла прямо в кратере корзину с бананами. Как съесть банан, не снимая скафандр, — вот она, сверхзадача. Бабушка Белла спасла только пятый по счёту банан. Четыре предыдущих были размазаны по стеклу Олежкиного противогаза, который Гошик как-то ухитрился надеть, но снять не мог, только периодически отлеплял от подбородка, чтобы подышать. Володя, как всегда спокойно, вытряхнул Гошика из «скафандра», а уж Рине пришлось оттирать противогаз от ошмётков бананов, чтобы не повредить фильтр.

Зимний день заканчивается быстро, даже в тёплых странах. Зашло солнце; незаметно подступили сумерки. На город сошла тишина. Олег почти бежал по улице, держа под мышкой заветную коробку, и лихорадочно повторял про себя правила пользования противогазом при разрыве бомбы с химическими веществами, которые он так удачно прослушал сегодня во второй раз, когда ходил с Риной в большую синагогу. Рядом не было ни родителей, ни сестры и её мужа, ни друзей — хорохориться было не перед кем, и сердце заходилось от страха; но Олег помнил, что главное испытание ещё впереди, и репетировал сам с собой бравое поведение с Таней. Он не мог оставить её одну в этот вечер, не совсем, правда, одну, ещё с двумя женщинами, но что они могут, эти женщины? Как правильно натянуть противогаз, не поймут, — ещё фильтр со страху забудут открыть, задохнутся.

С мамой, конечно, чуть обморок не случился, когда он стал собираться, и Рина вся позеленела. Никакие доводы не помогли — ни что спать негде, ни что комната на всех мала. Вот уж сила материнского инстинкта, лишена всякой логики. Какая разница, в какой квартире сидеть в противогазе, по теории вероятности бабахнуть может в любую. Пока Олег не выпалил открытым текстом, что он свою женщину в тяжёлую минуту одну не оставит, мать не угомонилась. А после его заявления она так растерялась, что слова не могла сказать. Олег воспользовался её замешательством: за коробку — и был таков. Володя только ухмыльнулся и посмотрел на Рину, а отец Рины справедливо заметил:

— А когда пацана через год в армию возьмут, ты тоже поперёк двери ляжешь?

Рина вздрогнула: «Армия, она совсем про это забыла, — ведь Гошику тоже придётся идти в армию!». Она прижала малыша к себе, и тут раздался душераздирающий вой сирены.

Олег бежал на всех парах по знакомой улице, которая круто уходила вверх. Зловещая тишина окружала его: ни одного человека на улице, ни одного открытого магазинчика, даже известный наркоманский притон на углу, где день и ночь сомнительная публика играла в нарды, задраен наглухо. Олег развил такую скорость, которой ему не удавалось достичь даже на республиканских соревнованиях: просто счастье, что он всю жизнь занимался лёгкой атлетикой.

Вот он влетает в подъезд, стучит условным знаком: три, ещё раз три, а потом два. Дверь распахивается, и в эту минуту раздаётся тот самый вой сирены, который он столько раз слышал в фильмах. Но наяву — просто кишки выворачивает…

— Где ваша загерметизированная комната? — влетел Олег.

Таня пожала плечами. Лицо её выражало полное отчаянье.

— Да не сделали, не было ленты…

«Понятно, боялись выйти из дому, я так и знал — женщины!», — промелькнуло в голове у Олега. Ответственность за других выбила из него весь страх. В кухне мать и дочка — соседки Тани — беспомощно пытались натянуть противогазы. Сирена истошно выла, не оставляя шанса ничему живому…

— Быстрее, — Олег потянул женщин в коридор, — бежим к соседям!

Они начали стучать во все двери на площадке: нигде ни звука; поднялись выше, ещё выше. Только на последнем этаже, под крышей, распахнулась дверь. Сирена ещё не закончила свой предсмертный вой. Просто удивительно, какой длинной может быть эта минута — от жизни до смерти. Дверь распахнулась, и тощий, поджарый араб молча указал им на спальню. Окна в ней были заклеены наглухо. Они влетели, тяжело дыша, Олег был уже в противогазе и помог Тане, а хозяин дома так же молча и, можно сказать, галантно поухаживал за двумя оставшимися дамами; потом спокойно надел свой противогаз и сел прямо на ковёр, предварительно усадив гостей на диван. Его жена, в длинном платье и тоже в противогазе, надетом на платок, сидела на кровати напротив, обнимая двух курчавых малышей. Моторчики их противогазов равномерно жужжали, а на журнальном столике перед ней стояла люлька из целлофана, со специальным фильтром, и в ней мирно спал смуглый младенец. Картина была как из голливудского фильма о конце мира, где они были последними жителями планеты и сейчас, в этой комнате, решалась судьба человечества. Звуки далёких взрывов довели картинку до логического конца.

Таня была знакома с хозяйкой дома. Она иногда заходила к ней в гости, проблема у них была общая: обе они учили иврит. Поскольку это был единственный язык, на котором они могли общаться, то обеим это было полезно и даже интересно. Хозяин дома, Мухлес, заведовал всей электрической частью рынка, около которого и купил квартиру за бесценок. К тридцати годам положено было жениться, и Мухлес привёз себе с территорий жену из верующей семьи, для которой араб с израильским гражданством и постоянной работой был женихом не хуже шейха Саудии. Пошли дети. Эльхам учила иврит, а единственным напоминанием о холостой жизни Мухлеса был декоративный лафет от пушки, водружённый на шкаф: в нём красовалась трёхлитровая бутылка виски «Регал». Мусульманской заповеди «Не пей» Мухлес не стал придерживаться даже тогда, когда женился, и Эльхам только тяжело вздохнула, когда безбожник-муж нацедил русским по пластиковому стаканчику виски, сразу же после первого отбоя воздушной тревоги. Когда все закончилось, женщины остались с Эльхам, а Мухлес, прихватив рулон целлофана и несколько катушек липкой ленты, спустился с Олегом делать у Тани герметизированную комнату.

В эту ночь ещё несколько раз была тревога, и мужчины, прервав работу, неслись наверх, перескакивая через ступеньки, сидели с женщинами до отбоя, пропускали по рюмочке, оставляли женщин успокаивать детей и снова спускались в квартиру Тани. К пяти утра работу, — с перерывами на тревогу, — закончили. Олег пожал Мухлесу руку, сказал на иврите «спасибо» и «всего хорошего» и забрал своих женщин… За эту ночь он почувствовал себя действительно двоюродным братом этому арабу, и уже никогда потом — ни в армии, где охранял заключённых террористов, ни после, в университете, когда пришлось противостоять пикетам арабских студентов, — он не мог испытывать к ним, к врагам, слепой бездумной ненависти.

Первую утреннюю тревогу, в шесть утра шестнадцатого января, они провели уже в своей герметизированной комнате, не успев выпить даже чашечку кофе. Олег с довольным видом осматривал окна, наглухо заклеенные целлофаном: никогда ещё он не был так горд своей работой.

Ближе к полудню, в этот январский день, выдавшийся таким солнечным, он шагал домой широким шагом вниз по улице, круто спускающейся с горы Кармель. За плечом его болтался противогаз и стучал по бедру почти как автомат. Он шёл и насвистывал. Прохожие с удивлением оглядывались на него — что за радость свистеть в первый день войны, — но Олег чувствовал себя, как после боевого крещения, настоящим мужчиной, почти так же, как после первого раза с Таней.

Дома его встретили стеной молчания. Оказывается, его присутствие могло пригодиться здесь не меньше, чем у Тани. Родители за месяц, конечно же, так и не научились понимать иврит, Володя с Риной тем более не знали ни слова и, нацепив в первую же сирену противогазы, так и просидели в них до утра, не разобрав, что по радио объявили отбой. Пару раз ночью Володя предлагал выйти на улицу прямо в противогазе и посмотреть, что происходит: осталось ли что-нибудь живое после предполагаемой химической атаки, может, хоть кошки гуляют. Но мать Рины упёрлась и сказала, что кошки ей не указ — кто знает, может, порог защиты от химического оружия у кошек выше, чем у людей, — и не дала открыть дверь, заклеенную липкой лентой, в соответствии с указаниями службы тыла. Хорошо, соседка, старушка, приехавшая в Израиль ещё в 1948 году, утром решила проверить, как поживают новоприбывшие, доказав своим стуком в дверь, что жизнь извне ещё существует.

Глава 14

Володя, стащив, наконец, в шесть утра опостылевший противогаз, сложил его в коробку и побежал проведать мать. Он был у неё вчера, когда они приехали, но со вчерашнего дня, казалось, прошла вечность. Лицо у него опухло и горело, но рассматривать себя в зеркало ему было некогда.

В первый раз Рина узнала, какая чувствительная у Володи кожа в поездке в Ленинград, в десятом классе. Девчонки из класса во главе с ней — известной заводилой — намазали ребят ночью зубной пастой.

Володя встал утром с горящим лицом и заплывшими глазами, и Рина, испугавшись содеянного, отмывала его в туалете холодной водой и извинялась, а его так волновали прикосновения её лёгких рук, что он только мычал, не зная, что ответить. Он и бородку с усами завёл, чтобы меньше пространства на лице нужно было брить. Эта бородка очень напоминала аккуратную чеховскую — маминого доктора Якова Семёновича, и он никак не мог для себя решить, раздражало это его или, наоборот, радовало.

Яков Семёнович и здесь, «в эмиграции», как он выражался, оставался верен себе. Каждый день согревал полчайника воды, чтобы не греть весь бойлер, тщательно брился и шёл во врачебный класс ульпана, как в своё отделение.

В ульпане царила советская субординация, и группа профессоров и начальников отделений во главе с настоящим академиком на переменках просвещала молодых врачей. Они ещё не понимали самого главного: за порогом ульпана старые заслуги будут иметь значение только если ты сможешь доходчиво рассказать о них на иврите.

С ивритом же у Якова Семёновича обстояло совсем не так хорошо, как с заслугами. Яков Семёнович не сдавался: зубрил, изобретал разные таблицы для лучшего запоминания слов, но на уроках отставал даже от Тонечки, хоть задания они и делали вместе, на общей кухне. С квартирой всё получилось именно так, как говорила мама Рины.

Из аэропорта Яков Семёнович с женой и Антонина Ивановна приехали в Хайфу вместе: у доктора в Израиле никаких родственников не было, и Антонина Ивановна дала водителю адрес родителей Рины, которые приехали на неделю раньше. Предполагалось остановиться у них на несколько дней, пока не найдут квартиры. Но, увидев разобранную кровать Олега в середине салона и единственную спальню в виде византийской беседки, Антонина Ивановна совершенно растерялась.

Найти маклера[30] оказалось несложно, Олег тут же притащил жуликоватого вида типа с маленькой вязаной кипой на голове. Яков Семёнович, увидев кипу, сразу проникся к маклеру доверием как к человеку религиозному, начал объясняться на своём научном английском, называя его «мистером», и доверчиво протянул ему единственные и последние двести долларов, которые у него были. Задаток посредник взял, не задумываясь, но цену за квартиру заломил безумную, объясняя, что квартира большая, дорогая — две спальни и салон, и ничего подешевле у него нет. Жена доктора беспокойно переводила взгляд с одного на другого, вцепившись в рукав Антонины Ивановны, и руки её мелко дрожали. Её невыразительное, мучнистое лицо изображало крайнюю степень страдания. Она никогда не оставалась так долго без привычных для неё удобств, и больше всего на свете ей хотелось сейчас принять душ. Она тут же рассудила, что если Антонина Ивановна снимет квартиру с ними, это будет выгодно для всех. В конце концов, можно относиться к этому как к обычной коммунальной квартире, без предрассудков, ведь у Антонины Ивановны будет отдельная комната… Тонечка же, увидев, с какой лёгкостью её наивный доктор отдал такую огромную сумму в руки этому пройдохе, поняла, что без неё он пропадёт, и не до ханжеской морали сейчас, потому что только Тонечкин здравый смысл и жизненный опыт смогут его спасти. Квартира была действительно большой, с высоченными потолками. Правда, вторая спальня находилась на крыше,

---

[30] Маклер — посредник по сдаче и продаже квартир.

натуральный скворечник, но чисто побелённый и с кафельными полами. Чтобы попасть в эту комнату, нужно было подняться по невероятно крутой лестнице наверх, и, безусловно, комната эта досталась Антонине Ивановне, потому что супруга доктора страдала головокружениями, а ему самому Тонечка ни за что не дала бы подниматься и спускаться по такой крутой лестнице — он же такой рассеянный.

Большим плюсом, по мнению Якова Семёновича, было то, что квартира их находилась в религиозном еврейском районе... В субботу утром он подходил к окну и с умилением рассматривал спешащих в синагогу молодых мамочек в париках, окружённых толпой разновозрастных, разнаряженных деток; юношей в сюртуках и с пейсами; убелённых сединами старцев в огромных меховых шляпах...

«Приятно жить среди образованных людей, — вздыхал он. — Мы обязаны выучить иврит и читать Тору на языке оригинала, как эти святые люди...», — добавлял он вдохновенно. Тонечка ему не возражала и, конечно же, не рассказывала, что продавец соседней лавки, с самыми длиннющими пейсами, которые она когда-либо видела, каждый день обсчитывал её на два шекеля; а когда она, с её-то ивритом, всё-таки доказывала свою правоту, возвращал ей только шекель, а второй кидал в жестянку для пожертвований...

Война не застала Антонину Ивановну врасплох. Она сама превратила кухню в герметизированную комнату, сама разобралась с устройством противогазов. А когда в первую же бомбёжку Яков Семёнович начал хвататься за горло и клониться набок, теряя сознание, а супруга его заверещала, думая, что химическая атака уже началась, кто, как не Тонечка, заметил, что любимый доктор просто забыл открутить крышку фильтра и чуть было не задохнулся, не сказав при этом никому ни слова, — стеснялся потревожить...

Володя тоскливо глядел на учительницу, которая то вскакивала на стол, то прыгала с него, и тоненькая её косичка, которая, казалось, никак не была связана с коротко стриженной курчавой головой, прыгала вместе с ней. «Как обезьянка», —

подумал Володя. Он никак не мог заставить себя сосредоточиться на словах, значение которых «мора» так старательно пыталась объяснить. Зато Рина не сводила с неё глаз и повторяла за ней все звуки, как на сеансе гипноза. Володя знал, что это не поза: уже завтра, на рынке или в магазине, в разговоре с соседкой или с воспитательницей Гошика, жена употребит все эти слова, как будто слышала их с детства. Иврит прилипал к ней, вливался в неё, поглощался ею с невиданной быстротой. Володя был близок к тому, чтобы поверить, что именно еврейское происхождение Рины чудесным образом помогает ей постигать иврит с такой быстротой, тогда как он, «гой» — как называл он себя в отчаянии, — никак не мог приспособиться ни к этим «иероглифам» справа налево, ни к этим невероятным звукосочетаниям... Войну, тесноту в доме, противогаз, который доводил его до исступления, даже истерики Рины и её матери при каждой сирене, а также капризы Гошика — всё мог он стерпеть, но иврит... Почему-то своим неуспехам в иврите Володя приписывал охлаждение к нему Рины. Именно сейчас, когда он думал только о ней и когда хотел её больше, чем когда-либо, когда лёгкие движения её ресниц и покачивание ноги, закинутой одна на другую, — в классе во время урока — приводили его в волнение; когда жизнь в спальне с Гошиком, к которому тёща считала себя вправе подойти в любое время дня и ночи, исключала всякое проявление нежности, и заниматься любовью приходилось глубокой ночью, в кромешной тьме и под одеялом; именно сейчас, когда он больше всего нуждался в её ласковых руках и мягких губах, она как-то мягко, но настойчиво выворачивалась из его объятий, не давала прикоснуться даже к груди, и ночная любовь под одеялом заканчивалась простым соитием, обычным выполнением супружеского долга.

Володя не знал, насколько близок он был к истине. Что-то переломилось в Рине после приезда в Израиль: после месяца непрерывного, ежевечернего ужаса у кроватки Гошика, после первого шока от трущоб, где им пришлось обитать, после осознания своей нищеты и беспомощности. Восхищение мужем, который всегда был на голову выше всех в учёбе, его ореол столичного жителя, его заработки, успехи в бизнесе, поездки в Москву, подарки ей и Гошику, вечеринки с друзьями — всё кануло в небытие. Рядом с ней в классе каждый день находился плохо выбритый, раздражённый, не такой уж молодой и совсем не привлекательный мужчина, с опухшим от недосыпания и аллергии лицом. Иврит ему не давался. Дальше алфавита дело не шло. Домашние задания он принципиально делать не хотел, и все попытки жены помочь ему воспринимал в штыки. Как-то не по-мужски задирался на каждое слово Рининой мамы, грубил тестю и срывал свою злость на Гошике. И после этого ночью, когда она засыпала так, как будто падала в тяжёлый обморок от немыслимой усталости и пережитого за день волнения по поводу очередной бомбёжки, он требовал от неё любви. Он больше не был ни опорой, ни защитой, а только бессмысленным, раздражающим приложением к ней и её ребёнку. И видит Бог, её роман с Игорем, который, хоть и не поблёк в её памяти, но как-то потерял своё значение на фоне ежедневной борьбы за существование, не был причиной её окончательного охлаждения к мужу. С первого дня приезда в Израиль Рина не жила, а выживала. «Выжить, выжить! — говорила она себе, когда учила иврит. — Выжить! — когда заклеивала дверь во время сирены и натягивала Гошику противогаз с моторчиком. — Выжить!» — когда ночью в двери ломился очередной наркоман. Рина слушала, сцепив зубы, причитания матери о том, почему же они не поехали жить в Иерусалим, и думала только об одном: «Выжить». Да, это она, Рина, боясь близкого соседства арабов, выбрала Хайфу, а теперь Иерусалим это единственный город, который не бомбят. Она проиграла во всём, но она должна выжить, и для этого — забыть всё, что было раньше её жизнью: русские книги и русские песни, улицы родного города, друзей своей юности, ласки любимого и жалость к мужу.

Глава 15

«Дорогая Татьяна Романовна! Поздравляем Вас с днём рождения! Вы необыкновенной души человек…»

Таня не стала дочитывать огромную прошлогоднюю открытку, оставшуюся из прошлой жизни в качестве закладки в затрёпанном русско-ивритском словаре, с которым Таня никогда не расставалась. Она начала медленно и методично рвать огромный, золочёный со всех сторон кусок картона на мелкие кусочки… Чем тяжелее поддавался плотный высококачественный материал, тем больше распалялась Таня: «Вот, — приговаривала она, — тебе консерватория, вот тебе папа — главный дирижёр, вот тебе — преподавательская деятельность и соло на фортепиано, вот тебе квартира в старом Баку, вот тебе — замужество в Израиле…»

Она села на диван и обхватила голову руками. Обрывки старой открытки в художественном беспорядке были разбросаны по полу. «Можно собрать и склеить, — думала Таня, — собрать и склеить открытку. А жизнь — не соберёшь и не склеишь…»

«Дорогая Татьяна Романовна»! Она уже давно не «Татьяна Романовна», а просто Таня, и уже давно никому не дорога… У родителей своя жизнь, ученики нашли других кумиров, подруги… — она и не думает им писать. Что она напишет этим подругам, которые пили кофе только из фарфоровых чашечек и носили обувь, сшитую по индивидуальному заказу? Что багаж с её антикварной мебелью ещё не пришёл, а если и придёт, то расставлять эту мебель будет негде, и грузчикам платить нечем? Что спит она на кровати, полученной из Сохнута, а давно отжившие свой век кресло и журнальный столик сама притащила с помойки? Что на ногах у неё шлёпанцы, купленные за пятнадцать шекелей на базаре, потому что все её шикарные туфли на шпильках носить в ульпан невозможно? Что ходит она пешком, по крутым мощёным улицам, да ещё и на базар заскакивает на обратном пути, — там всё дешевле, чем в соседнем магазинчике… Это она, Таня, которая не имела понятия, где в Баку покупали мясо и овощи, а главное, сколько они стоили… Она тащит в самую жару, в гору, кульки с продуктами, чтобы сэкономить пару шекелей, а вместо кофе пьёт какой-то суррогат, потому что хороший стоит дороже. И что у неё есть в наличии на сегодня? О первых месяцах в стране лучше не вспоминать… О войне — тоже. Сегодня, когда всё уже немного устоялось, у неё есть новая подруга — Аллочка с дочкой, приехала из Харькова — невероятная оптимистка; есть ульпан, где она, Таня, — лучшая ученица, вот, сегодня с Мухлесом смогла поговорить; есть Олег. Смешно кому-то рассказать, что её первым мужчиной стал мальчишка возраста её учеников, птенец — усики, как пёрышки… Тоненький, и волнуется каждый раз перед постелью, как перед экзаменом на аттестат зрелости. Но без «этого» никогда домой не уходит, даже непонятно, нужно ему «это» в силу темперамента, или просто в нём говорит мальчишеское упорство и стремление доказать себе или Тане, что он может. Таня поначалу стеснялась своего крупного белого тела, но он так самозабвенно зарывался в неё и так восхищался её формами, что растопил её недоверие. Таня поверила, что нравится ему, а почему — кто знает… Может, её грудь и живот воплощали его мальчишеские фантазии, а как ей, женщине, это понять?

Раздался звонок. На пороге стоял Мухлес. После первой ночной тревоги, когда он, единственный из соседей, открыл им дверь, Таня испытывала к нему почти родственные чувства. В руках у него был ящик с овощами и фруктами. Без лишних слов он прошёл на кухню, поставил ящик на стол. Эта процедура с той самой ночи превратилась в традицию. Два раза в неделю Таня, как обычно, лезла в сумку за деньгами, а Мухлес, как обычно, останавливал её: «Для тебя — без денег». Он говорил с ней на иврите короткими фразами, и Таня хорошо его понимала и даже успевала набраться храбрости ему ответить. Эти короткие беседы оставляли у неё ощущение полноценного общения, и эти минуты понимания, которые возникали между ней и этим чужим человеком, делали его невероятно близким. Он в очередной раз окинул её восхищённым взглядом и убежал:

ему, как всегда, было некогда… Таня позвала Аллочку, которая с карандашом в руках смотрела новости на иврите, пытаясь заучить слова, и показала ей полученные сокровища. Тут же, услышав о фруктах, на кухню радостно выскочила Юлечка, получила свои законный банан и, вернувшись в комнату, потихоньку переключила телевизор на мультфильмы, пока мама не видела… На самом деле Таня позвала Аллочку не столько для того, чтобы похвастаться добычей, сколько чтобы та помогла ей побыстрее разложить продукты. Начинало смеркаться, и в животе появлялось предательское ощущение страха, которое поднималось к сердцу и застревало в груди занозой. В основном, бомбы падали вечером, и ожидание сирены иногда было страшнее самой сирены. Кроме того, должен был прийти Олег, и Тане не хотелось, чтобы он увидел ящик с продуктами, не хотелось объяснять ему, откуда это взялось. Что-то во взгляде Мухлеса мелькало такое, что Тане стало казаться, будто она не так уж чиста и перед Олегом, и перед собой — хотя, казалось бы, что может быть естественней помощи нуждающимся в ней, тем более такой лёгкой ценой. Таня понимала, что Мухлесу, который работал на рынке, эти овощи ничего не стоили, но то, что он думал о ней в эти страшные дни, когда дома его ждали семья и дети, трогало её до слёз, и, как никогда, важны ей были и эта забота и это внимание.

Аллочка вернулась в свою комнату. Юлька, задрав ноги на подушку, доедала банан и сопереживала очередной нарисованной героине, которая проливала нарисованные слёзы. Аллочка прислушалась и, разобравшись, что мультик на иврите, протянула дочке лист бумаги:

— На, записывай слова, которые не знаешь.

— Брось, мама, — отмахнулась Юлька, прицельно запустив в мусорную корзину кожуру от банана, — я уже все слова знаю.

Самое поразительное, что это была чистая правда. Пока Аллочка изучала ивритский алфавит, мучительно зубрила слова и придумывала всякие способы для лучшего их запоминания, Юлька, как губка, впитывала в себя чужой язык, и Аллочка уже не раз ловила себя на том, что значения новых слов она спрашивает у дочери, получая от неё порой очень снисходительные ответы.

Аллочка вздохнула, взяла лист бумаги и стала внимательно слушать Юлькин мультфильм. Незнакомыми словами были почти все, за исключением «привет» и «будет хорошо», а ведь третий месяц пошёл как они здесь. Тем не менее Аллочка, как специалист по изучению языков, верила, что количество рано или поздно переходит в качество и учила язык, даже когда чистила зубы. На зеркале над раковиной были прилеплены записочки с названиями всех предметов, находящихся в ванной комнате. Предметов в ванной было немного, поэтому способная Аллочка все эти слова запомнила быстро. Однажды Таня в шутку заметила, что задание нужно усложнять и вместо слова «унитаз» писать «пожалуйста, сливайте унитаз» и в таком роде.

Назавтра Аллочка, как человек исполнительный, весь первый урок безуспешно пыталась выяснить у «моры» перевод словосочетания «сливать унитаз», пока не взяла её за руку и, к огромному удовольствию всего класса, повела в женский туалет, чтобы наглядно объяснить, чего она от неё добивается. Так и проходили дни: утром — в борьбе с ивритом в ульпане, вечером — с липким страхом, беготнёй в герметизированную комнату, с долгим чаем на кухне после отбоя… Аллочка называла это «временными трудностями». «Будет хорошо» — это любимое израильское выражение стало для неё девизом. Аллочка не отчаивалась, так как была человеком целеустремлённым. Она точно знала, чего хотела. Она хотела мужа — такого, как у директрисы их ульпана: представительного, на хорошей должности. Он пару раз забирал супругу на своей «Тойоте», когда они должны были ехать на какую-то корпоративную вечеринку. Обычно Михаль — так звали директрису — ездила на маленьком красном «Пежо», и на нём же подвозила детей в школу. И дети эти были породистыми и откормленными, и бананы мать насильно запихивала им в сумку. А вот Юлька за банан готова была полы во всей квартире вымыть. Аллочка тоже хотела иметь троих детей, при таком-то муже почему бы и нет? И возить их в школу на своей машине, и по утрам складывать им бутерброды в специальные прозрачные коробочки, и чтобы школьные сумки были яркие и с картинками; у мальчика — голубая, с Суперменом, а у девочки — розовая, с Барби… А Юлечка к тому времени подрастёт, и ей она купит такую сумку, как у их «моры»: кожаную, в виде рюкзачка… Это сейчас дочка ходит в школу с дешёвой сумкой из дерматина, приобретённую в магазине уценённых товаров, и ведь не жалуется… Ничего, дай только время, Аллочка освоит этот язык и тогда развернётся. Да и не такой уж сложный этот иврит, недаром его польско-русский еврей придумывал, вернее, модернизировал. Бен-Иегуда Элиезер — волосы дыбом становятся, когда подумаешь, как человек издевался над своим сыном, а, видишь, теперь целая страна говорит на этом языке… Она была счастлива, что всё-таки нашла способ эмигрировать в Израиль и вывезти дочь. Правда, с фиктивным браком у Аллочки так ничего и не получилось, она оказалась для этого слишком щепетильной. Единственный претендент, которого она нашла, оказался рыжим, обрюзгшим, в противных веснушках. Он не работал, называл себя «диссидентом», жил с мамой-библиотекаршей и пил из неё все соки. Потом оказалось, что диссидентом был не он, а его папа, и этот папа давно уже в Израиле, но у него нет «свободных» денег, чтобы помочь жене и сыну с выездом, а у них-то на это денег нет и подавно. И продать им нечего, кроме продырявленной кушетки и собрания сочинений Шолом-Алейхема. При виде фиктивной невесты у лжедиссидента загорелись глаза, и он потребовал не только денег, но и супружеских услуг. В ответ Аллочка собрала всю имеющуюся наличность, отнесла в «нужное место», и теперь у неё в портфеле для документов, на самом дне, лежит свидетельство о рождении, где чёрным по белому написано, что её и Наташкина мама — еврейка. Свидетельство это прошло самую тщательную проверку в израильском консульстве. А мама так до сих пор и думает, что Аллочка поехала в Израиль по обмену опытом — для изучения языка, и уж о своей принадлежности к еврейской нации даже не догадывается.

Глава 16

Игорь въезжал в центральную аллею Техниона. Охранник на воротах вскочил на подножку автобуса, скользнул взглядом по пассажирам и дал водителю добро: «Проезжай». Игорь прильнул к окну. Высокие сосны по обе стороны дороги приветственно махали мохнатыми лапами длинных веток, как будто звали въезжавших: «к нам, к нам». Позади остались раскалённые улицы Адара,[31] жара и вонь центрального рынка; загазованный нижний город, где грузовой порт и центральная автобусная станция усиленно вырабатывали смог, равномерно расстилающийся над Хайфским побережьем. На фоне этого светлые корпуса Техниона, прячущиеся в тени бесконечных сосен, тенистые аллеи с группками студентов, на лицах которых можно было прочитать единственно важное для них событие — прошедший или будущий экзамен, — казались другой страной или даже другой планетой. Ни проблемы хлеба насущного, ни тяжёлая ежедневная, изнуряющая работа, ни жара, ни интифада,[32] — ничто, казалось, не касалось этого райского места, где сосновые верхушки простирались во все стороны до самого горизонта, куда ни упадёт взгляд… Город — сбывшаяся надежда великих еврейских утопистов прошлого… Город науки… Город будущего.

Тем не менее, как только Игорь нашёл контору по управлению делами олим, он понял, что картина поистине райского въезда в Технион так же обманчива, как и все на свете иллюзии. Растрёпанная, пухлая, местечкового вида тётка с большим тонким носом презрительно ткнула неожиданно костлявым пальцем в Игорев диплом Харьковского политехнического института.

— Что это? — сморщив свой гибкий нос, воскликнула она на иврите, несмотря на то, что Игорь обратился к ней на ан-

[31] Адар — старый район Хайфы.

[32] Интифада — вооружённая борьба палестинских арабов против Израиля.

глийском. — Что это за учебное заведение и что это за город? На вторую степень мы принимаем только гениальных мальчиков из московских и ленинградских ВУЗов, — победно посмотрела она на Игоря.

Игорь молчал. Не потому, что не мог возразить, — он боялся, что своим ивритом только подтвердит заявление этой наглой тётки. Именно потому, что с выпускниками МИФИ[33] и Бауманского[34] состязаться трудно, он решил для себя, что учиться в Технионе[35] он будет, чего бы это ему ни стоило. Игорь знал, что обладает успокаивающим влиянием на неврастеников, и поэтому не удивился, когда уже через пару минут он получил от той же самой агрессивной тётки список профессоров, которые могли бы заинтересоваться его кандидатурой. На прощание она даже немного пококетничала, вымазав предварительно губы отвратительной оранжевой помадой, назвала его «мотек»[36] и пообещала похлопотать о стипендии.

«Типичная восточная ментальность, — подумал Игорь и с отвращением вытер руку о джинсы после её взволнованного рукопожатия, — думать одно, говорить другое, а делать третье… Когда же я к этому привыкну?»

Когда Игорь вошёл домой, на единственном удобном кухонном стуле сидела Машка, а вокруг суетился отец, как будто их дом почтила своим посещением королева английская. Красноречиво брошенный поперёк кухни чемодан говорил о том, что Игорю снова придётся делить свою комнату с сестрой, как в недавнем советском прошлом…

— А где мама? — Игорь в первую очередь вспомнил о своём союзнике.

— Мама в ульпане, — отец отставил в сторону сковородку с Машкиными любимыми гренками — остывать.

— А ты почему не в ульпане?

---

[33] МИФИ — Московский инженерно-физический институт.

[34] Бауманский — Московский государственный технический университет им. Баумана

[35] Технион — Израильский технологический институт, университет в Хайфе.

[36] Мотек — сладкий (иврит).

— А я нашёл работу.

— Что? — Игорь чуть не перевернул сковородку: в тесной кухне негде было развернуться.

Степень вероятности найти работу в это время в Хайфе была приблизительно такая же, как выиграть в «Лото», тем более для человека пожилого, каким вдруг стал считаться отец Игоря — именно из-за того, что шансы его выучить иврит и устроиться по специальности были близки к нулю.

Но поскольку собственная профессия Бориса (ещё в недавнем прошлом Бориса Николаевича) никогда особенно не волновала, он руками и ногами схватился за первое же предложение, полученное от хозяина квартиры. Тот вообще считал своим долгом помогать олимам. Его самого родители привезли из Ирака в шесть лет, он помнит палатки, в которых они жили, слёзы матери, которую он просил купить сладости, а у неё не было на это денег, чёрные руки отца, приходившего с тяжёлой работы. Помня тяжёлую долю своего отца, он постарался придумать себе работу полегче: открыл с напарником охранную фирму, благо в Израиле необходимость в охранниках была всегда. Вот и жильца своего русского пристроил, видно, что мужик ничего другого не потянет. Да что и говорить, работа была непыльная: стоять в дверях большого магазина и проверять, чтобы входящие не пронесли бомбу, а выходящие — украденные товары.

Потому и устроиться на такую работу можно было только по протекции.

— Ой, кофе закончился. — Игорь прервал рассказ отца. — Мама сейчас вернётся, она не может без кофе.

— Пойдём, — Маша потянула Игоря за рукав, — сходим купим, я хотела, чтобы ты ещё что-то мне показал.

Потом произнесла ему в ухо трагическим шёпотом:

— Мне нужно с тобой поговорить.

Игорь без возражений пошёл за ней. «Нужно поговорить» — с ним, с Игорем... Впервые со дня её рождения старший брат понадобился для разговора. До этого она всегда «хотела поговорить» только с отцом. Игорь спускался за ней по лестнице и гадал про себя: «Что же могло случиться? Беременна? — он с сомнением посмотрел на её бесформенную спину и бесцветные волосы. — Влюбилась? Это может быть, лишь бы не собралась покончить с собой». Он вдруг вспомнил её маленькой и смешной: как она не хотела сидеть в кроватке, пыталась выбраться, смотрела на него умоляюще и агукала, а он жалел её и вытаскивал на пол тайком от матери. «Да, недаром говорят, что «кровь родная — не водица», — подумал Игорь. — Вот же — некрасивая, себе на уме, стервозная, а всё же своя».

Подозрения Игоря, как ни странно, оправдались почти полностью. Машка была и влюблена и беременна. И влюблена она была не в того, от кого была беременна: но жизнь свою, к счастью, самоубийством кончать не собиралась, а хотела пойти в армию, потому что там аборты делают бесплатно.

— Я успею, в июле призыв, а у меня только в августе — три месяца.

— Ты с ума сошла, — только и смог промолвить Игорь, — в армию из-за аборта! Да я достану тебе эту тысячу шекелей.

То, что аборт стоит тысячу шекелей, Игорь услышал от одного парня из ульпана, у которого подруга «залетела», и ему пришлось месяц бетон на стройке таскать, и то по протекции. Не то чтобы эта тысяча шекелей останавливала Игоря от попытки завести роман с какой-нибудь соученицей, но безденежье, этот проклятый иврит, предстоящая учёба, то, что он так и не нашёл Рину — обознался, наверное, тогда в синагоге, — отбили у него всякий интерес к женскому полу. И вот теперь он должен был доставать эти деньги для сестры…

— Игорь, аборт я сделаю так или иначе… А в армию мне всё равно через год призываться, так я уже одним разом все проблемы решу. Не знаю только, как отцу сказать…

— Я сам скажу… — успокоил её Игорь и вздохнул облегчённо, снимая с себя ответственность, — попозже…

Он точно знал: если Машка что-то решила, спорить было бесполезно. В этом он убедился ещё раз вечером, в разгар семейного ужина, когда мать в честь приезда Машки зажарила курицу. Раздался звонок, и в дверь ввалился какой-то парень Машкиного возраста, совершенно деревенского вида. Маша тут же увела его в другую комнату, и они долго кричали друг на друга на иврите. Игорь больше половины слов не понял, но, сложив два плюс два, разобрался, что парень предлагал жениться, так как думал, что это его ребёнок, а Машка отказывалась, но правды о том, кто настоящий отец ребёнка, не сказала. И через час бесполезных споров неудачный соискатель руки и сердца его сестры вылетел из квартиры не попрощавшись и громко хлопнув входной дверью. Отец и мать были в таком восхищении от уровня иврита дочери, что забыли поинтересоваться, в чём, собственно, был предмет спора.

Когда же Игорь всё-таки решился спросить: может, стоило согласиться, парень-то вроде порядочный — Машка только фыркнула в ответ и заявила:

— Выйти замуж за этого киббуцника? Да ты знаешь, как выглядит киббуц?

— Ну, как деревня, — неуверенно протянул Игорь.

— Конечно, — Маша засмеялась… — Бодрое кукарекание петухов по утрам, аккуратные грядки в палисадниках, просёлочная дорога с мальвами, алеющими аж до горизонта, да? А если никаких грядок: вонь коровника и рой мух, и куры громко кудахчут, уворачиваясь от коровьих копыт. И просёлочная дорога с гигантскими кактусами вдоль обочины заканчивается через пятьсот метров отвесным обрывом… А на горизонте Сирия. А ты знаешь, что такое начинать смену в два часа ночи? И считать про себя, какой по счёту корове мажешь сосок йодом, чтобы не уснуть. Двести пятидесятая корова, рыжая, с белыми пятнами пытается тебя ударить задней ногой. Остаётся ещё двести тридцать коров. И ровно в четыре раза больше сосков. А потом на все соски нужно надеть молокоотсосы. Четыреста семьдесят коров, в четыре раза больше сосков. Четырёхсотая, чёрная с белым ухом, опять пытается лягнуть. У тебя голова начинает идти кругом, и ты сбиваешься со счёта. В восемь утра домываешь последний квадратный метр коровника и, не сняв сапоги, валишься на грязный матрас в подсобке. Дойти до своего домика десять метров и принять душ — сил не остаётся. А через щель в перегородке видишь всё тот же потрясающий пейзаж с зелёными холмами на горизонте, которые уже в Сирии…

Борису Николаевичу так и не объяснили, почему вернулась Маша. А он наконец-то вдосталь общался с любимой дочерью. Для этого он менялся на самые невыгодные вечерние и ночные смены и весь день ухитрялся быть дома. Машка в ожидании призыва и по случаю беременности, о которой знал только Игорь, заняла в спальне место у окна, а всё остальное пространство было устелено, как и раньше, её штанами, футболками и застиранными лифчиками. Зато они с отцом, записав Блока и Пастернака в антисемиты, читали только Бялика, причём отец — на русском, в переводе, а Машка — на иврите, и после этого затевали нудные лингвистические споры на тему перевода того или иного слова...

Жизнь в доме стала как-то налаживаться... Лидия Ивановна тоже наконец-то получила долгожданную работу от социальной службы и после ульпана ухаживала за старухой на первом этаже. Раз в неделю приносила от неё мешок с какими-нибудь вещами: рубашками покроя пятидесятых; старыми сумками, где нужно было «только поменять молнию»; протёртыми в локтях свитерами, побитыми молью, которые «можно залатать». Таким старьём у старухи были набиты шкафы со дня образования государства. Эти мешки, не открывая, Игорь выбрасывал на помойку соседнего дома под покровом ночи. Лидия боялась, что если старуха увидит, как её ценные вещи прямо как были, в мешках, отправляются в мусорный бак, у неё случится сердечный приступ, — с таким трудом расставалась она с каждым своим раритетом. Когда же Игорь узнал, что за эти тряпки мать работает дополнительный день бесплатно, он пообещал просто убить вредную бабку, если та не перестанет мать эксплуатировать. Лидия жалела старуху; она своими глазами видела клеймо из концлагеря. А Игорь кипятился и говорил, что, видимо, в концлагере она и научилась использовать дармовую рабочую силу: общеизвестно, что перенесённые страдания не всегда влияют на людей положительно. Чтобы заставить мать бросить эту проклятую работу, он по выходным белил крыши со своим соседом, который не мог заставить евреев работать в субботу, а арабов принципиально на работу не нанимал.

В будние дни Игорь занимался в библиотеке Техниона. Как и раньше, он предпочитал не бывать дома. Давно забытая обстановка читального зала: очкастые библиотекарши, ряды книг на полках, библейская тишина — всё то, что навевало сон и скуку в былые дни учёбы в Политехе, сегодня казалось неземным блаженством и вызывало благоговейный восторг. Прохлада кондиционированных помещений, шёпот студентов, склонившихся над книгами и конспектами, выгодно отличались от нестерпимой белизны раскалённых крыш и гортанных криков обитателей бедных кварталов, где ему приходилось работать по субботам. Игорь был не из тех людей, кто оставляет в жизни место случайностям: толстый учебник в триста страниц, по которому нужно было готовиться к вступительному экзамену по теоретической механике, он, без долгих раздумий, дословно перевёл на русский и просто выучил наизусть.

Глава 17

Антонина Ивановна склонилась над тетрадкой в клеточку, привезённой ещё из Союза. Пока «мора» отвернулась, она поспешила переписать три самых сложных слова на маленький листок. Сейчас должна была быть контрольная на знание слов из текста о пневмонии. Яков Семёнович сидел и гордо смотрел в глаза учительнице. Его совесть была чиста: они с Тонечкой вчера, пока его супруга делала маски с грязью из Мёртвого моря, три часа потратили на то, чтобы перевести текст и выучить все слова. И ничем другим не занимались, хотя это был их день. У них, как и раньше, был один день в неделю, после обеда, когда жена доктора ходила к своей косметичке, волею судьбы оказавшейся в Израиле. Этого визита она ждала всю неделю. Возможность сидеть с грязевой маской на лице среди бела дня в то время, как весь остальной люд работает или учится, поддерживала в ней иллюзию, что она по-прежнему находится в статусе «жены профессора». В ульпан она даже не записывалась, справедливо рассудив, что женой профессора можно оставаться и без иврита.

А вот Якову Семёновичу иврит нужен был как воздух, и Тонечка не собиралась от него отставать. При поступлении в ульпан она солгала, может быть, первый раз в жизни, записав в анкете, что у неё высшее медицинское образование. И всё для того, чтобы попасть в один класс со своим доктором. И шпаргалку она сделала, чтобы в нужную минуту подсказать Якову Семёновичу… Она прекрасно видела, что, несмотря на упорство и тяжёлый труд, у него, как говорится, «в одно ухо влетало, в другое вылетало». Он обычно над этим посмеивался, в классе храбрился перед молодёжью, но на переменках потихоньку капал себе валерианку.

Врачебному классу ульпана не повезло. Их «мора» не любила русских врачей. Но Тонечку «мора» невзлюбила чисто по-женски, особенно когда на одной из экскурсий она увидела Якова Семёновича с настоящей женой. «Ах, так вот кто эта расфуфыренная мымра — просто самозванка», — читала Тонечка в глазах у учительницы. «Конечно, — мысленно отвечала ей Тонечка, — с таким ивритом, как у тебя, и с папой — заведующим приёмного покоя, — ты можешь приходить на урок в спортивной кофте и кедах на босу ногу. А мы, «униженные и оскорблённые», должны быть всегда в форме».

Первый раз в жизни Антонина Ивановна почувствовала себя по-настоящему ущемлённой, когда «мора» попыталась выставить её за дверь: она, дескать, опять подсказывала доктору. «Вон из класса!» — заявила та на иврите и театрально простёрла руку по направлению к двери. У Тонечки встал комок в горле, и несколько минут она не могла вымолвить ни слова, глотая слёзы, а когда собралась с силами, кроме унизительного мычания выдавить из себя ничего не смогла: запаса слов катастрофически не хватало. А её доктор — бывший главный врач огромной клиники — вместо того, чтобы поставить зарвавшуюся нахалку на место, начал оправдываться на своём далеко не идеальном английском, как провинившийся школьник, и пытаться взять вину на себя.

В этот день, по дороге домой, Тонечка первый раз в жизни поссорилась со своим кумиром.

— Мы не должны давать себя унижать! — твердила она ему сквозь слёзы по дороге домой.

Они шли пешком. Это было полезно для здоровья, и не нужно было тратиться на автобус. Заодно и продукты по дешёвке прикупить на базаре. Вопрос экономии в семье доктора стоял особенно остро, ведь кроме питания и оплаты за квартиру необходимо было поддерживать «статус жены профессора», который требовал расходов иного свойства: например, на услуги косметички и маникюрши.

— Но, деточка, — мягко возражал профессор возмущённой Антонине Ивановне, — мы же все от неё зависим, как это сказать на иврите, от нашей моры.

Он всё ещё считал Тонечку той девочкой-несмышлёнышем, какой когда-то увидел её впервые, не замечая, что она уже много лет одна управляется и с его, и со своей жизнью и делает это необычайно искусно.

— Представь, что нас исключат из ульпана — и что мы тогда будем делать?

— Мы же уже не в Союзе, — горячилась Тонечка. — Это там нас могли исключить, не принять, не пустить, посадить в тюрьму без всяких на то объяснений. Здесь мы свободные люди в свободной стране, нас никто не имеет права унижать…

— Свободными мы будем, когда сможем говорить на языке этой страны, — заметил доктор с тяжёлым вздохом, переложив полные пакеты из одной руки в другую.

Ему всё тяжелее становилось тянуть продукты с рынка вверх по крутым хайфским улицам и всё труднее было представить своё будущее. До окончания ульпана оставалось всего несколько недель, а иллюзии по поводу быстрого «блиц-броска» на иврит оставались иллюзиями. Реальность же была такова: практику в больнице нужно будет проходить на иврите, говорить с больными, с коллегами, заполнять карточки больных, всё это тоже, конечно, на иврите. «Мыслимое ли это дело? — спрашивал себя Яков Семёнович и отвечал себе честно: — Нет!»

Самое главное, что было у него в жизни: его умение лечить, ставить диагнозы; его маленькие пациенты, которых он любил всем сердцем и всегда находил к ним подход — за что он отдал всё это? За иллюзию быть свободным человеком в свободной стране, евреем среди евреев?

«Чего же всё это стоит, если ты не можешь заниматься любимым делом, если ты — никто, пустой мешок, тело, из которого вынули душу, жалкий ходячий труп? Нужна ли трупу его свобода? — снова и снова спрашивал себя доктор и снова отвечал: — Нет».

Володя всё чаще искал повод сбежать к матери после ульпана. Война закончилась, и его присутствие в доме во время тревоги перестало быть необходимостью. Иногда ему казалось, что Рина даже рада, когда он возвращался домой поздно. Учёба в ульпане заканчивалась через пару месяцев, но его учёба закончилась, так и не начавшись. Володя часами сидел на крыше, куда выходила дверь маминой спальни. Перед ним простиралась вся Хайфа, и казалось, по крышам можно сбежать до самого моря. Он рассеянно листал особо модифицированный, очень удачный учебник иврита, который купила ему Рина, не пожалев пятьдесят шекелей, и говорил себе: «Думай, Володька, думай». Вчера в самом начале занятий «мора» затеяла странную игру с предсказаниями. Она стала по очереди называть тех немногих учеников, чья ментальность никогда не позволит им стать настоящими израильтянами. Ему даже показалось, что сделала она это исключительно из-за него, самого отстающего в классе. Володя — лучший ученик школы, единственный студент, получавший в институте Ленинскую стипендию, гордость матери — на уроке был не в состоянии выговорить на иврите простую фразу. Решение, как ни странно, пришло от супруги доктора. Она, как и все ленивые люди паразитического склада, не могла видеть, что кто-то, кроме неё, праздно проводит время. Понаблюдав несколько недель, как Володя бессмысленно изучает крыши Хайфы, она принесла объявление, сорванное с какого-то столба, где на русском предлагали работу с проживанием. Работа заключалась в сборке караванов в Кирьят-Гате, на юге страны.

— Муж моей косметички уже там… — заметила она голосом жены профессора.

Рина не стала уговаривать Володю закончить ульпан. Ему вдруг показалось, что она даже как будто была рада этой неожиданной разлуке.

Её жизнь была ещё более наполнена, чем когда-то в институте. Очнувшись от ужасов ежедневных сирен, Рина стала жадно поглощать впечатления от новой страны. Первое, что она искала глазами, когда вставала, — это море. Море меняло цвет несколько раз в день. Она знала точно, что первой её покупкой, когда она начнёт зарабатывать деньги, будет фотоаппарат. Тогда кроме моря она сможет снять рынок: развалы ярко-жёлтых бананов, оранжевых апельсинов, иссиня-чёрных маслин в корабельных бочках… И зелёную игуану на зелёном кактусе, который растёт у входа в ульпан, как обычный репей.

Ульпан был второй любовью Рины после моря. Снова учить уроки, зубрить перед контрольными, прятать шпаргалки — Рине казалось, что она вернулась в детство. «Мора» с прыгающей косичкой была ей как подружка: приходила в восторг от её успехов и, так же как Рина, темнела лицом, когда Володя не мог ответить на самый простой вопрос.

А подготовки к еврейским праздникам? Здесь Рина была по-настоящему в своей стихии. «Пурим» напоминал ей обычный новогодний карнавал, и она с превеликим энтузиазмом помогала всем готовить костюмы и руководила репетициями спектакля, в котором, как настоящая примадонна, получила роль царицы Эстер. Спектакль прошёл на «ура», только Володя сидел, сжав руки в кулаки. Он не понял ни одного слова, и шумиха, раздутая вокруг этого детсадовского утренника, выводила его из себя. Утром следующего дня он уехал на автобусе в Кирьят-Гат и к вечеру получил место в вагончике и рабочую одежду.

У Володи был строительный опыт, в стройотряде в Тюмени. На него-то он и рассчитывал. Тогда они строили коровник в деревне, которую до горизонта обступала тайга... Работали они летом, и не раз кто-то, промахиваясь, попадал кирпичом себе по голове, пытаясь отогнать надоедливую мошкару. А по вечерам в бараке, под назойливое зудение той же мошкары, читали вслух рассказы Хемингуэя, которые Володя случайно прихватил с собой. О том, как герой умирал под сеткой от москитов...

В Кирьят-Гате москитов не было, как не было вообще ничего живого. Зато была стекловата, которую нужно было запихивать между перегородками из гипса. Не помогало ничего — ни маска, ни мокрая тряпка, которой советовали обматывать рот. Стекловата забивалась в глаза, в рот, в уши, казалось, даже в лёгкие... Иногда Володя начинал задыхаться... Муж косметички, с которым Володя поселился в одном вагончике, был врачом. Он-то и объяснил Володе, что у него имеется астматический компонент, который может однажды привести к настоящему приступу астмы. А потом пришёл апрель, а с ним пришли хамсины. Жаркий ветер пустыни забивал глаза, рот и снова лёгкие, хотя места от стекловаты там оставалось немного. Жара казалась нереальной, какой-то марсианской, как у Шекли... К счастью, тогда-то и пришёл ещё один праздник — Пейсах...

В Ашкелоне Володя должен был присоединиться к семье для участия в бесплатной экскурсии в печально известный по советским телевизионным новостям сектор Газа…

Как Рина согласилась туда ехать, да ещё с Гошиком, — осталось для Володи загадкой. Впрочем, они давно уже не обсуждали ни маленькие, ни большие вопросы своего совместного существования. Да и само существование не было теперь совместным. Володя даже почувствовал неловкость, ложась с Риной в одну постель. К счастью, ее позвал Гошик: он боялся темноты, особенно в чужом месте. Рина уснула с ним в обнимку на противоположной кровати при включённом свете. Они посапывали в унисон, а Володя лежал, опёршись на локоть, и смотрел на их такие бесконечно родные, мордашки и не мог насмотреться… «Как будто прощаюсь», — вдруг испуганно подумал он и выключил свет.

Завтрашний день принёс столько впечатлений, словно сыпал их из рога изобилия… Для Гошика главным потрясением и любовью на всю жизнь стало кокосовое печенье, невиданное прежде лакомство. Его можно было получить в любом количестве на завтрак, на обед и на ужин, так что обязательную фаршированную рыбу в пасхальный вечер Гошику запихнуть не удалось.

Фасад здания новой синагоги представлял собой шестиконечную звезду, а в холле был маленький музей. Оказывается, жители Неве-Дкалим — поселения, где они гостили, заняв помещение женской школы, — были теми, кого в своё время насильно выселили с полуострова Синай. Фотография дома, разрушенного экскаватором, бородатого мужчины, вцепившегося в двери уже несуществующего дома, и женщины в платке, с каменным лицом, вокруг которой собралась плачущая детвора, долго ещё стояла у Рины перед глазами. Потом их, в бронированных автобусах, отвезли на пляж гостиницы, расположенной на берегу моря. Он был обнесён колючей проволокой. На воротах, несмотря на жару, стояли автоматчики в полном обмундировании, а курортники нежились в шезлонгах, раскинутых на белом песке, попивали коктейли из прозрачных треугольных бокалов, с символической вишенкой, — просто реклама пляжей Пальма-де-Майорка… Наверное, эта колючая проволока стала для Володи последней каплей… Или слова московского кандидата наук, который со своей молодой женой проходил абсорбцию в этом забытом Богом поселении.

— В Москве можно сейчас купить квартиру за три тысячи долларов, — произнёс он за ужином, пряча за очками предательски повлажневшие глаза. — Если продать всё: холодильник, плиту и стиралку, которые мы купили по скидкам, да ещё подзанять у друзей и знакомых, — то можно вернуться в первопрестольную.

Глава 18

В какую-то очередную пятницу Мухлес пришёл, как обычно, рано, поставил ящик с фруктами на кухню и потянул Таню за руку: «пойдём». Таня, не задумываясь, поднялась на верхний этаж за ним, в полной уверенности, что её зовёт Эльхам. Но Эльхам дома не было, и детей тоже. В квартире было непривычно тихо, и даже шипение кофе, вытекающего на печку, казалось неоправданно громким. Таня притихла и вся сжалась. Мухлес принёс ей кофе и начал что-то говорить. Сначала медленно, как в ульпане, на простом иврите: о том, что Эльхам с детьми уехала к родителям в деревню; о том, что давно хотел сварить Тане настоящий кофе. Потом, быстрее, что-то о любви и желании, — Таня быстро потеряла нить. Затем, увидев, что Таня всё равно не понимает, перешёл на арабский. Он продолжал говорить, когда раздевал Таню, купал её в душе, как ребёнка, стелил чистую простыню… Потом, когда всё уже случилось, Таня долго думала, почему не сказала ему «нет». Чувствовала себя обязанной за ящики с овощами? Не могла спорить на иврите? Или потому, что Мухлес ей нравился?

Вечером она вытащила конверт с самыми важными фотографиями, которые везла в чемодане, чтобы были с ней, пока придёт багаж… Вот то, что она искала: пионерский лагерь, восьмой класс, их подтянутый вожатый, Арсен, чёрный, высокий и жилистый армянин, — студент первого курса факультета физкультуры. Вид спорта — бег на длинные дистанции. Таня стала самой длинной дистанцией в его жизни. Дистанцией, которую он так и не преодолел… Сначала он ждал, пока Таня вырастет, и два года, до конца десятого класса, встречал её со всех школьных вечеринок — чтобы не обидели… Потом он пытался бороться с влиянием Романа Соломоновича и посещал все концерты филармонии, хотел повысить свой уровень… Но это не работало: Роман Соломонович не хотел видеть в своей семье спортсмена, даже если он отличал 40-ю симфонию Моцарта от этюдов Баха. А потом он ушёл в большой спорт, который был только в Москве, и в Баку уже не вернулся. В конце восьмидесятых армяне в Баку не возвращались, даже если все их родные до третьего колена были похоронены в этом городе…

А Таня потому и отказывала рыхлым скрипачам и надутым духовикам своего оркестра, что не могла забыть смуглую стройность Арсена, его запах после очередной длинной дистанции и взгляд, полный надежды: «подожди, Нахума, вырастешь…»

Все эти годы он не уставал звать её в Москву — безнадёжно, но настойчиво. И он был последним бакинцем, которого видела Таня, обернувшись в аэропорту Шереметьево, в последний раз перед тем, как шагнуть в новую жизнь…

Олега обычно уже не было, когда приходил Мухлес, молча ставил ящик на стол и так же молча проходил к Тане в комнату. Аллочка выглядывала за дверь, делала страшные глаза и закрывалась на ключ, чтобы Юлечка случайно не выскочила. Таня уже знала: как только Мухлес уйдёт — начнётся промывание мозгов. Аллочка не одобряла её выбор ни тогда, когда она начала спать с Олегом: «Связалась с желторотым, что с него толку — ни в постели удовольствия, ни в жизни поддержки», — говорила она; ни сейчас, когда завязался роман с Мухлесом: «Связалась с арабом с рынка, это же в Израиле самая низшая каста».

Олег ничего не почувствовал. Чем преданней он смотрел Тане в глаза, чем больше проявлял свою детскую, немного неуклюжую заботу, тем горше было на душе у Тани. Теперь Аллочка ещё и подсмеивалась:

— Нехорошо детей обманывать, — на что Тане ответить было нечего.

Впрочем, развязка наступила достаточно быстро. В один из вечеров, когда Мухлес был у Тани, Олег вернулся: Рина отдала ему два билета в филармонию, которые она получила бесплатно в ульпане. Володя работал в Кирьят-Гате, а одной ей идти не хотелось. Он знал, как не хватает Тане музыки и праздничной атмосферы концертов, и был счастлив, что может её порадовать, даже если ради этого придётся выслушать и седьмой, и восьмой концерты какого угодно композитора.

Олег влетел в квартиру так стремительно и так резко дёрнул дверь в комнату Тани, что столкнулся с Мухлесом, который как раз выходил, заправляя футболку. Таня сидела на кровати, приглаживая одеяло и, только увидев её растерянное лицо, Олег понял, что происходит что-то не то.

— Что он здесь делает? И почему была закрыта дверь? — спросил он и почувствовал себя персонажем испанского телесериала.

— Принёс овощи... И фрукты, — неубедительно произнесла Таня и покраснела.

«Не хватало ещё театрально порвать билеты у неё на глазах», подумал он и протянул Тане билеты.

— Смотри, что я достал. Идите с Аллочкой, я классическую музыку не терплю. Я с Юлькой побуду...

Весь вечер они с Юлькой рисовали. Олег нарисовал ей большой дворец для принцессы и самолёт для принца, потому что на лошади из Харькова добираться далеко. Принцессу она рисовала сама, а потом они вместе раскрашивали картинку фломастерами, и кое-где фломастеры оказались размытыми, так как у Олега периодически капали слёзы, как ни пытался он скрыть это от Юльки.

— Не переживай, не нужно плакать, — успокаивала его Юлька. — Принцесса обязательно дождётся своего принца. Сделай самолёт реактивным...

Извещение о прибытии багажа застало Таню врасплох. Денег платить грузчикам не было. Но что-то платить придётся всё равно, например, штраф за простой. Это было характерной особенностью новой действительности: пошевелился — плати...

— Пора искать работу... — Таня с Аллочкой пили чай на кухне.

— А ульпан? Есть ещё ульпан «бет»... — Аллочка отхлебнула чай без сахара.

— Я могу работать после обеда, ульпан до часу дня, — Таня положила в чашку три ложки сахара.

— После ульпана нужно делать домашние задания, ты же не собираешься забросить иврит, — всё, что касалось изучения языка, для Аллочки было свято.

— Ты знаешь, как мы с Олегом делаем домашние задания, мне за это никто не заплатит.

— Вот именно, я тебе об этом давно говорила, с двоими спишь и никаких дивидендов.

— Почему же, вот Мухлес предлагает меня на работу устроить, на рынок, чай разносить продавцам.

— А тебе не кажется, — съязвила Аллочка, — что для преподавателя консерватории рынок — не самое престижное место.

— О чём ты говоришь? Мне грузчикам нечем заплатить!

— Вот Мухлес пусть и платит. Или пусть мебель носит, на пару с Олегом. Да и куда ставить багаж? Оглянись…

Вот это, действительно, была проблема. Даже если поставить всю Танину антикварную мебель в обеих комнатах и кухне, войти в квартиру будет невозможно… Значит, нужно снимать новую…

Таня была не из тех, кто бросает слова на ветер. Уже на следующей неделе она гордо расхаживала по рынку с подносом, ловко уворачивалась от неловких покупателей и мило улыбалась продавцам, которые увидев её, столбенели, а потом начинали сыпать русскими словами с упорством говорящих попугаев.

Олег не поверил, что Таня начала работать, и прибежал на рынок проверить. Вонь и шум нижнего рынка, наглые продавцы и не менее наглые покупатели, растоптанные фрукты и кожура на полу, резкий запах сырой рыбы и мусора… И среди всего этого — его женщина, как видение, с роскошными чёрными волосами и огромными глазами, лавирует с подносом между толстыми тётками с кошёлками и шутит с этими мерзкими типами, пропахшими гнилой рыбой, которые ещё и норовят схватить её за руку, а то и пониже, и радостно скалятся в скабрёзных ухмылках.

Олег бессильно прислонился к столбу. Если бы он, Олег, заработал эти деньги на грузчиков, на то, чтобы снять отдельную квартиру, Тане не пришлось бы так унижаться. Работа, ему нужна работа! К Мухлесу просить работу Олег не пошёл. Это было выше его сил. Он боялся теперь приходить к Тане без предупреждения, но при этом успокаивал себя, что её растерянность в тот ужасный день ему просто померещилась. Работа нашлась на удивление быстро. В соседней овощной лавке, где мать никогда не покупала овощи — на рынке было гораздо дешевле — вывесили объявление, что требуется грузчик…

— А как же ульпан, иврит? — Рина совсем не была рада успехам брата в трудоустройстве.

— Да я уже всё знаю, — изображая беспечность, заявил Олег.

Но по тому, как он вздернул свой и без того выступающий подбородок, Рина поняла, что спорить бесполезно, и родителям посоветовала не вмешиваться.

Таня засыпала. Монотонный голос учительницы, которая именно сегодня решила рассказать страшно скучную часть грамматики о камацах, действовал лучше, чем любое снотворное. Олег уже две недели не ходил в ульпан, кто-то видел его разгружающим ящики с помидорами в овощной лавке. «Хочет помочь мне с деньгами, кормилец», — пронеслось в голове у Тани. Выгодная разница в десять лет давала Тане преимущество без особого труда понять мотивацию его поступков. От этих мыслей она проснулась ненадолго, с трудом досидела до конца урока, но продолжала засыпать прямо на ходу, по дороге домой. Эти две недели были изнурительными, особенно вечера, когда после работы Таня сидела на кухне и зубрила иврит, а Аллочка держала перед собой лист с незнакомыми словами и беспощадно будила её, как только та начинала клевать носом. Таня решила, не заходя домой, подняться к Мухлесу и попросить найти ей замену на сегодняшний день. Она знала, что в это время он приходит домой обедать. Уже постучав, Таня вспомнила, что давно не видела Эльхам, а когда услышала за дверью её лёгкие шаги, вдруг смешалась и с трудом подавила в себе порыв убежать. Эльхам резко открыла дверь. Она была в тонком, почти прозрачном халате и с распущенными волосами. Без своей привычной косынки она оказалась такой красавицей, что у Тани захватило дух. Эльхам смотрела на Таню несколько минут молча, но, чтобы понять её чувства, не нужно было даже начального иврита. Напряжённое молчание длилось пару минут, после чего восточная красавица смачно плюнула Тане под ноги и с треском захлопнула перед ней дверь. «Хорошо, что не плюнула в лицо», — первое, что подумала Таня, скатываясь вниз по лестнице. И только через несколько минут, когда она рассказывала об этом Аллочке на кухне, Таня вдруг почувствовала такую боль и унижение, что даже присутствие Юльки её не остановило, и она начала плакать и чертыхаться в какой-то особой манере бакинского рынка.

Именно в эту минуту под горячую руку попал Олег, когда пришёл к Тане после двухнедельной разлуки, чтобы принести ей честно заработанные тяжёлым трудом деньги и получить долгожданное вознаграждение и благодарность. Но буря, эпицентром которой стала Танина обида, не пощадила и его и в одну минуту разбила корабль его надежд в щепки. Деньги были брошены ему в лицо. Со словами «прости и прощай» он был выставлен за дверь и ещё в коридоре слышал крик Тани:

— Никогда, слышишь, никогда не спи со шлюхами!

Таня могла не только понимать, почему Олег совершал те или другие поступки, но также и предугадывать его последующие действия. Что делает оскорблённый мальчик, которому отказывает его первая женщина, да ещё в такой жестокой и безжалостной форме? Хочет доказать, что он мужчина, чтобы «Она» знала, чтобы поняла, как много потеряла, когда увидит по телевизору его фотографию на весь экран со словами соболезнования семье и рассказом о его ратном подвиге. Где-где, а в Израиле с этим проблем не было. Возраст Олега, которому в апреле исполнилось восемнадцать, позволял ему уже сейчас явиться на призывной пункт, что он и сделал на следующее утро после постыдного изгнания из Таниного дома. В десантные войска, как он ни просился, его не взяли из-за плохого иврита. Долго думали и в конце концов отправили в артиллерию. Выбора у Олега практически не было, и он «согласился», успокоив себя тем, что если очень постараться, то и там можно с честью погибнуть за Родину.

Глава 19

Аллочка думала. Она жила, учила иврит, водила Юлечку в школу, ходила на рынок, готовила еду — и думала... Думала, где найти мужчину своей жизни. Она давно поняла, что в жизни, как на войне, — нужно руководить событиями, а не пускать все на самотек. Аллочка не верила в случайности. И уже давно не верила в порывы. Безответственное поведение Тани, которая ввязывалась в романы, не имевшие никакой перспективы, возмущало её донельзя. Себе она цену знала и ни на какие компромиссы идти не собиралась... Работу тем не менее искать нужно было срочно: ульпан заканчивался, и платить за приятное времяпрепровождение в городе у моря никто не собирался. Рассчитывать на что-то интеллектуальное не приходилось. Первый вопрос, который задал ей хозяин конторы по найму рабочей силы, круглолицый дядечка в кипе, когда Аллочка пришла искать работу, был сакраментальным:

— Что ты умеешь делать?

— Я знаю английский, — гордо заявила Аллочка.

— Английский здесь знают девяносто девять процентов населения, — было видно, что дядечка давно устал от подобных разговоров...

— Но я знаю английский на очень высоком уровне, я проходила практику в Англии, — не сдавалась Аллочка.

— На очень высоком уровне английский здесь знают сорок девять процентов населения, причём часть из них проходили практику ещё в животе у матери... Это не специальность. В Израиле за это не платят. Я могу тебе предложить уборку в Технионе. Освободилась только одна вакансия, и у меня уже очередь. Но раз ты знаешь английский...

Аллочка вернулась домой с чувством глубокого поражения.

— Что случилось? — Юлька сразу стала заглядывать ей в лицо.

— Иду работать в Технион, — Аллочка отхлебнула заботливо приготовленный дочкой чай.

— Так это же прекрасно! — запрыгала Юлька. — Там столько профессоров.

— Каких профессоров, о чём ты говоришь? — устало спросила Аллочка.

Когда у неё портилось настроение, она чувствовала себя невероятно вялой и недееспособной.

— Как каких? Как муж моей моры. Он приезжает за ней на «Хонде», и у него джинсы «Lee», хоть он и старый, ну, не старый — постарше тебя, — смутилась Юлечка. — Наша мора говорит, что русским нет равных в математике. И мы должны хорошо учиться, чтобы потом поступить в Технион. А то там профессоров уже больше, чем студентов…

«Профессоров больше, чем студентов. Профессоров больше, чем студентов…» — Аллочка запела эту фразу мелодией из арии Кармен так громко, что Юлька подскочила. Она увидела, что мама обрадовалась так, как будто нашла недостающее, ключевое слово в кроссворде, который она не могла закончить уже третий день. Профессор Техниона — вот мужчина, которого Аллочка ищет и найдёт. И для этого она пойдёт работать в Технион. Да, пойдёт уборщицей, подумаешь… Сказку про Золушку придётся воплощать в действительность… А разве не этим она занимается всю жизнь?

«Это судьба, — подумал Игорь, когда увидел, что перед самым въездом в Технион в автобус легко впорхнула Аллочка, — может быть, даже лучше, что он так и не нашёл Рину. Разбивать семью… Он и так наделал в жизни немало глупостей».

Аллочка тоже была впечатлена их встречей, но намного меньше, чем он ожидал, — Игорь такие вещи чувствовал сразу… А как же призывные взгляды и декольте на уроках английского у них в доме?.. Но Игорь был не из тех, кто тушевался перед женщинами и кого смущало их показное равнодушие. Аллочка на самом деле обрадовалась Игорю, но ровно настолько, насколько обрадовалась бы любому другому знакомому из Харькова. Она, конечно, испытывала к нему симпатию, и может быть, даже немного больше, но он мог только помешать её честолюбивым замыслам. Аллочка, как когда-то в поисках фиктивного мужа, составила и повесила на двери в кухне полный список профессоров факультета, на котором ей пришлось работать, и уже выбрала несколько подходящих кандидатур.

Конечно же, по закону Мэрфи оказалось, что Игорь будет учиться в том самом здании, где Аллочка убирает. Факультет Игорь выбрал по простому принципу. Во-первых, профессор, который его принимал, знал русский язык. Этим он вызывал к себе расположение Игоря — и, как покажет будущий опыт, напрасно. Во-вторых, Игоря подкупило наличие компьютеров; но, как потом оказалось, именно компьютеры на факультете механики изучали меньше всего. Однако выбор был сделан, и надо же — подарок судьбы: он встретил здесь Аллочку... До сих пор Игорь не отдавал себе отчёта, насколько консервативен он оказался в отношении женщин. Аллочка была своя, родная, из прошлой безмятежной его жизни, и Игоря потянуло к ней непреодолимо...

Аллочка уже перестала стесняться своей работы... Она должна была благодарить за это декана факультета, пожилого профессора, убирать кабинет которого входило в её обязанности. Первый раз, увидев роскошную блондинку, орудующую тряпкой на его столе, он потерял дар речи. Но уже через пару минут они оживлённо беседовали, быстро перейдя на английский, — так им обоим удобнее было общаться. Декан рассказал, что его родители, тоже преподаватели университета, репатриировались в Израиль в 1948 году из Польши. «Каждая алия[37] и каждый оле-хадаш, — говорил он ей, — начинает свою карьеру в Израиле с уборок или с какой-нибудь другой самой тяжёлой и чёрной работы, какая только существует. Вопрос только в том, сколько времени понадобится, чтобы расстаться с этой работой...»

«Уж я-то долго не задержусь», — говорила себе Аллочка.

Лидия закончила ульпан и всё лето, сутками, работала у своей соседки с первого этажа. Но к осени дети старухи решили,

[37] Алия — репатриация евреев в Израиль (иврит, буквально: подъём, восхождение).

что дешевле отправить мать в дом престарелых, чем платить Лидии «ночные». Этот дом престарелых стыдливо назывался «домом родителей». Реальность же была такова, что живых и ещё вполне деятельных стариков и старух здесь в несколько месяцев умудрялись приводить в растительное состояние. Лидия по выходным приносила своей бывшей подопечной пирожки с капустой, а в еврейский Новый год приготовила настоящий струдель. Бабка, которая приходилась соседкой по столу Лидиной старухе и иногда в злобе пинала её под столом ногой так, что у той появлялись синяки на коленках, жадно протянула руку к пирогу. Бабкин сын, немногим старше Лидии, пытался в это время накормить мать йогуртом, который она тут же выплёвывала и при каждом плевке вызывающе выкрикивала: «Я хочу умереть!». Однако кусок струделя, протянутый Лидией, она моментально заглотила и потребовала ещё… Йоси — так его звали — было неловко за мать, и он начал благодарить Лидию настолько горячо и быстро, что она, не понимая половины из того, что он говорил, с трудом вставляла слова на своём иврите уровня ульпана «алеф». Наконец-то сообразив, что Лидия — ола-хадаша, Йоси по-настоящему растрогался. Он, конечно, видел, какое огромное количество олим приехало из Союза, но ему ни с кем не удавалось поговорить. «Никто не знал иврит, как ты», — небрежно кинул он комплимент, от которого у Лидии тут же растаяло сердце. Он рассказал ей, стараясь выражаться просто и доступно, что его мать, которую она видит сейчас в этом ужасном состоянии, родом из Болгарии, как и давно умерший отец. Йоси было девятнадцать лет, когда они приехали с родителями в Израиль, но абсорбцию он проходил один, в киббуце. «Как моя Маша», — подумала Лидия. Родители его сразу по приезде открыли аптеку: у них и в Софии была своя аптека, были они не из бедных. И Йоси выучился на зубного врача. А сестра его закончила фармацевтический. И всё у него всегда было хорошо. Но два года назад умерла жена, мать пришлось отдать в дом престарелых, и всё пошло наперекосяк.

Лидия была не первой женщиной, которая купилась на жалость. Но она, будучи зрелой женщиной, понимала, что такова жизнь. Человек не может быть один. Очень быстро Йоси предложил Лидии работу ассистентки зубного врача, узнав, что по специальности она химик. Не то чтобы наука подавать дантисту инструменты требовала знакомства с таблицей Менделеева, но Лидия согласилась на работу без раздумий. Она так же приняла приглашение на кофе, и на немного больше чем кофе. Йоси необязательно было знать, что она тридцать лет жила с одним-единственным мужчиной и из этих тридцати спала с ним только первые пятнадцать.

Пятнадцать лет она не относилась к своему телу, как к чему-то, что может вызывать у мужчины сексуальный интерес. Подход к этому предмету у неё всю жизнь был чисто функциональный. Утром — гимнастика, вечером пробежка по кварталу. В Израиле Лидия по выходным ходила пешком до моря. Дорога занимала в каждую сторону по два часа, но зато была совершенно бесплатной. Теперь по субботам она спускалась на пару улиц вниз к большой синагоге, и там её подбирал Йоси на машине. Они ехали сначала в дом престарелых — проведать своих старух, причём пирожки с капустой готовились уже на двоих, потом продолжали свой путь к морю, на самый дальний берег, и долго гуляли, держась за руки, как шестнадцатилетние подростки... Йоси был совсем не похож на гибкого, маленького и обаятельного Бориса. Крупный, обрюзгший, с белым телом, покрытым рыжими веснушками, — практически альбинос, — даже зимой, когда израильское солнце не было таким ядовитым, как летом, он ходил в ковбойской войлочной шляпе, которую привёз из Техаса. Это потом, когда Лидия познакомилась с ним поближе, она поняла, что шляпа большей частью служила для прикрытия проплешины на макушке, которой он стеснялся уже не менее тридцати лет. Лидия иногда думала о нём с нежностью, а потом, смеясь, спрашивала себя: «Как можно с нежностью думать о бегемоте? Ну был бы это маленький пекинес или даже гладкий длинношеий жираф. Но бегемот... Толстый, с бугристой кожей, на маленьких ножках и с отвисающим животом. Нет — большой, уверенный в себе, с ласковыми руками и добрым сердцем».

Борис уже давно заметил, что Лидия молодеет на глазах. Он приписывал эти изменения полезному морскому климату Израиля, пока не увидел, как около большой синагоги его жена садится в машину к какому-то толстому альбиносу. Никогда ещё Лидия не видела мужа таким напыщенно-разъярённым. Когда она вернулась, утомлённая долгой морской прогулкой, Борис отскочил от зеркала, принял позу оскорблённого павлина и начал свою обвинительную речь. Ей даже показалось, что именно это он репетировал, когда она открывала дверь. А что он говорил!? Лидия даже не подозревала, что её интеллигентный муж с поэтическим уклоном знает такие слова. Он говорил, что она не спит с ним пятнадцать лет и сделала его импотентом, что он всю жизнь приносил зарплату домой и каждый вечер был дома с дочерью, пока она занималась своими колбами и, может быть, эти колбы она и использовала в качестве вибратора все эти пятнадцать лет. А теперь, когда нет под рукой инструмента, она использует этого мерзкого альбиноса и пользуется тем, что он, Борис, как идиот, работает по ночам, чтобы их всех кормить.

Лидия молчала. Давала мужу высказаться. Тем более, что он решился высказаться первый раз за тридцать лет их не самого удачного брака. Когда же Борис, не имея опыта скандалить, быстро иссяк, Лидия устало присела на стул и сказала: «А знаешь, что он говорит мне утром, когда я прихожу утром пешком на работу с мешками под глазами, и вот эти морщины на лбу выглядят, как трещины на пересохшей земле? Он берёт моё лицо в свои руки, приближает к себе, смотрит долго-долго и говорит: «Красавица моя»!».

Глава 20

Олег тоже был не первым мужчиной, который купился на жалость, тем более, что он был очень молодым мужчиной и любовный опыт его был ограничен сексом с Таней. В школе он был тихим еврейским мальчиком, маленького роста, и хоть волосяной покров появился у него довольно рано, девочки проявляли к нему интерес в основном перед контрольными по математике. Но тогда ему же и приходилось страдать и прятать глаза, так как пялиться на грудь несчастной троечницы, сидящей напротив, было неловко, а уж когда она подсаживалась к нему, чтобы вместе решить пример, и касалась своим бедром его ноги, Олег терялся окончательно и путался в решении самых примитивных логарифмов. Когда же он, после долгих репетиций с Риной, всё же решился пригласить одну из них в кино, то получил такой решительный отказ, что от обиды изорвал всю свою тетрадь по математике и ему, как идиоту, пришлось потом решать все примеры заново.

Весна в десятом классе, когда родители и Рина с мужем решили ехать в Израиль, стала для Олега судьбоносной. Казалось бы, трудно найти связь между решением поменять страну проживания и переменами во внешности человека. Тем не менее, чувство гордости и превосходства, овладевшее Олегом, каким-то образом повлияло на его моментальное взросление. Он, маленький еврейский мальчик, сможет сделать прыжок в западную цивилизацию, в то время как его одноклассники — друзья и недруги — останутся догнивать в Союзе. Конечно, без гормональных возрастных изменений дело не обошлось, но Олегу приятно было думать, что размах плеч, высокий рост, аккуратненькие усики стали результатом его во сто крат усилившейся уверенности в себе. И девочки, несмотря на то, что математику сдали первой, а в географии и биологии Олег «плавал», наперебой предлагали готовиться к экзаменам вместе. Одна из них, которой в мужской шкале класса по привлекательности было отведено почётное третье место, явилась к нему заниматься со своей подушкой: всё-таки завтра экзамен. Последняя ночь ознаменовалась первыми поцелуями, а больше ничего не успели: спать не ложились, а в семь утра нужно было бежать на экзамен. Так что Таня, действительно, была его первой женщиной.

Подразделение, куда попал Олег, было отделением моторизированной пехоты. То есть Олег стал по сути не солдатом, а техником. С утра до вечера они собирали, разбирали и чистили бронетранспортёры, в ожидании срочного сообщения о военных действиях, и Олег быстро стал признанным специалистом в устройстве двигателя, хотя ему больше всего хотелось быть водителем…

У Маши были зелёные глаза. Он познакомился с ней в ульпане «б» их части, куда Олег прибыл сразу после тиронута.[38] Оказалось, что они служат в одном подразделении. Должность Маши была ещё более серьёзной, чем у Олега. Она должна была восемь часов своей смены находиться возле допотопного чёрного телефонного аппарата в ожидании сообщения о ядерной войне. Одной сообщения ждать было скучно, поэтому днём, когда Олег освобождался, они играли в нарды, а ночью, в отсутствие чужих «ушей», просто болтали. Маша не смотрела прямо в глаза собеседнику, а мило скашивала их в сторону и иногда трогательно и задумчиво проводила по лицу белой ладонью с длинными, изящными пальцами. Постепенно Олег перестал замечать её одутловатые щёки и непропорционально маленький подбородок. Только зелёные глаза, молящие о помощи, и тонкая рука рождали фантазии. Они разговаривали ночи напролёт: их давно уже ставили на дежурства вместе. Он был её единственной «подружкой»: с девчонками она не общалась, и настоящих подруг у неё не было.

Маша рассказывала о том человеке, который мог бы быть отцом её ребёнка… «Какой ребёнок? — думал Олег, глядя на её припухшие по-детски губы, — ты же сама ещё ребёнок…» Вот ещё её рот — он как будто жил своей жизнью и умел соблазнять, складываясь горькими складочками жалоб.

[38] Тиронут — первая двухнедельная подготовка новобранцев.

Она рассказывала и о другом человеке, который любил её и готов был стать отцом не своего ребёнка. Олег слушал, задохнувшись: они с Машей были сверстниками, но ничего подобного с ним не происходило и, по его мнению, не могло произойти. Разве так делают детей?

Он так привык опекать Машу и заботиться о ней, беременной, что был немного разочарован, когда пришло время идти на аборт. Олег, который тысячу раз в мыслях сопровождал Машу в больницу, представлял, как врач будет смотреть на него с упрёком, а медсёстры не будут принимать для Маши сок и выставят его из отделения, считая его виновником её мучений. Но эта огромная клиника напоминала скорее медицинский конвейер, поэтому когда Маша зашла в отделение, её завертели тысячи рук: взять направление, получить пижаму, занять койку; затем осмотр врача, вызов анестезиолога:

— Молодой человек, поцелуйте девушку, её увозят…

Через час процедура пошла в обратном порядке: возвращение из операционной — «Молодой человек, поцелуйте девушку»; проверка анестезиолога, осмотр врача; освободить койку, сдать пижаму…

И вот они уже на дороге к автобусу… Маша вовсе не бледная, скорее румяная и возбуждённая, спрашивает каждую секунду, будет ли у неё ещё ребёнок и почему её тошнит: по привычке или от анестезии…

Олег проводил Машу к родителям и поехал к сестре. Ему не терпелось скорее рассказать ей о Маше.

Рина с Володей и Гошиком жили уже отдельно. Они взобрались на одну из самых крутых улиц Адара, и чтобы попасть в их дом, нужно было одолеть сто ступенек, ведущих к подъезду, а потом ещё подняться на пятый этаж. Олег сразу понял, что проделал весь этот путь напрасно, когда увидел расстроенное лицо Рины. Володя сидел на кровати, обхватив голову руками. Олег тут же нашёл какую-то отговорку и убежал, не попрощавшись: он не выносил конфликтных ситуаций, особенно когда это касалось его сестры, у которой, по определению, не должно быть никаких проблем. Ему вдруг нестерпимо захотелось вернуться к Маше. У них, думал он с гордой уверенностью, никогда не будет ссор и недомолвок. Он почти на ходу заскочил в автобус, едущий обратно, к её дому. Брат Маши, посторонившись, с ироничной улыбкой пропустил его в квартиру: «Не может быть, чтобы он знал про аборт, ведь она только мне всё рассказывала, — подумал про себя Олег, — а если знает, то думает, конечно, что я виноват». Немного пригнувшись от смущения, Олег зашёл к Маше в комнату. Игорь выключил телевизор: новости закончились. Из соседней комнаты раздавался смех и возбуждённые разговоры. «Не может быть, что эта глиста, у которой только усы пробиваются, сделал Машке ребёнка. И смеётся, как шестиклассник», — Игорь вздохнул. Вдруг ему вспомнилась Рина, он как будто наяву слышал её звонкий смех. А ведь он пытался её искать. И в списках Сохнута, и в разных ульпанах. А мимо большой синагоги, — с того дня, как видел или только думал, что видел там Рину, — Игорь не мог проходить спокойно. Ему так и казалось, что она выпорхнет сейчас из огромной, обитой бронзой двери, и пронесётся мимо на своих высоченных каблуках. Только сейчас Игорь сообразил, что смех этого школьника — так он окрестил про себя Машкиного кавалера — напоминает ему смех Рины. Игорь тряхнул головой, пытаясь отогнать от себя видения.

«Пора собираться», — он посмотрел на часы. У них с Аллочкой сегодня выход в кафе. Тоже как школьники, развозят ухаживания по всем правилам. Что ж, он принимает условия игры. После переезда, войны, ульпана только с Аллочкой Игорь наконец вспомнил, что такое желать женщину…

Олег с Машей вернулись утром в часть вместе и больше уже не расставались. Оказывается, аборт не считался сложной операцией, и уже через неделю и два дня Олег смог пожалеть Машу по-настоящему, на что не решался во время беременности. Они стали неразлучны, как пара сиамских близнецов. Необходимость расставаться даже на секунду приводила их в горестное недоумение. Они появлялись вместе всюду, и даже офицеры, распределяя дежурства, считались с этой необычной привязанностью.

Рина расхаживала по комнате на своих длинных ногах и ни на секунду не могла остановиться. Володя, её Володька, её муж, её друг, любовь её детства, — бросает её, бросает Гошика, их мальчика, и уезжает. Уезжает! Куда?

— У тебя ещё до отъезда в Москве была женщина, — вдруг соображает она. — Со мной ты спать не хочешь, а с тобой никто другой спать здесь не захочет — ты даже иврита не знаешь. Так ты решил уехать к ней?

— Не в этом дело! Я устроюсь и заберу вас, — Володя понимал, что почти всё, что говорит Рина, нелогично и несправедливо, но кто же будет искать логику в словах оскорблённой женщины?

— Куда заберёшь? В Москву? В разруху? Да там каждую минуту может случиться переворот, резня, погром. Нет Москвы, — той, что была. На что ты собираешься обречь своего ребёнка? Чего ты испугался здесь? Войны? Тяжёлой работы? Ты думаешь, что в Москве сейчас легче? — Володя ждал последнего удара: «Ты, как твой отец!» Но Рина не сказала этого… Пожалела? Да, ему хотелось жалости, хотелось понимания. Понять! Неужели она не может понять, что дело не в войне и не в тяжёлой работе. Всё ему чуждо здесь: язык, люди, понятия, цвет неба и вкус воды. И даже воздух, воздух был здесь чужим.

— А твоя мать, Антонина Ивановна? — Рина прибегла к последнему средству. — Ты привёз её сюда и бросишь её здесь? С этой семейкой вампиров? Они же пьют из неё кровь, она работает только на них!

Володя беспомощно молчал. В каждом слове Рины была тяжёлая, наотмашь бьющая правда, но он по-другому уже не мог. Володе не разрешили разбудить Гошика, чтобы попрощаться с ним, и эта мысль не давала покоя. В аэропорту его провожала только мама, Антонина Ивановна. Она держалась мужественно, не плакала. У них с детства был с сыном договор: Володя знает, что делает, и с ним никогда ничего не случится…

Глава 21

Таня возвращалась из консерватории с чувством выполненного долга. Она отдала копию своего подтверждённого диплома, трудовой книжки и автобиографию на иврите, напечатанную за сто шекелей у нотариуса. Секретарша, смуглая крашеная блондинка с восточным профилем и пальцами, унизанными массивными золотыми перстнями, рассыпалась в любезностях, восхищалась Таниным ивритом, называла её «мотек» и «мами» и обещала позвонить сразу, как только директор вернётся из Майами, где гостит у своего брата, тоже известного музыканта. Не может быть, чтобы Таня не слышала его имени. Конечно же, она позвонит ещё перед началом занятий: Тане абсолютно не о чём беспокоиться.

Таня, воодушевлённая обещаниями и своим пониманием иврита, не шла, а летела вниз по хайфским спускам, к своему дому. Жара стояла немыслимая. Крепдешиновая кофточка в горошек, со стоячим воротником и пышным жабо, которую Таня надела в честь посещения «храма музыки», прилипала к спине; белые концертные «лодочки» жали неимоверно. Очередной крутой спуск грозил неизбежным падением с высоты десятисантиметровых каблуков. Невозможно было преодолеть соблазн сбросить туфли и пойти босиком, наплевав на приличия, но, попробовав голой ногой раскалённую мостовую, Таня оставила эту идею. Кое-как напялив туфлю обратно на распухшую ногу, Таня подняла голову и вдруг увидела электрический орган — свою давнюю мечту — прямо в витрине, на которую она опиралась. Теперь, когда Таня без пяти минут работала преподавателем в консерватории, она должна была всерьёз подумать о том, как организовать свою работу. Безусловно, её концертного рояля, который пока безмятежно куковал в багаже, недостаточно. Нужно будет давать частные уроки, подтягивать учеников перед концертами, может быть, выступать самой… Она не заметила, как уже стояла в магазине и наигрывала на одном из самых навороченных инструментов своё любимое адажио из «Лебединого озера», одновременно наслаждаясь прохладой направленного прямо на неё кондиционера.

—Тебе повезло,—перед ней стоял, молитвенно сложив руки, невероятно маленький, толстенький, с чёрными прилизанными волосами человечек—видимо, хозяин магазина.

—Сегодня этот инструмент продаётся по скидке, в два, нет, в три раза дешевле—всего пять тысяч шекелей вместо… вместо пятнадцати!

Таня, как сквозь плотную вату, пробивалась через свои примитивный иврит.

—Почему скидка? Орган плохой?—Таня строила очень простые фразы из очень простых слов, боясь, что хозяин магазина её не поймёт.

Но он, видимо, был человек способный, всё-таки не овощи на рынке продавал.

—Что ты!—он воздел глаза к небу, став похожим на известного итальянского тенора, исполнявшего арию Фауста из оперы Верди.—Инструмент прекрасный, просто для рекламы специальная скидка, только сегодня!—любезности толстячка не было предела.

—Но у меня с собой нет таких денег,—Таня по инерции раскрыла сумочку, как будто рассчитывая неожиданно найти там пять тысяч шекелей.

—Чеки,—хозяин ловким движением фокусника вытащил у Тани пачку ещё не распечатанных чеков, которые ей зачем-то вручили в банке, когда она открывала счёт, чтобы положить свои сто долларов. Аллочка строго-настрого запретила ей оставлять чеки дома.

— Десять чеков по пятьсот шекелей, и ты получаешь инструмент без денег. Чеки я выпишу сам, можешь не беспокоиться, только подпиши. Вот здесь, здесь и ещё здесь. Умница! Ты сделала самую выгодную покупку в своей жизни. Сегодня у тебя очень удачный день. Вечером получишь инструмент прямо домой, вот на чеках есть адрес. Я сам привезу,—Он по-отечески накрыл Танину руку с длинными музыкальными пальцами своей маленькой пухленькой ручкой, и его маленькие глазки приняли цвет греческих маслин.

— Во-первых, никакой работы в консерватории ты не получишь, не будь наивной — мало ли чего она тебе наобещала, эта секретарша. Это же восточная ментальность, правды не дождёшься. Во-вторых, органу этому красная цена в базарный день — три тысячи, а он продал его тебе за пять: про скидку всё враньё, тоже, понятно, местные штучки. А в-третьих, очень вероятно, что ты этот инструмент вообще не получишь, может, он просто жулик — припечатала Аллочка, когда выслушала восторженный Танин рассказ об особенно удачном сегодняшнем дне. В это время раздался громкий стук в дверь. Звонка у них отродясь не было.

— Вот видишь! — Таня радостно вскочила. — А ты так плохо думаешь о людях...

Она радостно распахнула дверь, и толстячок, вдохновлённый таким приветливым приёмом, бодро втащил длинный ящик, который был в два раза выше его, к Тане в комнату. Потом он долго пил кофе на кухне, и даже Аллочка не смогла его выставить, хотя стучала тарелками в раковине как можно громче... Таня, устав за день, совершенно перестала понимать его иврит, глаза её слипались, и она только согласно кивнула, когда толстячок накрыл её ладонь своей пухлой ручкой и сказал «завтра».

— Что завтра, что он имел в виду? Я ничего не поняла, — добивалась Таня утром у Аллочки, пока та собиралась в Технион.

— Он имел в виду, что завтра ты начнёшь убирать его магазин за пять шекелей в час, в свободное время показывать посетителям, как играть на органе, и при этом с ним спать...

Но тут Таня проявила характер.

— Ну уж нет! — заявила она. — Я за деньги ни с кем спать не собираюсь.

И уже завтра она пошла убирать универсальный магазин Машбир, куда её по протекции пристроил Аллочкин «дяденька». Место это было на несколько порядков выше, чем работа на рынке, так что Тане было чем гордиться.

Борис начинал привыкать хозяйничать сам. Он не то чтобы остался совсем один, но без стержня, объединяющего всю семью, без хозяйки дом стал похож на заезжий двор. Самым лучшим вариантом для Бориса было уходить после обеда на вечернюю смену. Тогда он не встречал никого — ни сына, ни жену. Лидия возвращалась с работы вечером, готовила обед и уходила к своему альбиносу, прихватив с собой тарелку котлет или банку борща. Когда же он шёл в ночную смену и сталкивался с ней в дверях, то вежливо здоровался и пытался проскочить, а она останавливала его и хорошо поставленным голосом советской учительницы рассказывала, что сегодня будет готовить на обед. Продукты она покупала сама и за квартиру платила половину, таким образом внося свою лепту в содержание детей. Игорь тоже приспособился приходить из библиотеки Техниона так поздно, а уходить так рано, чтобы встречаться с матерью, но не встречаться с отцом. Одним словом, все они собирались дома только в те субботы, когда Маша приезжала из армии. Лидия накрывала на стол и расхаживала по дому в халате, как будто бы ничего не произошло и она давно уже не живёт своей жизнью. Её Йоси объяснил ей, что травмировать ребёнка, который проходит срочную службу в израильской армии и спит практически в обнимку с заряженным автоматом, очень опасно.

А Борис как-то незаметно потерял смысл жизни. Не то чтобы он знал раньше, в чём этот смысл заключался, но думать ему об этом как-то никогда не приходилось. А теперь он знал точно, что смысл его жизни потерян. На него напала хандра, и он не мог заставить себя прикоснуться ни к кроссвордам, ни к книгам, которые заботливо оставлял ему его сменщик.

Самое ужасное, что в ночные смены ему приходилось упорно думать об этом все те двенадцать часов, которые он там находился. Пока однажды утром, в самом конце своей смены, он не увидел новую работницу, которую поставили убирать зал первого этажа. Она неумелыми руками с длинными музыкальными пальцами, отчаянно вцепившись в швабру, развозила грязь по отделу косметики, а Борис не мог отвести глаз от небрежно заколотого узла пышных чёрных волос, открывающего нежный пушок на затылке; от полной, но стройной фигуры, угадывающейся под новым форменным синим халатом. Он пытался понять, настолько ли она молода, насколько кажется, и вдруг почувствовал, что с этой минуты ему уже не нужно будет задумываться о смысле жизни.

Таня видела, что за спиной Бориса подруга делает ей недвусмысленные жесты: стучит кулаком по голове, крутит пальцем у виска, проводит ребром ладони поперёк горла. Таня, зная Аллочку, не сильно вдавалась в подробности. Она могла уже наизусть пересказать, что это обозначало: «ты сошла с ума, русский оле-хадаш, годится тебе в отцы, не знает иврита, никакой перспективы, похоронить себя заживо…». Таня с Борисом сидели за столом в их общей кухне и по списку решали, какую мебель из багажа оставить, а какую отвезти в антикварный магазин, где у Бориса оказался знакомый грузин.

А что было делать, если Аллочка сама сообщила: со следующего месяца она снимает квартиру на Кармеле одна, с Юлькой, так как по её статусу и планам на будущее ей положено жить своей семьёй и в приличном месте. Тем более, по молодёжной программе приезжает её младшая сестра Наташа. Жить и учиться она будет в интернате, но по выходным ей нужен «свой угол». Тут же оказалось, что Борис находится в процессе развода с женой и ищет возможность снять с кем-то вместе квартиру — Тане это очень подошло. Подошло ей и то, что Борис вошёл во все тонкости её проблем с багажом, что он сумел починить и привести в первозданный вид любимый Танин комод и туалетный столик, потому что его отец был столяром и научил его коечему… Также напарник по работе Бориса каким-то чудесным образом оказался профессиональным настройщиком, и Танин старый рояль приобрёл такое звучание, которого у него не было даже тогда, когда он был юным и блестящим.

Борис понимал, что у него нет больших перспектив. Первый раз он не был оптимистичен в отношении своей победы у женщины, и первый раз для него это не было самым главным… Главным было расставлять с Таней мебель в комнате и смотреть, как она щурится, прикидывая, войдёт ли туалетный столик между стеной и кроватью. Главное было — зачищать тонкой наждачной бумагой ножку антикварного стула и слушать, как она берёт аккорды на своём любимом рояле. Ещё было очень важно разобраться во всех возможностях нового электронного органа и показать Тане, что он недаром получил подтверждение своего диплома в Доме инженера. Теперь, на правах охранника со стажем, он работал только в первую смену и каждый вечер возвращался домой вместе с ней. Он никогда не был так счастлив и никогда не возвращался домой с таким удовольствием. Таня смеялась над ним, называла его домоседом, а он нисколько не возражал, просил её сыграть на рояле какой-нибудь этюд — до сих пор ждали звонка из консерватории, — а сам шёл на кухню готовить ужин. Таня ела с удовольствием, смеялась над его шутками, а он сидел напротив и пытался вспомнить и не помнил, были ли в его жизни более счастливые моменты. И так каждый вечер, пока не наступала суббота, когда для Маши разыгрывался спектакль совместного проживания в квартире, которую Лидия и Борис оплачивали вместе.

Игорю сначала претило это лицемерие, а потом он просто махнул на всё рукой. Сбылась голубая мечта его детства: выяснилось, что есть возможность взять ссуду в банке и купить новую машину по специальным скидкам для олим-хадашим. Конечно, очень хотелось приобрести свой собственный компьютер, но пока можно заниматься в компьютерном зале Техниона. Всему своё время… Теперь по субботам на покраску крыш он приезжал на новенькой голубой «Мицубиси», чем невероятно злил своего хозяина. Когда же подработки не было, Игорь устраивал для Аллочки с Юлькой загородные прогулки… И с работы начал забирать Аллочку на машине. Тогда-то он, наконец, получил приглашение в её новую квартиру, в одном из престижных районов Хайфы. «Новую» — это ту, которую она сняла всего пару недель назад. До этого она жила на Адаре с какой-то подругой, но Игоря туда не звали. Аллочка держала его немного на расстоянии, в свою жизнь не очень пускала, и Игорь видел в этом поведении, как в зеркале, свои отношения с предыдущими женщинами. Не приводить домой, не давать обещаний и не брать завышенных обязательств, а также не знакомить с родителями… Конечно, его отношения с Аллочкой не могли не стать близкими при их молодости и тяге друг к другу. Но эту близость приходилось каждый раз ожидать как подарка или уступки, и это тоже было непривычно и тяготило.

«В той жизни», как называли они время до приезда в Израиль, Игорь давно бы оборвал эти отношения, но сегодня, здесь, в том призрачном существовании, в котором он пребывал, библиотека Техниона и Аллочкина квартира казались самым надёжным тылом. Квартира, местоположением которой Аллочка так гордилась, была невероятно запущена и выглядела намного хуже, чем дом и район, в котором она находилась. Игорь, вдруг вспомнив, что его дед, отец отца, был по профессии столяром, по вечерам стал потихоньку приводить эту квартиру в порядок. Первый раз за много лет у него нашлись общие интересы с отцом. Тот тоже вдруг полюбил мастерить. Они менялись инструментами, вместе разбирали на доски старые выброшенные шкафы и долго спорили над чертежами новых полок, которые Игорь мастерил в Юлькиной комнате. Лишних вопросов друг другу не задавали: каждый из них построил свой замок на песке и пытался быть в нём счастлив по-своему.

Глава 22

Рина сидела за кухонным столом с листочком бумаги и проставляла плюсы и минусы в своей нынешней жизни. Гошик спал, сладко посапывая в соседней комнате. В процессе работы Рине приходилось каждые пять минут вскакивать и бежать к раковине сморкаться и умываться: слезы текли ручьем… Рулон туалетной бумаги заметно уменьшался… Все красные плюсы и синие минусы — их было значительно больше — смешались и размазались, но это был единственный способ как-то систематизировать проблемы, количество которых уже зашкаливало. Как ни крути, всё упиралось в деньги, которые нужно было срочно начать зарабатывать… За этот месяц съём квартиры оплатил Володя, но нужно было ещё чем-то питаться… И Гошик не должен почувствовать, что он остался без отца. Слёзы тут же хлынули рекой, и Рина опять подскочила к раковине — проплакаться. Она пожалела, что не перевезла от родителей свой инструмент, который недавно пришёл с багажом. Игра всегда её успокаивала. Рина вспомнила, как они получили в перевёрнутом виде ящик, который специально был изготовлен в виде пианино, чтобы при погрузке не перепутали — где верх, а где низ; но первое, что они увидели, оторвав крышку, вернее, дно, — это панель с клавишами, валявшуюся отдельно. Не меньше, чем месяц квартплаты, стоила им починка пианино, а теперь инструмент бессмысленно простаивает в квартире родителей, и перевозка его сюда будет стоить ещё одного месяца. От этих, более трезвых размышлений слёзы её высохли, и она пошла готовить одежду для Гошика на утро. Детский садик здесь в Израиле нравился Гошику намного больше прежнего. Воспитательница была настоящая красавица, с чёрными прямыми волосами. Она напоминала ему Шамаханскую царицу из сказки Пушкина «Золотой петушок», которую они смотрели с мамой в театре, в Москве перед отъездом. Красавица-воспитательница была ещё и очень добрая: всем детям давала рассматривать золотые кольца, которыми были усеяны её смуглые руки. А звали её просто — Шоши. Эта же самая Шоши учила их петь песни на Пурим и на Пейсах, и даже Гоша сразу понял, что мамина специальность здесь не пригодится. Гошика Шоши обнимала и целовала в два раза чаще других детей, пытаясь таким непедагогическим способом уменьшить стресс от столкновения с новой средой. А стресса никакого не было. Гошик с удовольствием распевал песни на иврите, выучив все слова за два занятия, а в общении с детьми — там, где не знал слов, — применял жесты. Садик заканчивался в полдень, спать днём и есть суп на обед никто не требовал, да ещё вдобавок на дорогу давали булочку с шоколадным маслом. И хоть мама плохо знала иврит, Шоши всегда умудрялась ей объяснить, какой Гошик необыкновенный мальчик. С порядками в садике мама не была согласна, и Гошик с ней не спорил, хотя сам придерживался другого мнения. Вообще, в последнее время он старался спорить с ней как можно реже. Папа снова уехал в Москву, как когда-то в Минске. По мнению Гошика, ничего особенного в этом не было, но мама в этот раз почему-то очень болезненно переживала его отъезд, и глаза у неё всё время были на мокром месте.

Работу Рине нашёл, как ни странно, Олег, вернее, Маша… Они теперь часто бывали у Рины в гостях — как бы поиграть с Гошиком, а на самом деле в выходные им хотелось побыть вместе без надзора родителей. Рина была не в счёт, она — своя, подружка… По большому счёту, это была первая в жизни подружка Маши, хоть и старше на десять лет.

Может, потому, что Рина была старше и хотела остаться в статусе подружки, она никогда не спрашивала Машу о её семье. Ей было достаточно одного раза увидеть, какую гримасу скорчила та, когда Олег упомянул её брата. Рина не раз слышала от Олега, что в Машиной семье большие проблемы. Ну, а проблем у неё своих хватало. Вот даже Маша быстро оценила безвыходную ситуацию, в которую попала Рина, и в первую же субботу безапелляционным тоном заявила матери, чтобы та помогла устроить её подруге работу через своего «знакомого» зубного врача. Лидия от неожиданности, что дочери известны тщательно скрываемые подробности её личной жизни, даже не спорила. Конечно, единственно возможной работой оказалась уборка, и через неделю Рина уже убирала две квартиры — Йосиной сестры и её соседки.

Дебора, сестра Йоси, работала на ответственной должности в большой фармакологической фирме, и у неё всегда катастрофически не хватало времени. Йоси шутил, что замуж она не вышла только потому, что в блокноте деловых встреч не оказалось «окна» для свадьбы. Рина видела хозяйку всего один раз, когда получала ключи. «Вобла», — подумала Рина, увидев её высоченную, сухую фигуру с маленьким ёжиком пегих волос на голове и крошечными очками на носу.»Вобла» вдруг улыбнулась, на щеках определились очаровательные ямочки, и сердце Рины растаяло.

— Вот квартира, — показала хозяйка широким распахнутым жестом, как будто дарила её Рине. — Вот ключи. У меня только две просьбы, — она говорила с Риной на болгарском, кое-где вставляя русские слова. Рина её понимала, недаром по белорусскому у неё была пятёрка. Тоже ведь славянский…

— Первое — когда будешь слушать музыку, возвращай кассеты обратно в коробки, а то я потом путаюсь; второе — не вытирай книги мокрой тряпкой. Впрочем, ты русская, книги читаешь, — махнула она рукой, — знаешь…

Больше Рина её не видела: деньги за уборку ей оставляли в тумбочке в прихожей, а по праздникам она находила там же дорогую коробку конфет. У «болгарки» — как её называла про себя Рина — она убирала по средам и тратила на уборку вместо шести часов, которые ей оплачивали, не меньше восьми. Рина застревала около каждой книжной полки: интересней всего было рассматривать книги на иврите. Она уже начала привыкать к тому, что обложка и имя писателя находятся в конце книги. Несмотря на огромную коллекцию классической музыки, Рина включала песни на иврите и, размахивая шваброй, распевала во весь голос, копируя Эти Анкри или Шломо Арци, а приходя домой, пыталась найти слова этих песен в словаре…

Зато по пятницам, на этаж ниже, в квартире у старой «польки», культурная программа была совершенно другой. Старуха встречала Рину со шваброй в одной руке и тряпкой в другой, чтобы не терять ни минуты оплаченного времени. Книг и музыки у неё не было, зато был разговорный иврит. Шесть часов она передвигалась за Риной на складном стуле по квартире — пока та тёрла тряпкой окна, панели, кафель — и говорила, говорила, говорила... Монолог шёл на иврите, что было Рине, безусловно, полезно. Когда Рина, обессилев, снижала темп, бабка вскакивала со стула, выхватывала у неё щётку и двумя-тремя энергичными движениями заканчивала работу. Она торопилась, у неё было приготовлено новое задание: грязь, забивающуюся в щели между мраморными плитками пола, Рина, ползая на коленках, вычищала старой зубной щёткой. В каждый Ринин приход хозяйка выискивала какой-нибудь очередной, забытый Богом угол своей огромной квартиры и ставила туда Рину на прорыв. «Полы в центре комнаты, — говорила она, — я и сама могу помыть, и мне, между прочим, никто за это не платит...»

В пятницу после обеда, на последнем автобусе к Рине с Гошиком приезжала Антонина Ивановна с массой полезных идей и оставалась до вечера субботы: уехать было не на чем. Рине, когда приходили выходные, хотелось лечь лицом к стене, ничего не видеть и не слышать, а ещё лучше — сразу умереть. Вместо этого приходилось шить и вешать занавески, менять обивку на стульях и перекрашивать стены в Гошиной комнате в голубой цвет, наклеивать на потолок звёзды, которые светятся ночью. Тонечка также организовывала их лепить печенья в виде Микки Маусов или печь торты по каким-то невероятным олимовско-израильским рецептам... Гошику всё это нравилось... Ещё Гошику нравилось, что раз в неделю на кухонном столе его ждала посылка от папы. Они вместе с бабушкой торжественно открывали коробку, на которой по-русски было написано «Москва», и находили там именно ту игрушку, которую Гошику хотелось больше всего. Также к подарку было приложено письмо, в котором большими печатными буквами, тоже по-русски, было написано, как папа по нему скучает. Почерк был похож на бабушкин, а коробку, как показалось Гошику, они уже несколько раз открывали одну и ту же... Он поделился своими сомнениями с мамой, но та так горячо уверяла его, что он ошибается, что мальчик поверил. Он знал, что мама никогда не обманывает…

Ни Рина, ни Антонина Ивановна не получали от Володи писем. Они знали только, что всё в порядке и скоро он встанет на ноги. Эти сообщения приходили то по телефону, то через каких-то друзей, которые приезжали из Москвы или уезжали туда на время. Таким же образом он передал два раза по тысяче долларов, и Рина открыла Гошику банковский счёт. Она твёрдо решила вырастить сына одна, а с Володей он пусть разбирается, когда вырастет. «Как же он мог, как мог? — спрашивала она Антонину Ивановну в первые дни после Володиного отъезда. — Ведь он сам знает, что такое расти без отца!»

Откуда Антонина Ивановна черпала энергию и силы поддерживать невестку с внуком, оставалось загадкой. Она сама к концу недели падала с ног, так как работала теперь санитаркой в доме для престарелых, в отделении для лежачих больных. Старшая сестра отделения приняла её по большой протекции, которую составила Антонине Ивановне соседка по лестничной площадке. Тем не менее, уже через неделю все сотрудники отделения перестали понимать, как они всё это время обходились без Тонечки. На неё беззастенчиво сваливали всю чёрную работу, которую она безропотно тянула. «Кто-то же должен это делать», — говорила Тонечка, обрабатывая окровавленные пролежни лежачих больных, и только улыбалась, перетаскивая стариков весом с центнер с кровати на коляску, чтобы отвезти их в душ. Она быстро научилась менять центр тяжести, не брезгуя прижимать больных к себе, и ловко удерживала коленкой кресло на колёсиках у стены, пока усаживала в него пациента. А самую лёгкую работу — обливать в упор полуживых стариков в душе сильным напором воды из шланга — Тонечка доверяла санитарам из мужского персонала: сама она делать этого не могла, уж очень это напоминало ей фильмы про немецкие концлагеря.

Конечно, она мечтала работать с детьми, и её знали уже все медсёстры детского отделения, где Яков Семёнович проходил практику после ульпана, но шансы попасть туда даже в качестве санитарки были близки к нулю. В детском отделении санитаркам было легче всего, ведь основную нагрузку брали на себя родители, поэтому здесь нужна была протекция посерьёзней, чем соседка по лестничной площадке…

Яков Семёнович ссорился с санитаркой на иврите. Он, конечно, не опустился до того, чтобы вытащить из кармана листок с крепкими выражениями, которые написала ему Тонечка на случай, если он окажется на рынке или в каком-нибудь другом сомнительном месте. Он мял его в кармане и при этом судорожно пытался вспомнить что-нибудь ругательное, но более или менее приличное. Лучше всего ему запомнилось что-то вроде «поцелуй меня в задницу», но сказать это женщине, хоть она и была простой санитаркой, он не мог. Наконец, заведующая отделением, увидев русского профессора в центре слишком большой для детского отделения массы людей, пришла выяснить, в чём дело. Она, в отличие от санитарки, знала английский, но претензии странного русского врача повергли её в изумление.

— Да, — согласилась она — этот мужчина пришёл прямо с улицы в мокрой ещё от дождя кожаной куртке. Да, он взял на руки младенца, которого вывезла санитарка из отделения недоношенных. Да, он может принести инфекцию. Но он же его отец!

— Он его отец, — хором, как в хорошем водевиле, подтвердила толпа арабских родственников, которых было так много, что им пришлось заказывать специальный автобус для посещения новорождённого.

Они передавали ребёнка из одних немытых рук в другие, а бедный доктор с ужасом следил за ними глазами, потеряв дар речи. Если бы не такого рода казусы, которые обнажали всю глубину пропасти между советской и израильской концепцией содержания больных детей в лечебном заведении, Яков Семёнович мог бы сказать, что находится в своей стихии. Он на равных беседовал с заведующим отделения на ломаном английском; часами изучал истории болезней, а с лечащими врачами до хрипоты отстаивал свои диагнозы, забывая, что он тут только студент…

Тогда же Антонина Ивановна уговорила Рину переучиваться на медсестру. Впрочем, Рина и сама уже об этом подумывала. После знакомства с красавицей Шоши Рина поняла, что для её профессии не существует ниши в детских садах Израиля. И тут она вспомнила о своём детском восхищении белоснежными косынками медсестёр санитарного поезда. Этот телевизионный фильм о войне она могла смотреть сто раз, и каждый раз её больше всего поражало, как эти медсестрички ухитрялись отбеливать и крахмалить свои халаты и косынки в походных условиях.

Из трёх школ для среднего медицинского персонала Рину согласились принять только в одну. И то только потому, что Тонечка поговорила со своим заведующим отделения, а тот со своим другом, который по счастливой случайности приходился дядей жене директора школы медсестёр… Трудности переезда, война, отъезд Володи, изнурительные уборки — всё это оказалось ничем по сравнению с учёбой. Впервые за свою жизнь Рина не была отличницей. И даже хорошисткой[39]… Чтобы получить свой проходной балл на экзамене, приходилось прибегать к помощи одноклассников: подкармливать Тонечкиным печеньем девочек и кокетничать с мальчиками, которых, на удивление, было большинство… Все её соученики были сразу после армии, моложе её лет на десять, и иврит был их родным языком. Зато на практике в больнице Рине не было цены… Куда им, детям, даже прошедшим через армию, было понять страдания больных. Студентов «медучилища» отправляли на самые тяжёлые задания: Рина, в частности, специализировалась в онкологическом отделении: больше никто туда не согласился пойти…

[39] Хорошист — учащийся, получающий оценки «хорошо», то есть четвёрки по пятибалльной системе.

Глава 23

Аллочка, конечно, спрятала список профессоров в свою сумку с тех пор, как Игорь стал вхож в её дом. Иногда она даже позволяла ему остаться на ночь, если Юльку какая-нибудь подружка приглашала ночевать. Игорь отвозил Юльку в гости на голубой «Мицубиси» и в мгновение ока возвращался обратно. Аллочка немного снисходительно отдавалась его ласкам, но Игорь видел, что в постели она раскрывалась и вела себя более естественно, чем в жизни, где просчитывала, казалось, каждый шаг. Юлечка была уже записана в одну из самых лучших школ города, около которой Аллочка специально сняла квартиру. Она уже давно ходила с кожаной школьной сумкой-рюкзачком, и не было модной вещи, которую бы Аллочка не ухитрялась ей купить, по платежам или даже взяв ссуду в банке. А кто такой Игорь, чтобы указывать матери, как воспитывать собственную дочь. Впрочем, с началом семестра у него не осталось ни секунды, чтобы думать о чём-либо. Иногда он выходил после лекций, совершенно обалдев от иврита очередного лектора, которого он практически не понимал, забирал Аллочку с работы, отвозил её домой и тут же, не выпив и чашки кофе, возвращался в библиотеку перевести эту лекцию из английского учебника. Даже Аллочка не могла ему помочь: у неё с техническим английским было хуже, чем у Игоря с ивритом. В один из таких сумасшедших вечеров, неожиданно для самого себя, Игорь предложил Аллочке жить вместе: так будет лучше всем — ему, Юльке, и, он надеется, Аллочке. Если она считает, что важно оформить их отношения официально, то он готов. Верил ли сам Игорь, что Аллочка — это та женщина, которая может сделать его счастливым? Он старался не думать об этом. Так уютно было всем вместе ужинать в той самой кухне, которую он собрал своими руками, так не хотелось привыкать к запаху другой женщины, так не хотелось ничего менять…

У Аллочки в ответ на его неожиданное предложение вырвалось только: «Даже не думай, это моя личная жизнь, я тебя и не имела в виду...» Через пару минут она опомнилась, начала что-то объяснять, но Игорь уже не слушал... Он сразу уехал домой, по дороге пытаясь убедить себя, что ничего не случилось. Но было что-то очень обидное в том, что Аллочка «не имела его в виду» в своей личной жизни. Он знал каждую складочку на её теле, и она точно знала, как довести его до полного беспамятства за считанные минуты; его руками была собрана вся мебель в доме, и на каждой стене квартиры им же было отмечено, на каком уровне можно загнать дюбель. Только он знал, какой раздел математики даётся Юльке тяжелее всего, и они вместе прятали от мамы письмо из школы по поводу последнего прогула. Он отвозил её сестру Наташу обратно в интернат, когда та поссорилась с воспитателем, а потом боялась возвращаться одна. И теперь оказывается, он никак не связан с Аллочкиной личной жизнью. Игорь вдруг вспомнил Светку, ту самую, которая была у него до поездки в Москву, до Рины... Как она впала в истерику, когда он сказал ей, что едет за визами в Израиль, а потом притихла и только тихонько скулила: «А как же я...» А Игорь, Игорь пытался сохранить спокойствие и не понимал, какое отношение она имеет к его личной жизни...

Аллочка знала точно: наступила её минута — так бывает. Не все, конечно, могут сказать: вот настал мой звёздный час или звёздное мгновенье, но она сейчас этот момент определила точно. На ней был темно-синий купальник с маленьким серебряным якорем на поясе. Строгий, можно сказать, спортивный — именно таким должен быть купальник в бассейне Техниона, это же не Пальма-де-Майорка. Он поднимал грудь и подчёркивал талию настолько, насколько было нужно, а то, что бёдра у неё полноваты — так зато ноги длинные. К тому же она не девочка, а молодая женщина, у неё ребёнок. Она выходила из бассейна, как нимфа, и вода стекала по бёдрам, немного уменьшая их визуально. Аллочка театрально сняла шапочку, длинные русые волосы рассыпались по плечам. И тут появился Он. Скажем прямо, он не выглядел, как актёр Голливуда, но кто сказал, что профессор Техниона должен быть похож на Сильвестра Сталлоне? Да — лысина, да — очки с какими-то неимоверными диоптриями, да — животик. Но зато возраст: для профессора он был неприлично молод, каких-то сорок с чем-то… И напор, какой молодой напор! Он работал на другом факультете, поэтому она не встречала его раньше. А он — он, оказывается, давно наблюдал за ней, когда бывал в бассейне, но только сегодня решился подойти.

Он признался ей в любви прямо здесь, а предложение сделал назавтра, в дорогом ресторане. За этот день Аллочка успела навести справки и уже знала, что его развод с женой и две маленькие дочки — это не плод его воображения: на учёте у психиатра он не состоит и всё, что он успел рассказать о своей работе, — чистая правда. Аллочка приняла кольцо с маленьким бриллиантом и, скромно опустив глаза, попросила неделю для раздумий. Не может же она принять предложение руки и сердца на второй день знакомства…

Они сидели с Таней в маленьком тесном кафе напротив городского суда, и судейские, в настоящих чёрных мантиях, заскакивали сюда выпить чашечку кофе между прениями… Таня, заметив, что один из них не сводит с Аллочки глаз, толкнула её под столом ногой, а Аллочка засмеялась и только махнула рукой: «Поздно, я выхожу замуж». Таня поперхнулась от неожиданности и нечаянно выплеснула весь кофе на стол, что её очень расстроило. Такую роскошь, как посидеть за чашкой кофе с Аллочкой, она стала позволять себе недавно, с тех пор, как Борис взял на себя расходы на квартиру. И ещё Борис заставил её бросить уборки. «Ты губишь руки, если хочешь зарабатывать деньги, зарабатывай музыкой!»

— Заказывай вторую, не стесняйся! — снова засмеялась Аллочка. — За мой счёт. Я теперь без пяти минут жена профессора.

Аллочка взахлёб рассказывала Тане историю своей скоротечной любви, а Таня слушала и про себя пыталась понять: завидует ли она Аллочке? Борис, конечно, не мог так запросто подарить ей кольцо с бриллиантом, но Тане не нужно было кольцо. Она сжимала в руке билеты на симфонический концерт. Для олим абонемент в филармонию продавался по большой скидке; тем не менее, цена, по Таниным понятиям, оставалась астрономической. А Борис принёс ей этот абонемент. И кто, как не он, взял на себя всю домашнюю работу, чтобы Таня могла заниматься по четыре часа в день. Она держала такую форму, что у профессора консерватории по классу фортепиано, который всё-таки согласился с ней поговорить, заблестели глаза, когда он услышал её исполнение. Нет, свободной ставки преподавателя у него пока что нет, но есть одна идея, он обязательно позвонит… Идей у Тани и у самой было много: играть в ресторане, играть на свадьбах, играть на улице, — но Борис отвергал все её предложения с одинаковым возмущением. «Хорошо, что евреев не хоронят с музыкой, — мрачно шутил он, — а то ты бы ещё на похоронах подвизалась играть».

Ссоры с Машей начались неожиданно. Вернее, это были не ссоры, а какие-то странные придирки и уколы с её стороны. Потерянная ручка, опоздание в часть на полчаса после субботы, забытое слово из куплета «Битлз» или «Машины времени» — всё давало Маше повод упрекнуть или поддеть Олега. Как ни старался он «соответствовать», быть собранным, потихоньку читать или хотя бы пролистывать книги, которые Маша упоминала, — всё было напрасно.

Олег был действительно ещё очень молодым мужчиной и не знал названия этому явлению, не мог понять, как свалилось на него это несчастье. Винить себя было его естественной реакцией. Он искал причины в своём, а не в Машином характере. Настроение её менялось в мгновение ока. Иногда, неожиданно, Маша становилась мягкой, уступчивой, гибкой как кошечка. Тогда Олег снова таскал ей цветы и шоколад, а она притворно сердилась — дескать, от шоколада поправляются, — впивалась в него своими белыми зубками и заразительно смеялась. Но проходила неделя, и всё начиналось сначала: неудачный ход в нардах делал его тупицей, котлеты, привезённые из дома, — маменькиным сынком, звонки сестры — младенцем в пелёнках.

Олег не знал, что делать. По-прежнему сводили его с ума чуть скошенные вниз зелёные глаза Маши и её длинные пальцы, которые скользили то по её лицу, то по его телу… Он терялся в этом и сходил с ума. А спас его случай. Новый начальник части решил перевести Олега как крупного специалиста по двигателям далеко на юг, где должны были проходить пехотные учения, оставив Машу здесь, у своего чёрного телефона, и, сколько ни остерегали его другие офицеры, что пару эту разбивать нельзя, он не хотел слышать ни о каком компромиссе. «Настоящий солдат, — сказал он Олегу, — не должен зависеть от женщины», — на что Олег только вздохнул…

Куда идёт мужчина, когда расстаётся со своей женщиной? К своей предыдущей женщине… Олег остановился у Таниной двери. Дверь была приоткрыта на цепочку — понятно: олимовская альтернатива кондиционеру — обычный сквозняк. Олег остановился у двери, не решаясь постучать, и вдруг услышал, что кто-то играет на фортепиано. «Неужели поменяла квартиру?» — промелькнуло у него в голове. Но потом он вспомнил, что Таня — пианистка и всегда говорила, что ждёт багаж с настоящим инструментом. Олег не был особым ценителем классической музыки. Конечно, присутствовал стандартный советский набор: «Аквариум», «Машина времени», плюс западные группы — «Queen», например. Всякие там симфонии-какофонии он терпеть не мог. Когда Рина дома начинала разводить какого-нибудь Моцарта или Бетховена, он надевал наушники и включал магнитофон; а на её выпускном концерте в институте по классу фортепиано — проспал от начала до конца. Но сейчас, — сейчас он вдруг почувствовал, что клавиши бьют прямо по его измученному сердцу и делают больно, но боль эта приносит облегчение, и необыкновенная мелодия льётся как поток чистой воды и утоляет жажду. Жажду чего? Любви, красоты, покоя?..

Когда Борис вернулся домой с работы — ровно в четыре пятнадцать и ни минутой позже, — он увидел у своих дверей солдатика, который сидел на полу, обхватив голову руками, а из дверей квартиры лилась музыка — Таня играла. В подъезде было темно и, к счастью, Борис не заметил, что Олег плакал.

Пойдём, — тронул он его за плечо, — ты к нам?

— Да, — Олег незаметно вытер рукавом глаза. — Мы учились с Таней в одном ульпане.

Он подумал, что приехал Танин отец. Вряд ли ему понравится, что она встречается с таким молокососом, как он.

— Ну, поговорите, — Борис подтолкнул Олега в квартиру, — поговорите, а я ужин приготовлю.

У Бориса не было никаких иллюзий по поводу отношений этого мальчишки с Таней. Чего бы он здесь крутился, — учебники старые взять? Но Борис настолько глубоко любил эту женщину, что готов был принять всё, приносящее ей радость или даже сиюминутное удовольствие. Борис стал другим. Что изменило его — любовь или репатриация? Необходимость мобилизовать все силы, чтобы выжить, или желание сделать всё возможное для любимого человека? У него открылись неожиданные таланты, о которых он даже не подозревал. Обе руки у него оказались «правыми», и он чинил и реставрировал мебель не только у себя в доме, но и в частных антикварных лавочках, которых развелось огромное множество после того, как алия девяностых получила свои багажи… Готовил он так, что Таня только попискивала от удовольствия, прихлёбывая какой-нибудь французский супчик. Кроме того, у него вдруг оказалась тысяча знакомых, к которым он мог и умел обратиться по необходимости… Это только Таня по своей наивности верила, что профессор консерватории по классу фортепиано стал бы делать ей прослушивание просто так, если бы Борис не подсуетился… Борис думал обо всём этом, а руки автоматически шинковали овощи, отбивали мясо, взбивали яйца. Вдруг он услышал, как парень выскочил из квартиры и за ним захлопнулась тяжёлая входная дверь.

— Что случилось? Ужин почти готов, уже можно руки мыть, — Борис с облегчением убрал третью тарелку со стола.

— Я сказала, что я замужем, — Таня с детским интересом изучала, как жидкое мыло образует у неё между сцепленными руками радужные пузыри.

А Борис смотрел на её руки, руки настоящей пианистки, в ореоле переливающейся пены и думал, что если человек был хоть один раз в жизни так счастлив, как он сейчас, — ему уже не страшно и умереть…

Игорь с трудом оторвался от телевизора и пошёл открывать дверь. Кто бы это мог быть? Машка только что звонила из части, что на этой неделе не выпустят, родители появлялись только по субботам. В подъезде было темно, соседи не соглашались сдавать деньги на освещение. Сердце ёкнуло: он увидел знакомые очертания — Аллочка шагнула к нему из темноты, но, ступив в полоску света из двери, превратилась в Наташу, её сестру. Чемодан у её ног, советской ещё закваски, говорил сам за себя… Игорь посторонился:

— Проходи, давай свои вещи…

— Алла уехала за границу со своим профессором и Юлькой, когда вернётся — не знаю. Ключей от его дома мне никто не предлагал, да и не надо! Тут как раз по выходным дополнительные занятия в интернате — мы же весь сентябрь и октябрь на стройке проработали. И сегодня должны были деньги заплатить: мы в кабинете у секретарши уже с утра дежурили. Я подружкам двести шекелей должна и маме хотела на юбилей подарок послать. Наконец эта гнида, наш директор, явился, а денег никаких, представь, платить не собирается. «Это, — говорит, — вы за свою еду платите». Игорь молча подливал Наташе уже третий половник борща, сваренного матерью в субботу, и сердце его сжималось от жалости. Продолжение он мог бы рассказать и сам: Наташа стала требовать свои деньги, и её выставили из интерната, чтобы другим неповадно было. Игорь затащил её чемодан в Машину комнату, принёс чистое полотенце:

— Устраивайся, завтра разберёмся. Утро вечера мудренее…

Всю неделю Игорь был занят тем, что сочинял Наташе будущее. Вернее, она сочинила его себе сама. Назавтра после своего драматического появления Наташа ни за что не согласилась остаться одна дома. Напросилась ехать утром с Игорем в Технион. Пока Игорь сидел на лекциях и делал домашние задания в компьютерном зале, Наташа облазила весь кампус вдоль и поперёк, посетила даже тренажёрный зал, общежития и ещё нашла грибы — под соснами, растущими вокруг факультета, где учился Игорь.

— Я буду учиться здесь, в Технионе, — заявила она Игорю, когда они обедали в студенческой столовой.

На шницель с гарниром их бюджет рассчитан не был, но зато разных салатов в питу можно было подкладывать сколько угодно за бесплатно…

— Какой Технион? — чуть не подавился Игорь. — Да ты иврит ещё не знаешь. И багрута[40] у тебя нет… И на каком факультете ты собираешься заниматься? Здесь нет факультетов, где можно обойтись без математики, — Игорь знал, что в математике Наташа не блистала, так же как Юлька, да и Аллочка тоже.

— Этого я ещё не решила, — Наташа невозмутимо отправила в рот последний кусок питы, — завтра выясню…

Если в этот вечер Игорь ещё сомневался в серьёзности её намерений, то через день уже не спрашивал, чем она собирается сегодня заниматься… Каждое утро она ехала с ним на автобусе в Технион, и не осталось ни одной секретарши ни на одном факультете, с которой бы она не завела знакомство. К концу недели Наташа выложила перед ним свой план «освоения Техниона». На первой странице первым пунктом значилось: занятия с Игорем математикой.

— В следующее воскресение и начнём, — Наташа засунула листки в сумку и начала звонить Аллочке.

По её подсчётам, та должна была сегодня вернуться.

— Да, только зашли! Париж нам больше всего понравился. А ты из интерната звонишь? — почему-то кричала в трубку Аллочка.

Игорь даже не думал, что ему будет так тяжело слышать её весёлый голос. Он начал делать Наташе знаки, но она и сама не была заинтересована сообщать сестре, где находится.

— Да, в интернате, скоро приеду.

Игорь довёз Наташу к знакомому дому, но чемодан, в целях конспирации, ей пришлось тащить самой… Наташа, та Наташка, которую он все эти дни иначе, как её школьным прозвищем «Наташка-Промокашка», не называл, и которая была даже

[40] Багрут — аттестат зрелости.

младше его сестры, при прощании провела по его руке так, что его тело, казалось, на секунду стало невесомым.

«Нужно проверить в паспорте, исполнилось ли ей восемнадцать», — подумал Игорь и сам устыдился своих мыслей. А Наташка, стоя у подъезда с чемоданом, всё махала и махала ему рукой, как будто это воскресенье, когда они начнут заниматься математикой, случится через годы…

Пять лет спустя. 1996–1997 годы

Глава 24

Нищета закончилась давно, сразу с приездом Володи. Первым это заметил Гошик.

— Наконец-то мы как люди, — заявил он в супермаркете в полный голос, — наконец-то у нас тележка набита до отказа. А то прямо стыдно было в кассу становиться: хлеб, молоко и зубная паста... Даже дно не было закрыто...

Он повторял это громко, на русском и на иврите, столько раз и с таким выражением, что люди начали оборачиваться. Рина шикала, а Володя не знал куда девать глаза... С того времени минуло уже три года, но Гошик не переставал радоваться возможности разгуливать по супермаркету с тележкой и кидать туда всё, что он видел в рекламах по телевизору...

— Наша киска любит «Вискас»! — декламировал Гошик, вытаскивая с полки еду для любимого котёнка.

— Перестань, — останавливала его Рина. — То, что так широко рекламируется — не всегда лучшего качества, просто компания достаточно богатая, чтобы вкладываться в рекламу.

— Если люди заплатили столько денег, чтобы всем рассказать, какой он полезный, этот «Вискас», так зачем же мне покупать что-то другое, про что ничего не известно? — не сдавался Гошик. — И киска там была, в рекламе, такая серенькая, хорошенькая, совсем как наш Мурзик...

— По Гошику можно изучать психологию среднестатистического потребителя, — засмеялся Володя. — Я уже не говорю о том, что реклама нас кормит, и тебе как жене хозяина рекламного агентства стоило бы относиться к ней с большим почтением.

— Кормит нас Министерство здравоохранения, в моём лице, — немедленно парировала Рина, — а твой бизнес кормит нас пока только перспективами...

Они рассмеялись одновременно. Это была обычная пикировка, скорее даже разминка. Рина прекрасно знала, что рекламное агентство, которое Володя открыл через полгода после возвращения, хоть и не приносило сверхприбылей, но давало им возможность жить по-людски и, к вящей радости Гошика, раз в неделю везти к кассе тележку, с горкой наполненную продуктами, пусть и не самыми дорогими… И её подработка в больнице у Володиной мамы, хоть и санитаркой, позволяла выполнять всякие дополнительные капризы, вроде шоколадок «Snickers» или йогуртов «Дануна» для того же Гошика.

Возвращение папы из Москвы три года назад Гошик запомнил на всю жизнь как самое важное в его жизни утро. В шесть часов утра раздался звонок в дверь, все сбежались, переполошённые, и были поражены, увидев в дверях Володю с огромным туристическим рюкзаком. Не удивился только Гошик, которого мама никак не могла разбудить и притащила в салон с полуслипшимися глазами. Он всегда знал, что папа приедет именно так, неожиданно, рано утром, и ждал этого каждый день. Разлепив, наконец, глаза, Гошик сразу сообразил, что в отличие от него, мама не будет сейчас бросаться папе на шею. Чтобы разрядить обстановку, Гошик попытался вытащить на середину салона папин рюкзак, тайно надеясь, что там есть что-нибудь и для него. Этим «чем-нибудь» являлось все содержимое рюкзака: роликовые коньки с ботинками, приставка для телевизионных игр, настоящая стереосистема… Уже с самого дна этого бездонного рюкзака папа достал маленькую бархатную коробочку и раскрыл перед мамой. Красный камешек, похожий на каплю крови, под утренними лучами солнца, бьющего из окна, стал прозрачным:

— Выходи за меня замуж, пожалуйста…

Гошик затаил дыхание — мама любит красное, может, пройдёт… Рина молча взяла с Володиной ладони коробочку, вынула золотое колечко с настоящим рубином и посмотрела на Гошика. Он ответил ей умоляющим взглядом, у него дёргался угол глаза, как бывало при большом волнении… Рина надела кольцо на один палец, покрутила, потом померила на другой и, оставив, наконец, на безымянном, повернулась к Володе:

— Идём завтракать, вас в самолёте, наверное, только вечером кормили?

Володя знал, что возвращение не будет простым. Лёгкая аура опасности, которой ему удалось избежать, при закрытии отделения своего кооператива в Москве, о чём Рине стало известно из одного неосторожного телефонного разговора, немного спасла положение. Закрытие было, мягко сказать, вынужденным, но добровольным, и поэтому кое-что он смог спасти. Тем не менее, ни приличная сумма наличных, которая позволила сделать первый взнос на покупку квартиры, ни деньги на новую машину, которую они не могли себе позволить приобрести раньше, не смогли растопить лёд между ними. Рина просто не подпускала его к себе. Володя даже в шутку не пытался заигрывать с собственной женой — но хотя бы поговорить… Не было сомнений, что надеть на палец его кольцо она согласилась только из-за Гошика.

И тогда в бой вступила тяжёлая артиллерия. В одну из суббот Володя встал рано, надел на голову кипу[41] и отправился в синагогу… Рина и Гошик ещё спали, но когда он вернулся, оба уже крутились на кухне и, увидев у него на голове кипу, оторопели… Гошик удивился, конечно, меньше Рины. Его поразила кипа на голове у Володи, но он не знал, что его отец — русский; а если бы и знал, то не понял бы, почему тот не может ходить в синагогу по субботам в своё удовольствие… По предварительному расчёту Володи, женское любопытство должно было победить, — что на самом деле и случилось. Гошик в срочном порядке был отправлен с бабушкой и дедушкой на площадку продолжать осваивать новые роликовые коньки, а Рина предложила мужу попить кофе и заодно поговорить…

Поговорить… Они не виделись два года, и в эти два года можно было бы вместить несколько жизней, таким плотным бывает иногда время… Да, Володе было о чём поговорить и что рассказать… О разбое, насилии и бандитизме интересно читать в газетах. Неплохо также посмотреть соответствующий фильм, желательно с Робертом де Ниро в главной роли. Тогда

---

[41] Традиционный еврейский мужской головной убор.

всё становится намного благороднее — и сам герой, и его противники. В отечественных сериалах «отморозки», конечно, неприятнее, особенно своими типично русскими физиономиями. А в жизни всё ещё более прозаично: зашли двое ребят интеллигентного вида, — Володе даже показалось, что с одним из них он учился в институте… Помахали пистолетами — не факт, что они умеют ими пользоваться. Сказали, сколько денег нужно будет платить в месяц и что готовы подождать неделю. Эта сумма практически равнялась его месячному доходу… Роберт де Ниро, конечно, не отступился бы. Он бы вступил в неравную борьбу с плохими парнями… А его девушка (обязательно неземной красоты и в два раза моложе его) прикрывала бы героя своим телом. Володю прикрывать было некому. Рина осталась в Израиле. Его московская подруга — настоящий боевой товарищ, но у неё проблемы с ребёнком.

Один известный мафиози как-то сказал: «Очень важно знать, когда начинать дело, но ещё важнее чувствовать, когда пора его заканчивать».

Если подумать задним числом, Володя готовил отступление с самого начала, сам того не осознавая… Когда Рина отказалась ехать за ним в Москву, он понял, что сын его вырастет евреем и будет говорить на иврите… Значит, и он должен стать евреем и говорить со своим сыном на одном языке. Он пришёл к раввину московской синагоги. Но от раввина, вернее, от его иврита, у Володи начинала кружиться голова. Не то чтобы он был древним и книжным, но каким-то заумным и действовал усыпляюще. Пару текстов для гиюра[42] Володя выучил наизусть, пользуясь опытом заучивания известного стихотворения «Однажды в студёную зимнюю пору…» Они с мамой для лучшего запоминания сделали из него настоящий комикс с подписями, только мужичок с ноготок получился в десять раз больше, чем хвороста воз… Зато свою пятёрку по русскому языку и литературе Володя заработал…

Теперь Володя нашёл популярного в околоеврейских кругах Москвы длинного бородатого Диму, преподавателя иврита.

[42] Гиюр — обращение нееврея в иудаизм, а также связанный с этим обряд.

Такого иврита, на котором разговаривают с водителями автобусов и заносчивыми продавцами на рынке. Дима так же, как и Володя, «дезертировал» из Израиля в самый разгар борьбы за удачную абсорбцию… Но «ульпан алеф и ульпан бет» закончить успел, потому что был способным учеником. И иврит он любил… И стал на этой своей любви неплохо зарабатывать. И самое важное, — умел передать эту любовь своим ученикам. Наверное, поэтому здесь, в морозном воздухе Москвы, иврит Володе понравился больше. Была в нём логика и стройность снежинок, которые не таяли на ладони, пока Володя не начинал думать о Рине, о Гошике, о возвращении в Израиль…

А чего Володя не мог рассказать Рине? Что приехал в Москву к своей сокурснице, которая любила его со студенческих лет и у которой он изредка останавливался в прошлом, когда из Минска приезжал в Москву… Что по дому бегал маленький мальчик — возраста Гошика, — которого пришлось забрать из специнтерната, так как нечем было платить. Мальчик был болен странной болезнью, при которой ребёнок абсолютно не реагирует на окружающих людей и вообще ни на какие раздражители, кроме громких звуков… Мальчик не был Володиным сыном, но реагировал только на него, и это было чудом, которое признавали даже врачи.

В ночь, когда Володя должен быть уехать в Израиль, мальчик никак не засыпал. Когда Володя поднялся за чемоданом, ребёнок обхватил его ногу и несколько минут волочился за ним по полу, пока с большим трудом, не удалось его оторвать. И Володе пришлось пообещать этому мальчику (как будто он мог его понять…) и его матери — вызвать их в Израиль на лечение, как только он устроится…

Теперь у Рины появилась традиция: каждое субботнее утро, когда Володя, водрузив на лысеющую уже макушку кипу, уходил в синагогу, она наливала себе чашку кофе и начинала его прощать. Сколько суббот прошло и сколько чашек кофе было выпито — сказать трудно. К тому же Рина не могла долго думать об абстрактном: уже на второй чашке мысли о сути христианской идеи «прощения» перескакивали на отношения с Ициком, начальником отделения, где она проходила практику. Заканчивать учёбу было необходимо, и приезд Володи на это существенно не влиял. Нельзя сказать, что Рина так уж сильно зависела от Ицика. Оценки за семестр, пусть не самые хорошие, были проставлены, а испортить ей оценку по практике он бы уже не смог: слишком хорошо её знали в отделении. Почему же тогда она позволяла ему говорить всякие вольности, держать её за руку, и даже иногда касаться груди? Да, выглядел он неплохо: военная выправка — много лет был врачом в армии. Не очень седой, не очень полный, хорошо выбрит, хорошо говорит… И ей было так, так одиноко… Как же это получается?.. Руки у него хорошие, ласковые — это даже пациенты отмечают. И когда он, как бы случайно, проводил рукой по её ноге — в ней, трудно поверить, волной поднималось желание. Но вот он выходил, и её начинало подташнивать. Она, грешным делом, уже проверялась на аллергию на лекарства, на моющие вещества, на косметику… А теперь вот Володя вернулся…

А Володя работал днём и ночью, как проклятый. Денег, которые он привёз из Москвы, не хватило, и ему пришлось взять ссуду. Он купил по баснословной цене «Макинтош» и открыл агентов по переводу документов, а также рекламное агентство — всё под одной крышей. Идею эту «продал» ему учитель иврита, Дима, за бутылку коньяку, которую они же вместе и распили у длинноногой Диминой подружки в профессорской квартире на Кутузовском проспекте. Дима сам начал было этим заниматься в Израиле, но денег на оборудование не было, а потом — такая по Москве ностальгия одолела… Дима же и делал ему переводы с иврита. Володя посылал ему факсы прямо в эту профессорскую квартиру. А с английскими переводами ему помогал мамин любимый доктор… Вот где пригодились его знания. У Володи же открылся талант к копирайтингу. Новое слово только входило во все языки мира, а Володя уже вовсю этот копирайтинг делал. С графикой ему взялся помогать Олег. Он был ещё в армии на сверхсрочной службе, а по выходным снова стал приходить к Рине, как когда-то давно, когда всё было хорошо…

Но очень скоро и Олег, и Володя перестали справляться сами, а Дима поменял подружку. Ноги у неё были ещё длиннее, чем у предыдущей, но не было папы-профессора с факсом. Таким образом, пришлось взять двух самых настоящих работников: графика и переводчика, которым нужно было платить самую настоящую зарплату.

В этот вечер Володя пригласил Рину в израильский ресторан. Музыки не было, и обычный шницель с салатом из помидоров, посыпанный, правда, орешками, стоил, как Ринина белая кофточка из натурального шёлка, которую она приобрела по этому случаю.

— Давай выпьем, — поднял бокал Володя, — за то, что мы, наконец, перешли из класса эксплуатируемых в класс эксплуататоров.

Глава 25

Аллочка собиралась на концерт. Муж обновил свой абонемент на Израильский филармонический оркестр: теперь он брал парный, для себя и для Аллочки. Он приедет в Аудиториум[43] прямо из Техниона. С малышом останется Юлька. Аллочка не стала надевать лодочки… Пройдётся пешком, сапоги тоже подойдут. Тут, в Израиле, такая простота нравов, что никто бы не удивился, если бы Аллочка явилась и в кроссовках. Но она себе такого не позволяла. Аллочка умела выглядеть хорошо и гордилась этим. Когда муж посмеивался и предлагал одеться на какой-нибудь приём попроще, чтобы жёны сотрудников не завидовали, она только хмыкала: пусть учатся, киббуцницы несчастные… На самом деле, Аллочка знала, что муж гордится ею: в его подсознании глубоко засел образ европейской женщины — фотография его бабушки с подружками из варшавской гимназии — все, как одна, на каблуках и в пышных юбках…

Она шла, так глубоко задумавшись, что не сразу сообразила, кому принадлежит знакомый профиль девушки, сидящей у окна в одном из маленьких уютных кафе, множество которых располагалось вдоль улицы Мория. «Надо же, это же её собственная сестра, Наташа! Боже, они так давно не виделись…» — Аллочка посмотрела на часы. Есть ещё двадцать минут, можно вместе выпить чашечку кофе… Аллочка зашла в кафе. Наташа её даже не заметила, хотя сидела к ней лицом… Она что-то оживлённо рассказывала своему спутнику со светлым, по-израильски коротко подстриженным ёжиком. По тому, как нежно и в то же время уверенно он держал её руку в своей, не оставалось сомнения, что это очень близкий ей человек.

Аллочка давно пыталась выяснить, встречается ли с кем-нибудь Наташа, но младшая сестра всегда избегала прямого разговора на эту тему. Стеснялась…

---

[43] Концертный зал в Хайфе, Израиль.

«Вот сейчас и поймаю её с поличным, — улыбнулась про себя Аллочка, — сколько можно меня за нос водить». Но когда она подошла к столику, то убедилась, что её-таки водили всё это время за нос, и всерьёз. Наташиным спутником был Игорь. У Аллочки кровь прилила к вискам. Больше всего на свете ей хотелось сделать сейчас две вещи: первое — вцепиться Наташе в лицо ногтями, второе — отхлестать Игоря по щекам. Но через двадцать минут начинается концерт, она столько сил потратила сегодня на причёску… Кроме того, её могут увидеть знакомые или сотрудники мужа, их тут, на Кармеле, пруд пруди… Аллочку захлестнула такая обида, как будто не она отказала Игорю и не она променяла его, бесперспективного олима, на настоящего профессора Техниона.

А Наташа тогда сделала всё, как запланировала. Не без труда, но закончила подготовительное отделение Техниона и поступила на факультет, где учился Игорь. С тех пор, каждый день Игорь объяснял ей балку по сопромату. К тому времени родители уже отказались от общей квартиры, Игорь и Наташа жили в Технионе в разных общежитиях, а Маша обитала у матери…

Каждое утро, после чашки кофе у Игоря на кухне (нужно отметить, что условия у него были получше, всё-таки он делал вторую степень), Игорь начинал объяснять Наташе эту проклятую балку. Сопромат был обязательным предметом, и обойти его не было никакой возможности. Силы давили с одной стороны, напряжение увеличивалось совсем с другой, логики в этом не было никакой, и Наташа начинала тихо плакать…

Игорь ждал. Настаивать он не хотел… Да и была неизъяснимая прелесть в том, чтобы вместе вставать, вместе завтракать и, наспех запихав книги в сумки, нестись на занятия. Приятно было сталкиваться на переменах в аудиториях, целоваться, как будто не виделись год, и договариваться о времени обеда в студенческой столовой. Студенческая жизнь, которую Игорю уже и не снилось понюхать, вдруг стала именно такой, какой он видел её в западных фильмах. То, что было раньше в Политехе, казалось исчёрканным черновиком, а вот теперь он писал её набело. И чем Наташа хуже голливудской звезды? Высокая стройная блондинка, гимнастка, между прочим, кожа светится, и молодая до абсурда. Все студенты и профессора, когда её видели, тут же забывали и про сопромат, и про гидравлику, и все отчаянно завидовали Игорю…

Стипендии ему хватало, и он бросил покраску крыш, а Наташа, которой стипендия и не светила, вела секцию по гимнастике… Вот это у неё получалось здорово.

Игорь специально приезжал забирать её вечером из клуба на десять минут раньше и стоял в дверях: не мог наглядеться на неё в спортивном купальнике. Особенно он любил голубой, под цвет её глаз. А подобрав волосы в узел, она вдруг становилась такой родной и домашней, что только маленькие её ученицы мешали ему тут же схватить её в охапку и унести домой. В эти минуты он начинал подумывать о том, что пора искать работу, покупать квартиру… Может, уже хватит дурака валять, всё равно Наташе без сопромата Технион не закончить, а он в этом году получает вторую степень.

Аллочку он ни разу не видел со дня их размолвки… Иногда по субботам, он отвозил Наташу к сестре… Она возвращалась то с новой кофточкой, то с письмами от родителей, то со стошекелевой купюрой, которую они потом никак не могли разменять в студенческом кафе, но ничего не рассказывала. Даже на невинный вопрос, помнит ли его Юлька, она не ответила, сделав вид, что не расслышала… А когда три дня не возвращалась домой, а только звонила, и он не знал, что думать?..

Она провела эти три дня в родильном отделении, потому что сестра чуть не скончалась от потери крови, и даже не сказала ему, что у неё появился племянник…

Дело в том, что для Наташи Игорь был первым. Ещё когда Наташа увидела на их обшарпанной двери в Харькове Аллочкин список претендентов на фиктивный брак, Игорь значился там первым. Он был её первым мужчиной. Но и среди мужчин он был первый. И они чувствовали это. И молча признавали. Наташа была уверена, что Игорь очень удивился бы её странной раскладке, но она для себя давно решила это чётко. И она хотела быть первой вместе с ним, как бы позаимствовать для себя немного света, который исходил от него. Она говорила ему «Я тебя люблю», а про себя добавляла «Ты первый…»

Что такое сексуальное удовлетворение? Раньше Аллочке не приходилось заниматься этим вопросом. Говорят, если человек счастлив, то он не спрашивает себя, что такое счастье… Так и с сексуальным удовлетворением. Просто любить, вот и весь секрет. Для Аллочки не было секретом, что своего профессора она не любила… Но это на одной чаше весов, а на другой? Горькими плодами пылкой любви Аллочка была сыта по горло. Отвратительный ярлык: «мать-одиночка». И ведь действительно одиночка… Не мать одиночка, а волк-одиночка… Вот кем она была много лет… А сейчас у неё есть уютный дом, муж, ребёнок, которого он обожает, и Юлька, её лучшая подружка — и в радости и в горе…

Ну а для этого самого удовлетворения у неё был Игорь. Он, правда, об этом не знал… Она просто думала о нём, представляла его руки, его губы, его тёплое дыхание. Он как бы замещал мужа в самые интимные минуты: в этом был её секрет. Увидеть его она не пыталась, чтобы не нарушить свою благополучную, заново обретённую жизнь. Достаточно сознания, что он есть где-то недалеко, только позови, что он всегда её хочет, всегда будет рад её близости…

А сейчас она стоит напротив этой сладкой парочки за столиком, как «третий лишний», и ещё должна выражать родственные чувства… Не дождутся! На Игоря Аллочка даже не посмотрела, а Наташе бросила сквозь зубы:

— Ты мне не сестра больше! — и вышла, не обернувшись.

Логики в этом никакой не было, но кто же ищет в любви логику?

Как часто бывает, Аллочка своим непродуманным и нелогичным поступком нарушила цепь причин и следствий и непроизвольно подтолкнула Игоря к принятию целого ряда важных решений.

— Не плачь, — пытался он успокоить Наташу, у которой в глазах застыли слёзы, — она отойдёт, вспыльчивые быстро отходят… А пока у меня есть альтернативное предложение: может быть, ты вместо сестры удовлетворишься мужем? Выходи за меня замуж! — И тут же подумал про себя: «Нехорошо делать предложение женщине, которая только этого и ждёт».

Он не сомневался, что Наташа давно ждала этих слов: смешная, такая молодая и такая красивая.

У Игоря было не просто предложение, а целый «пакет» предложений. Он находит работу в Тель-Авиве, снимает там квартиру. Наташа бросает Технион и поступает в физкультурный институт. А там можно и свадьбу сыграть: «Ты же хочешь свадьбу, моя девочка? Белое платье, букет невесты, свадебный танец...» Наташа послушно кивала головой, вцепившись в руку Игорю. На глазах её ещё не просохли слёзы... Она соглашалась с ним во всём, но сама прислушивалась к тому, что происходило у неё в душе... В душе была буря. Ей казалось, что старшая сестра наложила на неё проклятье и ничего хорошего из этого не выйдет. Недаром Наташа скрывала от Аллочки Игоря, чувствовала, что это добром не кончится... И Игорь сделал предложение будто из жалости... Белое платье... Да она не проходит мимо ни одного салона невест, и дома у неё лежит целая стопка свадебных каталогов, она просто прячет их под диван, чтобы Игорь не видел... И вот сейчас, когда наступила эта минута, — ей всё равно. Всё равно, будет ли свадьба, всё равно, будет ли платье с фатой и хупа,[44] как у её подружек, которые вдруг начали выходить замуж одна за другой. Только одно ей важно: чтобы Игорь держал её, Наташину, руку в своей и не сводил с неё любящих глаз. И Наташа совсем не жалела, что они уедут из Хайфы — гори он ярким пламенем, этот Технион!

Игорь искал работу в Тель-Авиве по самому распространённому методу в Израиле, а может быть, и во всём мире — по протекции. Лидия обратилась к Йоси, к «приёмному папе», как пошутил Игорь. Тот куда-то позвонил, с кем-то поговорил — и вот Игорь уже приглашён на интервью.

— Волноваться нечего, — Наташа протянула ему свежеотглаженную рубашку. — Ты ответишь на все вопросы правильно, ты всё равно самый умный!

«Конечно же, волноваться нечего. Какая же всё-таки красивая эта дорога в Тель-Авив, особенно начало, где она идёт

[44] Хупа — свадебная церемония согласно еврейской традиции.

вдоль моря, — говорил себе Игорь, пытаясь настроить на самый большой холод кондиционер в своей старой, верной «Мицубиси». — За спиной высшее образование, три года Техниона; приличный иврит; улучшенный английский. Неделя убита на решение специальных задачек. И вообще, он уже не мальчик и это не первая работа в его жизни». «Первая, ещё какая первая, — отвечал он сам себе. — Всё, что было в той жизни, не считается… Как в настольной игре: один неудачный ход — и всё начинаешь сначала… Приехал в Израиль — назад, в начало доски. Нравится, не нравится — никто не спрашивает…»

Работа понравилась. Главное, понравилось рабочее место… Свой собственный компьютер в своём собственном кубике. Всего-то четыре тонких перегородки, а у тебя целая вселенная. На полу — ковровое покрытие, в дверях — охранник, в ресторане — бесплатные обеды, на стоянке — новая «Тойота». И при этом ещё зарплату платят. Вот когда сбылись слова родителей: «Учись сынок, человеком станешь…»

Наташа вернулась из института за полночь. Для своих тренировок гимнастки получали зал очень поздно, и хочешь не хочешь, два дня в неделю раньше двенадцати ночи она домой не попадала. Но завтра ещё сдавать проект… Наташа вытащила тетради с проектом по педагогике. Игорь уже спал. Какое счастье, что она послушала его и поступила в Вингейт.[45] Она получала удовольствие от всех предметов: и от лекций по педагогике, и от занятий по анатомии, и от интенсивных тренировок, и от практических занятий с детьми… Она была счастлива каждый день, каждую минуту, и дома им было хорошо вместе, хотя домой они попадали поздно… Свадьбу, правда, решили отложить, пока не появятся деньги. Если уже делать настоящую свадьбу, то делать по-человечески. Когда Наташа всё-таки решилась показать Игорю свадебные каталоги, Игорь понял: на зарплату начинающего программиста свадьбу по-человечески не сыграешь…

---

[45] Институт физической культуры близ Нетании, Израиль.

Глава 26

Обычное недомогание — так это называется. То тут закололо, то там занемело… Пятьдесят с хвостиком, известно, что всё «как по маслу» работать не может… Возьми любой механизм — отцовские золотые часы, например. Даже хвалёная марка «Longines» не гарантирует бессменной работы. А тут человек — мягкий, хрупкий, не все детали хорошо пригнаны… Может быть, и надо было к врачам раньше обратиться, но, имея в доме молодую женщину, не будешь свои недомогания на свет вытаскивать… И когда после обследования Бориса пригласили явиться с супругой, он, не задумываясь, пригласил Лидию. Во-первых, она носит его, между прочим, очень красивую, фамилию; во-вторых, пусть помучается угрызениями совести… В конце концов, это она его первая бросила…

А Тане ничего знать про это не нужно. Борис уже понял, что приглашение прийти с женой ничего хорошего не сулит…

Когда человек становится героем? Когда вечером ему должны объявить, что у него смертельное заболевание и жить осталось энное количество дней, а он с утра спокойно готовит завтрак, пьёт кофе и идёт на работу? Или тогда, когда приговор уже произнесён, а он принимает решение прожить это время в покое и счастье с любимым человеком, не тревожа его сознание? Если так, то Борис мог бы считать себя героем. Он вдруг вспомнил, что когда-то любил стихи. В основном, стихи о любви, которые они заучивали и читали вместе с Машей; а потом они приобретали чисто прикладное значение, помогая Борису покорять сердца прекрасных дам… Интересно заметить, что, живя с Таней, он не прочитал ей ни одной стихотворной строчки… Она сама была для него его поэзией, его музыкой, — или музой, так будет точнее.

Борис вытащил из ящика рабочего стола томик Рильке… Теперь он читает стихи о смерти…

Повсюду — снег. На крыше — серый лёд.
То — смерть моя вдоль белых стен крадётся
в продрогший сад… Она ещё вернётся
и стрелки на часах переведёт.

Смириться с неизбежным… В отношениях с Таней этот финал был идеальным для него. Сколько ещё лет он смог бы держать её около себя? Уже сейчас на это уходили все его силы. Он работал на нескольких работах, чтобы оплачивать квартиру, счета, питание. Так Таня могла играть по многу часов в день… Он нашёл несколько экзальтированных израильских дамочек, которые за возможность получать бесплатные уроки фортепиано готовы были разговаривать с Таней на иврите. Таня была уверена, что она этими уроками зарабатывает, и гордо отсчитывала Борису на хозяйство половину той суммы, которую он вручал ей в конце каждой недели, якобы получив их от учеников.

Никто из близких не понял значения того, что Бориса положили проходить курс лечения в так называемую «итальянскую больницу». В конце концов, они не так давно были в стране и в лечении онкологических заболеваний, к их счастью, не разбирались. Только у Йоси что-то такое мелькнуло в глазах, когда Лидия попросила подвезти её в итальянскую больницу проведать Бориса. Он сразу понял — это конец… И Лидия поняла, по его глазам… И ещё поняла это Маша. Она, которой обычно было абсолютно безразлично, что происходит с родными, близкими и не очень близкими людьми и со всеми людьми вообще, проводила около отца целые дни — кроме тех моментов, когда там была Таня. Охлаждение между Машей и отцом возникло с той поры, когда Борис стал жить с Таней, молодой женщиной немногим старше его собственной дочери. Маша не могла этого простить, и даже в те субботы, которые отец несколько лет проводил дома из-за неё, она старалась появляться как можно реже. Сейчас они с Таней молча, без предварительных договорённостей, разделили время пребывания около постели больного: Таня приходила рано утром, пока Маша была на занятиях, а после обеда уходила за несколько минут до появления дочери. Ухудшение началось внезапно. На тошноту и головные боли от химиотерапии наложились приступы удушья и боли в спине. Если бы Борис был верующим, он бы сказал, что ему оставалось только одно — молиться. Тем более что итальянская больница была детищем итальянской католической церкви. То в одной, то в другой палате появлялись совершенно нереальные для советского человека монашки в серых одеяниях, присаживались к больным…

Правда, сцен, которые были знакомы Борису по художественной литературе, где священник причащает умирающего в последний путь, наблюдать не пришлось. Может быть, это происходило за закрытыми дверями, чтобы не видели остальные больные?

Его духовником стала его дочь. С каждым днём его пути к концу она становилась ему всё ближе, а Таня всё дальше. Таня отходила от него, как отходили земные заботы, а Маша, его плоть и кровь, давала надежду оставить след в вечности одним своим существованием… С удивительной для неё чуткостью Маша могла вести с ним многочасовые беседы, занимая его измученные ум и душу. Она находила темы, которые, казалось бы, были важны ей, но на самом деле давали облегчение больному. Притаскивала из университета лекции по индийской философии и переводила ему основы сансары — теории переселения душ: «Люди подобны брызгам, которые взлетают над океаном и лишь в этот краткий миг существуют как индивиды, а потом они падают, сливаются с океаном и прекращают своё индивидуальное существование, чтобы взлететь новыми брызгами». Они читали друг другу стихи, как когда-то в Харькове, только теперь не о любви… И Лидия, один раз попав на это импровизированное представление, всерьёз испугалась за Машу.

Кто бы осмелился так запросто упоминать слово «смерть», то никуда, которое ожидает каждого за порогом жизни… Все «делали» бодрые лица, хлопали по плечу, а потом — потом не знали, о чём говорить с больным. Так чувствовал себя и Игорь, когда он взял выходной и приехал в больницу рано утром, услышав, что отцу стало хуже.

Обычно он приезжал вечером, после работы, приём посетителей заканчивался, и Игорь пожимал отцу руку, пытаясь не обращать внимания на то, как страшно тот похудел; нарочито бодро рассказывал последние новости в политике и спешно убегал, чтобы потом, по дороге домой, опять проклинать себя за трусость.

Сейчас было утро, пропасть времени: через несколько минут должна была прийти женщина, с которой уже несколько лет жил отец, и ему страшно не хотелось с ней встречаться. По словам матери, она жила у отца на содержании и была ровесницей Игоря, и это его ещё больше раздражало… Он знал, что в этой неприязни нет никакой логики, но ему казалось, что эта женщина была виновата в болезни отца: замучает и доведёт до могилы. Что он для неё? Так, старик…

— Вот, Игорёк, — оживился отец, — это Таня. Наконец-то, сподобился вас познакомить.

Действительно, это было иронией судьбы: то, что он знакомил самых близких ему людей, можно сказать, на смертном одре. Игорь, увидев его просветлевшее лицо и потеплевшие глаза, сразу простил этой женщине всё. Он повернул голову.

— Таня, — ему протягивала руку Таня, ну конечно же, та самая Таня, из Москвы…

— Какой я идиот! — прочитала Таня в глазах Игоря.

«Какой я идиот, почему я раньше не побеспокоился познакомиться с ней?! Может быть, она знает что-нибудь о Рине!» — это было именно то, о чём подумал Игорь.

— Вы знакомы? — отец с подозрительностью тяжёлого больного тут же по-своему расшифровал замешательство Игоря.

— Извините, секундочку, можно вам помешать? — заведующий отделением и старшая сестра представляли больным нового работника, вернее, работницу, которая, неожиданно побледнев, прислонилась к стене.

— Наши новые кадры. Между прочим, девушка говорит по-русски. Зовут эту симпатичную медсестричку Рина. Она работала год в онкологическом отделении больницы Рамбам, очень серьёзный опыт… Мы уверены, что её помощь облегчит нам работу, в первую очередь с русскоязычными больными. Надеемся, что вы найдёте с ней общий язык… Завтра она приступает к работе. А сегодня, извините, она поможет нам.

В шесть вечера у нас назначена серьёзная процедура. Придётся задержаться…

Закончив представление, заведующий отделом увлёк свою маленькую группу в соседнюю палату, не дав никому опомниться… Игорь посмотрел вслед Рине, потом перевёл взгляд на Таню, которая выглядела потрясённой не менее него… Он не знал, плакать ему или смеяться…

Рина знала, что Игорь будет ждать её после работы столько, сколько будет нужно, хотя они не перемолвились и словом. Она была так в этом уверена, что перед выходом позаботилась позвонить родителям, чтобы забрали Гошика из школы, и Володе, что у неё вечернее дежурство и, чувствуя, что сердце вот-вот выпрыгнет из груди, направилась к единственной на стоянке машине.

Мама Рины, выслушав сообщение о том, что дочь сегодня задерживается, на самом деле расстроилась. У них дома на сегодняшний вечер было назначено собрание дистрибьютеров, и Гошиком заниматься было некому. Не то что нужно было, чтобы Гошиком специально кто-то занимался — ему было уже десять лет, и он мог бы сам прекрасно провести время перед телевизором… Но телевизор был в салоне, где планировалось проводить собрание, а кроме того, Гошик не любил дистрибьютеров и мог выкинуть какую-нибудь штуку, вроде той, на прошлом собрании, когда в самом разгаре вдохновенной речи председателя собрания — своего собственного дедушки — он упал на ковёр и задрыгал ногами с криками: «Ой, выпил коктейль, живот болит, помогите!» В результате три новичка ушли неподписанными и два дистрибьютера взяли товаров на сумму во много раз меньшую, чем ожидалось.

Родители Рины продавали Гербалайф. Нет, они не продавали Гербалайф — они им жили… Два скромных инженера, они вдруг нашли своё призвание в дистрибьюторском деле. На стене висело удостоверение, подписанное лично Марком Хьюзом — основателем компании. Дистрибьютеров просили не разглашать подробности его личной жизни простым клиентам, и эта общая тайна сплачивала подвижников идеи…

На идею, можно сказать, работала вся семья. Олег писал объявления на иврите и на русском на своём компьютере, а солдатки из его части распечатывали их сотнями по утрам, пока не прибывало начальство… Олегу, правда, казалось, что нормальный человек, который видит объявление, начинающееся словами: «Я могу предложить вам заняться очень интересным и прибыльным делом», должен тут же бежать как можно дальше и ни в коем случае это объявление не дочитывать. Однако в салоне у родителей на пресловутых собраниях негде было протолкнуться. Может быть, потому, что они подходили к этому делу с огоньком, и пироги, которые пекла мама Рины, потом ещё с большим вдохновением запивались коктейлями для похудения… Отец Рины всю жизнь был высоким и худющим (Олег весь в него), но когда некоторые наивные дистрибьютеры выспрашивали, какой именно препарат помог ему так похудеть, он с энтузиазмом рассказывал, что чудес не бывает, и важно правильно подобрать весь комплекс. К их чести надо сказать, они действительно питались по известной системе: утром пилюли и вода, днём — обед, вечером — коктейль, и оба похудели на пять килограмм. Рина относилась к этому саркастически: «вот скажите мне, пожалуйста, если бы я утром воду пила, днём обедала, а вечером на ужин — стакан молока выпивала, что, за месяц — пять килограммов не потеряла бы?» Но когда отец поднялся до высокого звания супервайзер и стал проводить курсы, которые начинал им же сочинёнными частушками о пользе Гербалайфа, Рина не отказывалась ему аккомпанировать: отца было жалко…

Глава 27

Рина брала кровь у Бориса. Эта процедура требовала большой сосредоточенности: вены у онкологических больных от постоянных вливаний и химиотерапии ссыхались, превращались в жгуты, и нужно было иметь какие-то особенные способности или, точнее, необыкновенное чутьё, чтобы попасть. Рина ещё на предыдущей работе делала это лучше всех сестёр, что давало ей возможность большую часть времени находиться в лаборатории и избегать гнетущей атмосферы палат онкологического отделения, в которых витал дух смерти, а проблески надежды душились созерцанием очередной опустевшей койки… Кроме того, у неё был свой угол, где она оставалась одна в промежутках между процедурами. Это обстоятельство Ицик и приспособился использовать, чтобы перекинуться с ней несколькими словами наедине… Он оставил её после практики в отделении — что было голубой мечтой любой начинающей медсестры. К его великому сожалению, роман у них не состоялся. И это сводило его с ума. Ицик давно уже понял, как далёк от заезженного штампа образ этой «русской» — и совсем не потому, что она не была блондинкой. Она не шла ни на какие компромиссы, готова была выполнять самую тяжёлую, даже непереносимую работу, но не соглашалась лечь с ним в постель. Ставки росли: дополнительные часы, увеличение зарплаты, освобождение от ночных дежурств. Дальше — больше: деньги, украшения, поездка за границу. Ничего не двигалось с мёртвой точки…

В одну из ночей, когда они дежурили вместе, всё зашло слишком далеко. Конечно, Рина не стала марать себя заявлениями в полицию о попытке изнасилования. Назавтра её рвало весь день, а потом, не возвращаясь на работу, она подала заявление об уходе. Снова пришлось соглашаться на первую же подвернувшуюся работу с безнадёжными онкологическими больными… Вот как она оказалась в итальянском госпитале… Кто же мог подумать, что именно здесь она встретит Игоря?

— Есть, попала! — Рина вздохнула облегчённо: шприц начал наполняться кровью.

Борис обрадовался вместе с ней. Эта новая сестричка, казалось, выделяет его между другими больными, и ему хотелось быть с ней лёгким и весёлым — ведь нетрудно понять, каково приходится такой молодой женщине в компании полутрупов… А Рина поддерживала каждую шутку Бориса звонким смехом, даже если в глазах стояли слёзы, — он был так похож на Игоря, его отец, вернее, Игорь был похож на него. Уголки губ и уголки глаз, которые Рина так любила целовать, и манера встряхивать головой, чтобы откинуть со лба прядь волос, которые ещё не начали выпадать: ведь химиотерапию только начали. Химиотерапию только начали, а пациента уже поместили в итальянский госпиталь.

Рине не нужно было объяснять, что это значит, поэтому она не стала возражать, когда Игорь попросил её разрешения рассказать всё отцу. До сих пор они не обсуждали свои отношения и специально избегали говорить и о прошлом, и о настоящем, и о будущем. Их домом и постелью была новая белая «Тойота», которая исправно ждала Рину после работы два раза в неделю… А выходные, которые он никогда не предлагал ей провести вместе, не оставляли у Рины сомнений, что Игорь женат. «Так даже лучше, — думала она. Нельзя желать всего… Не ломать же сейчас всё, что они так долго строили с Володей заново…»

«Это гортензия, это бегония, это карликовая пальма, а это, представьте себе, моя дорогая, хризантемы… Нет-нет, вы посмотрите, какие цвета: терракота, лимонный, фиалковый… Вы помните: «Отцвели уж давно хризантемы в саду, и любовь отцвела в моём сердце больном…»

— А у нас хризантемы цветут круглый год, не вянут, и любовь тоже … — Яков Семёнович приобнял Тонечку за плечо, а она покраснела и побежала на кухню:

— Котлеты горят!

По выходным Рина с Володей брали Гошика за руки и шли, вернее, ехали, к бабушке Тонечке… Гошик как раз осваивал ролики, и Володя грозился, что он — следующий на очереди. Гошик любил замечательные истории, которые рассказывала бабушка Тонечка о своих маленьких пациентах. А ещё интереснее было ковыряться с доктором в его маленьком садике, который он разбил на крыше. Доктор на самом деле уже не был доктором, об этом Гошик краем уха услышал из разговоров взрослых. Его не брали на работу в больницу, потому что он плохо знал иврит... Иврит у него действительно был никудышный, но хризантемы!.. Сколько Гошик ни бился со своими вазонами, сколько ни поливал, цветочки у него вырастали маленькие, как в поле, и всё больше блекло-розовые, не чета докторским... А ещё Яков Семёнович держал канареек, и они распевали с утра до вечера — жёлтые, как одуванчики. Доктор утверждал, что они поют исключительно романсы, но люди не понимают их слов...

Из разговоров взрослых Гошик узнал также, что «та женщина», которая раньше жила в этом доме и была очень неприятной особой, нашла какого-то богатого старика и бросила доктора, что, по мнению Гошика, было для того большим облегчением... «Бабушка Тонечка гораздо лучше», — как-то заявил Гошик доктору доверительно, как мужчина мужчине, и Яков Семёнович с ним тут же согласился.

Когда человек становится взрослым? Ну, в восемнадцать, ну, в двадцать один год... Антонина Ивановна Мурашёва, Тонечка, повзрослела в сорок четыре года, примерно через год после приезда в Израиль. Причём ровно за полчаса...

Яков Семёнович вернулся с экзамена, который он блестяще сдал профессору детского отделения после окончания практики. Они вдоволь поговорили на английском вперемешку с латынью о наиболее распространённых в Израиле детских заболеваниях и о способах их лечения. Особо остановились на анемии — детской болезни, характерной для Израиля, где в арабских семьях и семьях религиозных евреев женятся на близких родственниках... В конце беседы профессор поздравил Якова Семёновича со сданным экзаменом и вытекающим отсюда разрешением работать в Израиле, но при этом добавил:

— Я не хочу Вас огорчать, но должен предупредить, что с таким ивритом нет никакого шанса устроиться ни в одно лечебное заведение Израиля. Хотите узнать моё мнение? Думаю, прежде чем начинать искать работу, Вы должны потратить минимум год на изучение языка. Иначе — можете считать, что вышли на раннюю пенсию.

«Что?! — супруга Якова Семёновича просто подскочила на месте. — Ещё год нищенствовать? Я ухожу! Моя маникюрша уже давно ищет своему клиенту интеллигентную компаньонку, женщину, с которой можно поговорить… Он очень пожилой, очень богатый, и ему скучно жить одному. И он немного говорит по-русски. А я-то всё это время отказывалась, в благородство играла!..» Она вытащила на середину салона самый лучший чемодан и начала демонстративно выносить из спальни свои вещи…

Вот тут-то Тонечка и поняла, что придётся брать семью, то есть Якова Семёновича, на свои плечи. Сколько лет она чувствовала себя в его отделении как за каменной стеной. Так прошли годы, Володя вырос незаметно и стал самостоятельным, но за всю жизнь никто её не унизил и не обидел. Пришло время отдавать долги. Тонечка вытащила из чемодана свой диплом…

Служащая Министерства здравоохранения, с высокой грудью, возраста Тонечки, только намного увереннее в себе, с трудом оторвалась от телефона:

— Что, курсы по подтверждению специальности? Сколько же тебе лет, дорогуша? Вижу, вижу в анкете. Надо же, у тебя сегодня день рождения? Какое совпадение, у меня тоже сегодня — вон, слышишь, телефон разрывается… Хочешь работать по специальности? Ну что ж, получай подарок ко дню рождения! Я подпишу направление, хотя не должна была бы… На курсы принимают до сорока пяти… Если отчислят за плохой иврит, второго раза не будет!

— Не отчислят, спасибо большое, — Тонечка потянула к себе подписанный лист.

— Вот и я тоже всегда так, никогда не сдаюсь… Желаю успеха! Аллё, аллё, да, мой дорогой, я уже бегу! — служащая, прижимая плечом телефон к уху, одной рукой подкрашивала пухлые губки, а другой сгребала вещи со стола в сумку из крокодиловой кожи. Её иврит никогда не подводил, понятно — родной язык…

Тонечка посмотрела на часы. Она прибежала на остановку, как всегда, раньше: до автобуса оставалось ещё десять минут. Можно успеть перевести несколько предложений. Читать и переводить, читать и переводить — это была та незримая война, которую Тонечка объявила ивриту. На остановке, как обычно, собирались одни и те же люди. Толстая марокканка, которая, скорее всего, зарабатывала уборкой вилл, обменялась понимающим взглядом со старичком в кипе. «Опять эта ненормальная русская», — усмехалась она безмолвно. Старичок отвечал иронической ухмылкой. На самом деле он очень жалел, что эта симпатичная русская ездит не в его автобусе, и всерьёз подумывал поменять маршрут. Потом до синагоги можно подняться две улицы пешком. И для здоровья полезно. Самым непосредственным был смуглый, общительный водитель. Человеком он казался непоседливым, и один и тот же автобусный маршрут ему, видимо, порядком надоел. «Ну, какую болезнь сегодня учила?» — этим своеобразным паролем он встречал Тонечку каждое утро. И Тонечка во всеуслышание пересказывала диагноз очередной детской болезни, описание которой переводила вчера по книге доктора. Автобус внимал, исправлял ошибки, вновь входящие присоединялись к аудитории…

Все полтора года своего обучения Антонина Ивановна сражалась за каждую строчку на иврите — каждый раз заново. При этом она свято верила, что если каждый день читать и переводить, читать и переводить, читать и переводить, то иврит выучишь обязательно. «А почему же Яков Семёнович не смог?» — спрашивал Гошик. «Но кто-то же должен смочь…» — увиливала от прямого ответа Тонечка и снова утыкалась в словарь.

Теперь Тонечка уже три с половиной года работала медсестрой в том самом детском отделении, куда её не брали даже санитаркой. От Якова Семёновича она поначалу это скрывала, — боялась расстроить. Но он, на её счастье, вдохновенно углубился в выращивание хризантем и канареек, постоянно изучал соответствующую литературу на английском и на этой почве подружился с пожилым хозяином магазина «Наши маленькие друзья», как две капли воды похожим на Бен-Гуриона, фотография которого висела на почётном месте у Гошика в садике. Общался доктор со своим новым другом исключительно на идише. Постепенно ему нашлась работа: и клиентам, и животным нравился благообразный, с чеховской бородкой, пожилой русский в синем рабочем комбинезоне, который молча чистил клетки, мыл аквариумы, выкармливал крошечных котят и хомячков. Однажды соседские мальчишки привели заброшенного белого пса. Его хозяин уехал в Тель-Авив и не вернулся. Одинокое животное неподвижно лежало у входа в магазин, печально опустив голову на лапы, и взгляд его рвал сердце... Доктор принёс его домой на руках, вместе с первой зарплатой. «Вот Гошик обрадуется!» — только и сказала Тонечка. Всё, что делает любимый доктор, не может быть неправильным, тут Тонечка осталась верна себе. От супруги доктора ничего не было слышно, она поменяла хозяина с гораздо большей лёгкостью, чем старый пёс.

Глава 28

О чём думают люди, собравшиеся у свежевыкопанной могилы, куда двое небритых крепышей в кипах опускают на ремнях, скажем, не очень аккуратно, тело, обёрнутое в белое полотно? Тело, которое недавно дышало. Дышало и надеялось... Первые похороны на земле Израилевой. Первый шок: предавать, вернее, отдавать тело земле, без гроба, на моментальное истление. Непонятное завывание раввина — о чём он молится? Покойник никогда не был верующим...

Ну и конечно, угрызения совести. Мало разговаривали, не так относились, не очень-то считались... Не были благодарны. И так и не узнали, из какой семьи вышел отец. А теперь уже поздно... Никто никогда не сможет это рассказать. Ужасно безнадёжно звучат эти слова: никто и никогда. Всё произошло очень быстро и внезапно — метастазы перерезали главную артерию, и кровь пошла горлом. Когда появилась медсестра, которая делала дежурный ночной обход больных, всё было кончено. Отец умер один, рядом не было ни одной живой души. Может быть, так легче...

Игорь не мог не думать обо всём этом. Плакала только Маша — громко, навзрыд, первый раз на памяти Игоря. Лидия стояла, опустив голову, Йоси поддерживал её под локоть. Игорь, не глядя на мать, знал, что её мучают те же мысли, что и его, те же сомнения и угрызения совести.

Таню не позвали... Это было жестоко, даже по отношению к памяти отца, но Маша устроила истерику и сказала, что если будет «эта» — она не придёт. Наташа стояла, испуганно вцепившись в руку Игоря. Будучи на положении официальной невесты, она не могла не прийти сегодня на кладбище, хотя её жизнелюбивой натуре была чужда вся эта атмосфера скорби и слёз. С отцом Игоря она даже не была знакома, а как помочь самому Игорю, не знала... Знала только, что он всегда был привязан к матери больше, чем к отцу. Наташа на самом деле давно ждала, что Игорь познакомит её с родителями, но кто мог подумать, что это произойдёт так неожиданно и страшно. Игорь понимал её состояние. Он сжал ей руку: в сущности, она ещё ребёнок, ей бы с Барби играть, чего стоят одни эти толстые глянцевые журналы с белыми платьями и сексуальным бельём для первой брачной ночи.

Игорю вдруг нестерпимо захотелось, чтобы здесь оказалась Рина. Он просто воочию увидел, как она подходит, кладёт цветы на засыпанную уже могилу, потом подходит к нему и берёт его за руку. Ему было бы намного, намного легче. Он был бы уже не один. Ни перед лицом смерти, ни перед лицом жизни…

Рина не находила себе места. Всё валилось у неё сегодня из рук. Она даже попросила заменить её в лаборатории. Руки дрожали, было очевидно, что она не сможет поймать вену. Койку Бориса уже заняла тихая, запуганная женщина с сильно поредевшими, когда-то рыжими волосами. «Свято место пусто не бывает, — сказала себе Рина. — Больше не могу, нужно отсюда уходить…» Тяжёлая обычно работа сегодня показалась непереносимой. Игорь молча целовал ей руки, когда она заговаривала об отделении. Она пыталась спасти его отца… А Володя никогда не понимал, как можно целый день находиться с людьми, обречёнными на смерть. Сегодня медсестра с израильским образованием на рынке труда — самый «востребованный товар».

Рина посмотрела на часы. Сейчас, в эти минуты, горестная процессия с телом двинулась в последний путь. Она знала, что место её возле Игоря. Она должна была бы находиться там и крепко держать его за руку, чтобы он знал, что он не один. Ни перед лицом смерти, ни перед лицом жизни…

Аллочка позвонила поздно вечером. Игоря поразило, откуда у неё их телефон, почти год прошёл после ссоры в кафе. «Родители Наташи дали», — наконец догадался он. Вот, наверное, удивляются, почему у Аллочки нет телефона младшей сестры… Последнее, что они могли бы предположить, — что их две любимые дочурки мужика не поделили. Игорь сделал тише телевизор и протянул Наташе трубку. Опять теракт, здесь, в двух шагах, в центре Тель-Авива, в кафе «Апропо». Трое погибших, пятьдесят раненых, сколько людей останутся инвалидами на всю жизнь?

Наташа бросилась к телефону. Её невыносимо мучила размолвка с сестрой, они были когда-то так близки, ведь ещё в Харькове много лет жили одни, без родителей. И по Юльке она скучала: та выросла у неё на руках. Иногда Наташа чувствовала себя последней дрянью, как будто отбила у сестры мужчину, но ведь Аллочка сама от него отказалась… Игорь не мог отвести глаз от экрана. Похоронная команда делала своё страшное дело: немолодые бородатые мужчины в чёрных кипах ползали на коленках среди покорёженной мебели кафе и собирали останки тел в пластиковые пакеты. Сзади он слышал обрывки телефонного разговора: «Пурим, Юлька, взрыв в кафе…» Неужели Юлька была сегодня там?! Да, большая девица, вполне могла бы с подружками завеяться погулять в Тель-Авиве накануне праздника. Наташа положила трубку:

— Придётся переезжать обратно в Хайфу. Аллочкиному профессору предложили на три года работу в Америке. Какие перспективы это сулит, объяснять не надо: грин-карт, повышение статуса, материальное благополучие… Уже готовы все документы, визы, сложены чемоданы и послан багаж.

«Неужели уехала бы, не попрощавшись?» — мелькнуло в голове у Игоря.

Наташа прочитала вопрос в его глазах.

— Сестра говорит, что собиралась устраивать прощальный вечер и позвать нас. А сегодня Юлька планировала отмечать Пурим в дискотеке, прощальная, так сказать, тусовка. Всё утро провела в парикмахерской, выкрасила часть волос в красный — хотела нарядиться в «панкистку». И вот сейчас, узнав о теракте, смыла всю косметику, переоделась в домашние джинсы и обзвонила всех друзей. Объявила, что на Пурим не придёт, прощальный вечер отменяется и она никуда не уезжает. Она не бросит родину в самую тяжёлую минуту, только крысы бегут с тонущего корабля.

— Это она на Аллочкиного профессора намекает? — не удержался Игорь.

— Одним словом, Юлька остаётся здесь, будет доучиваться в школе, и сестра просит нас, если та за неделю не передумает, жить с ней в Хайфе, в их квартире. Аллочка не может испортить мужу карьеру из-за патриотических выкрутасов её дочки. А кому она её оставит? — кроме меня, у неё никого нет.

— Вовремя вспомнила, — Игоря всегда коробил Аллочкин практицизм и удивительная способность обращать моральные устои других в свою пользу.

Игорь и Рина сидели в машине, в кромешной темноте, только вот звёздами было усыпано лобовое стекло. Шум прибоя и терпкий запах моря врывались в открытые окна, превращали маленький, тёплый, пропитанный запахом секса салон «Тойоты» в часть мирового пространства, и лёгкий морской бриз, такой желанный после изнурительной жары бесконечного дня, уносил шёпот их ласковых слов в открытую для любви вселенную… Они уже давно прекратили обсуждать самый мучительный и непереносимый вопрос: почему они встретились только сейчас, когда после долгих скитаний устроили было свою личную жизнь. Неужели кому-то свыше так мешает, чтобы они были вместе? Почему в этом маленьком городе, где невозможно ступить и шагу, чтобы не встретить кого-то из знакомых, они так долго не могли найти друг друга, вступив в новый, порочный круг обязательств, долгов и обещаний? Как ни странно, сейчас, когда Игорь переехал в Хайфу из-за Юльки, у них стало ещё меньше времени для свиданий. Встречать Рину с работы, как раньше, два раза в неделю, стало практически невозможным. Он теперь возвращался из Тель-Авива поздно ночью вместе с Наташей, после её учёбы, нарабатывая заодно дополнительные часы, чтобы отложить денег на свадьбу. Изворачиваться и лгать становилось всё мучительнее. Всё тяжелее было видеть свадебные каталоги на журнальном столике напротив телевизора, хотя, в основном, их изучала теперь Юлька.

Рине легче было устроиться со временем: Володя целыми днями носился по клиентам — добывать рекламу для своей новой газеты, в которую переросло его увлечение журналистикой; Гошик был под присмотром родителей, а работа по сменам давала ей огромный диапазон возможностей по части вранья, — где и почему так поздно…

Да, ей легче было устроиться со временем, но намного труднее дело обстояло со своей совестью.

И ещё тяжелее — с постельными делами. Любовь с Володей из тёплого и приятного семейного удовольствия постепенно превращалась в своего рода пытку. Его прикосновения, слова, какие-то особенные только для него движения и звуки, которые раньше радовали и умиляли, с каждым разом становились всё неприятнее и вызывали лёгкую тошноту.

Игоря, как и любого среднестатического мужчину, меньше мучили вопросы физиологии. Ему Наташа оставалось приятной, да и кому бы могло не понравиться это гибкое юное тело, эти совершённые формы и молодой пыл. Но к Рине его влекло что-то необъяснимое и неумолимое, что исходило изнутри и не поддавалось ни логике описаний, ни логике сравнений. Да он и не пытался этого делать, давая событиям развиваться своим чередом. Его единственной заботой было ухитриться вырвать эти несколько заветных часов, если им не суждено быть вместе больше времени.

Рина уже знала о готовящейся свадьбе. С некоторых пор она не могла спокойно проходить мимо салона невест, а приглашения на свадьбы тут же рвала и выбрасывала в мусор, отговаривалась срочным дежурством или нездоровьем, отсылая подарочный чек по почте. Призрак этой свадьбы мучил её больше, чем страх разоблачения, страх, что всё может выйти наружу. Но Игорю она ни разу не обмолвилась и словом. Что она могла сказать и какие претензии предъявить? Ведь и она не собиралась разрушать свою семью, воссозданную с таким трудом. Она только вспоминала молящий взгляд Гошика, и вопрос о возможности развода снимался с повестки дня.

Почему начало болеть сердце, когда Игорь сказал, что задерживается на работе? У Наташи был сегодня свободный день, и она уже час бездумно листает тетрадь с конспектами, вместо того, чтобы писать проект. Может быть потому, что сегодня Юлька ночует у подружки, и Наташа запланировала «романтический вечер» с белым вином и суши? Специально утром сбегала в магазин и купила всё необходимое. А он задерживается на работе — проект валится... Валится проект их совместной жизни и долгожданной свадьбы, вот что начало казаться Наташе в последнее время. Поэтому и колет сердце. Что-то тревожит её, чему трудно найти определение. Только сейчас, в тишине, остановившись на секунду от невероятного марафона, она поняла: Игорь перестал говорить о будущем. Они давно уже решили, какой дом купят, «когда вырастут большими», и какую мебель куда поставят, а когда говорили о посуде, Игорь смеялся и называл её «маленькой колхозницей», потому что она мечтала о сервизе «Мадонна». О детях не говорили, это было само собой разумеющимся... Вот и в последние выходные она в шутку завела разговор о «Мадонне», хотела Игоря подразнить, а он, вместо того чтобы подхватить тему и посмеяться, посмотрел на неё с жалостью и провёл своей ладонью по её щеке, как будто утешал...То есть не видать тебе, дорогая, со мной ни дома, ни мебели, ни сервиза «Мадонна». Так Наташа для себя растолковала этот жест.

Глава 29

Два невероятно кудрявых, рыжих двухлетних малыша сидели под столом и стучали ложками. Это нисколько не мешало тут же на диване спать их измученной, тоненькой и прозрачной, как свечка, маме. Даже непонятно было, как она умудрилась выносить двух таких плотных бутузов. Её такой же худющий молодой муж, сын маминого Йоси, сидел за столом, увлечённый беседой с Машей, как будто ничего не видел и не слышал, и мало обращал внимания на происходящее прямо под его ногами.

Маша училась в Хайфском университете на факультете философии и находилась сейчас под влиянием теории Канта о самоосвобождении посредством знания. Её оппонент, который окончил аналогичный факультет в Иерусалимском университете, не был согласен, что теория Канта оптимально подходит адекватному восприятию действительности нормальным индивидуумом и делает его счастливым.

Йоси, помогая Лидии убирать посуду и одновременно наблюдая за близнецами, чтобы не начали лупить друг дружку ложками по лбу, с усмешкой прислушивался к их разговору. Ему как представителю самой что ни на есть реальной профессии, где возможность человека заплатить за лечение и протезирование зубов определяет его возможность адекватно воспринимать действительность и быть счастливым, всё абстрактное было чуждо. Он терпеливо ждал, когда его единственному сыну, который делал уже третью степень по философии, придётся покупать квартиру и оплачивать обучение своих детей, которые из двух маленьких балбесов очень быстро превратятся в двух балбесов больших. Он уже приготовил фразу, которую скажет сыну, когда тот придёт к нему просить совета… или денег: «А не пойти ли тебе на курсы зубных техников, сынок? Мне Хаим обещал для тебя скидку сделать…»

Лидия раньше Йоси заметила неладное. Его сын перестал ограничиваться только праздниками или выходными, чтобы приезжать в Хайфу, между прочим, без жены и детей… Он появлялся среди недели, не сообщая отцу о приезде, и только Маша иногда проговаривалась, что они вместе обедали в кафе в университете. Плохим признаком было и то, что измученная мама близнецов уже не валилась спать на диван как подкошенная, а сидела за столом, напряжённо вслушиваясь в высокоинтеллектуальные беседы двух философов. Она, судя по всему, не понимала и половины из того, о чём они говорили, хоть иврит был ее родным языком. Но самое основное для себя она улавливала — её горячо любимый муж не сводил заворожённого взгляда с этой русской, а когда та проводила тонкой белой рукой по своему белому лицу и поднимала на него зелёные глаза, кадык его ходил ходуном, так судорожно он сглатывал слюну.

Лидия попыталась поговорить с Машей, но та одарила её таким взглядом, что все слова застряли у Лидии в горле. «В кого же она такая? — в который раз спрашивала себя Лидия. — Борис был таким обаятельным…» Она, как обычно, пожалела, что не расспрашивала свою мать, пока та была жива, о её родителях. Знала только, что их расстреляли немцы во время войны. С полустёртых фотографий на неё смотрела страшно серьёзная молодая пара. А были ли у кого-то из них зелёные глаза и дурной характер, кто знает? Фотографии были чёрно-белыми. Сбило Лидию с толку то, что все выходные в доме торчал Олег. Это был Машин друг ещё с армии, он несколько раз пропадал надолго, потом появился снова, и временами по его отчаянному виду Лидия понимала, что с Машей ему приходится несладко.

Всё произошло внезапно. Позвонила из Иерусалима невестка Йоси и сказала, что муж её дома не ночевал и что есть какое-то письмо, но она его не понимает. Лидии пришлось на своём дурном иврите объяснять, что в Хайфу он не приезжал, а раз не ночевал дома, нужно срочно вызывать полицию.

— Не нужно полицию, — в дверях стоял Олег и протягивал ей конверт. — Это Маша просила передать.

«Просто как в детективе Агаты Кристи, не меньше, — подумала Лидия. — И Йоси дома нету…» Она снова приложила к уху трубку: оттуда раздавались сдавленные рыдания…

Лидия развернула письмо, которое было написано и на русском, и на иврите:

«Что может предложить индийская философия европейской философии в будущем? Необходимо уточнить, казалось бы, очевидные «факты» индийской философии, выявить типологические связи между западной и восточной философией и соотнести последнюю с философией Канта. Кант, с одной стороны, и индийцы — с другой приходят к одному и тому же выводу. Поэтому мы уезжаем на год в Индию. Между нами ничего нет».

Лидия, прочитав письмо, подняла глаза на Олега. По его глазам она поняла, что содержание он знает. О том, что читать чужие письма нехорошо, Лидия распространяться не стала. Мальчик вырос здесь… Кто их знает, с этой восточной ментальностью. Если принято предавать и доносить, то, может быть, и чужое письмо прочитать приравнивается к доблестному поступку?

— Ты считаешь, что между ними действительно ничего нет? — неожиданно для самой себя спросила Лидия, понимая, что Олег — последний человек, которому можно было задавать этот вопрос.

— Вполне возможно, — Олег скрипнул зубами. — Ваша дочь… такая…

«Стерва», — закончила про себя Лидия.

— Ваша дочь… такая жестокая, что я не удивлюсь, если она продинамит парня весь этот год, чтобы тот лучше проникся идеями индийской философии…

Через пятнадцать минут Игорь, отпросившись с работы, был уже у матери. Если мать говорила «приезжай», то нужно было бросать работу и ехать. В последний раз это случилось, когда узнали, что отцу осталось жить несколько месяцев. Йоси тоже был срочно вызван с работы на «военный совет». Только сейчас Игорь оценил весь трагикомизм ситуации. Лидия и Йоси, давно уже два самых близких человека, оказались по разную сторону баррикад. То ли сын Йоси совратил дочь Лидии, то ли наоборот, но как не начать предъявлять друг другу обвинения?

Тем более что каждые пять минут раздаётся звонок из Иерусалима — не известно ли что-нибудь новое.

— Известно, — пошутил Игорь, — самолёт разворачивается…

— Именно, — встрепенулся Йоси. — Развернуть самолёт. Нужно поехать и вернуть парня, пока не втянулся. Оторвать силой…

— От Машки оторвёшь, как же, — опять пошутил Игорь, заработав уничижительный взгляд матери. Перед Йоси она свою дочь в обиду не даст.

Игорю совсем не хотелось ехать из-за Машки в Индию, так же как когда-то платить за её аборт. Но он знал, что в жизни бывают минуты, когда нельзя говорить: «не знаю», «подумаю», «может быть». Иногда необходимо сказать «да», и неважно, во что это потом выльется.

— Да, — сказал Игорь, — я полечу, сегодня закажу билет.

И тут Игорь подумал, что сбежать на пару дней ему бы не мешало: «Наташа, Рина; Наташа и Рина; Рина и Наташа — гордиев узел…»

Наташа сняла трубку. Конечно, это был Игорь:

— Машка сбежала в Индию с Йосиным сыном. Мне придётся сегодня остаться ночевать у матери.

«Машка сбежала в Индию с Йосиным сыном» — это, конечно, была правда. Машка всегда была неадекватная. Бедный Йоси…

«Мне пришлось остаться ночевать у матери» — это было ложью. Откуда Наташа это знала, она объяснить не могла. Знала, и всё тут.

Игорь и не думал, что Наташе придёт в голову его проверять, она не делилась с ним своими подозрениями. А Наташе ещё как пришло это в голову, но она не пошла. И не потому, что стеснялась Лидии. Больше всего на свете она боялась, что придёт, а Игоря у матери нет…

Игоря там действительно не было. Они с Риной были вдвоём, первый раз после Москвы, были вдвоём всю ночь. В таком же простом, как в социалистической гостинице, номере, с облезлыми стенами в душе и сырой, серой постелью. Разве это было важно? Всё было, как тогда, — и совсем не так, как тогда. Грех не радовал, а скорее, печалил. В ласках и прикосновениях чувствовался привкус горечи и неминуемой потери. Лейтмотивом той, первой ночи было что-то роковое и радостное, вроде арии Кармен… А сейчас — запретное и рвущее душу, может быть, Риголетто?

В Индию Игорю ехать не пришлось. Назавтра прямым самолётом в Бомбей вылетела мама близнецов. Лидии не представлялось возможным найти двух человек в такой огромной и отсталой стране, при том что ни адреса, ни телефона, естественно, не существовало…Но Йоси её успокоил: выяснилось, что у израильтян там свои явки, его невестка после армии путешествовала по Индии год с рюкзаком за спиной: — и пешком, и автостопом, и знает эту страну как свои пять пальцев. И с сыном его там же и познакомилась. «Вот почему они оба такие странные», — подумала про себя Лидия, а вслух, не глядя на Йоси, сказала только:

— Пусть Машку там не бросают, у неё с ним ничего нет.

Йоси в ответ усмехнулся и скрепя сердце отправил Лидию в отпуск на неделю, чтобы та сидела с рыжими внуками. На самом деле он не мог провести без неё в клинике и дня, и они оба недоумевали, как он обходился без неё ещё несколько лет назад. На ней было всё делопроизводство, начиная с заказов материалов и заканчивая оплатой счетов и расчётом с клиентами. В часы приёма она выполняла роль хирургической сестры из любимого сериала про больницу: «Сестра, щипцы, сестра, зажим, сестра, тампон, сестра, воды…» Кроме того, окончив без отрыва от производства полугодовой курс на ассистентку зубного врача, она могла делать небольшие процедуры сама, так что Йоси не стеснялся использовать её помощь на полную катушку…

Глава 30

Роман Соломонович представлял дочь заведующему культурой Хайфской мэрии. Заведующий культурой был кривоногим, приземистым, с лицом неандертальца, но в культуре, видно, понимал, потому что, увидев Таню, радостно воскликнул и начал пожимать ей обе руки. Он говорил что-то на этом немыслимом тарабарском языке, обращаясь попеременно то к Тане, то к Роману Соломоновичу:

— Он выражает восторг по поводу Таниной игры на пианино, оказывается, он её не раз слышал, — монотонно объясняла переводчица, произнося русские слова с невозможным украинским «хе» вместо «г».

Роман Соломонович только немного склонил свою величественную голову в лёгком поклоне благодарности. Он никогда не сомневался в таланте своего ребёнка, — яблоко от яблони недалеко падает… Только вот почему Таня так вспыхнула и не знала, куда девать глаза? Восхищение поклонников артист должен принимать с достоинством… Она заработала это своим наследственным талантом, ну, и конечно, неимоверным трудом.

Торжественный обед с самим мэром Хайфы состоялся в русском ресторане: такая честь была оказана оркестрантам — гастролёрам из Баку, как будто они своей чёрной и красной икры дома не наелись. В перерыве между тостами и приветствиями Роман Соломонович вышел на балкон выкурить неизменную сигару и насладиться видом Средиземного моря, которое, несмотря на все восторги его знакомых, бывших бакинцев, не слишком отличалось от Каспийского. За ним выскочил маленький неандерталец с переводчицей, которая по совместительству оказалась его секретаршей и может быть, чем-то большим — так небрежно и в то же время по-хозяйски он положил свою волосатую руку на её высокую талию.

«Какая культура, такой и её заведующий», — усмехнулся про себя Роман Соломонович и раскрыл перед ним серебряный портсигар со своими инициалами. Заведующий одобрительно постучал по серебру длинным грязным ногтем, поцокал и, не отказавшись от сигары, попросил девушку перевести:

—Дорогой Роман! Ты известный деятель культуры, у тебя связи во всём мире, у тебя свой оркестр… Как же ты допускаешь, что твоя дочь, такая великолепная пианистка, играет на улице? Она же необыкновенно талантлива! Я когда «Калинку-малинку» слушал в её исполнении — просто плакал.

Переводчица извинялась, объясняя, что в иврите нет отчества, а только имя, и что в этом разнесчастном иврите вместо «Вы» говорят «ты», а она привыкла переводить дословно… Но Роман Соломонович уже ничего не слышал. Его дочь играет на улице!.. Такое унижение он испытывал только один раз в жизни, в детстве, в своём дворе, где проиграл одному армянину, которому уже исполнилось четырнадцать, в карты на раздевание. Унизительней всего было снимать штаны, потому что трусы у него были со штопками… С тех пор он не давал матери штопать ни трусы, ни носки, не играл в карты и ненавидел армян.

Таня сидела, опустив голову, в гостинице напротив отца, который даже в критические минуты умел развалиться в кресле с необыкновенно вальяжным видом. Самое страшное было позади — он всё знал. Она вполуха слушала его назидательные речи и пыталась сформулировать про себя ответ: почему она не вернётся в Баку, в консерваторию, несмотря на то, что ей обеспечена позиция ассистента профессора по классу фортепиано, не говоря уже о возможности аккомпанировать оркестру, которым дирижировал отец?

—Потому, — Таня подняла голову и вдруг заговорила вслух, да так громко, что Роман Соломонович вздрогнул и замолчал. — Да потому, что ты всегда задавливал во мне всё живое! Потому что я женщина, я хочу любви, хочу мужа, детей! Ни один парень, ни один мужчина не был для тебя достаточно хорош, да и кто может сравниться с тобой, с твоей львиной гривой, роскошным профилем, величественной осанкой!

Тут она представила маленького, ссохшегося за время болезни Бориса, или тощего, долговязого Олега, или же чёрного, полуграмотного Мухлеса рядом со своим царственным отцом, и ей стало смешно — она расхохоталась.

—Я люблю тебя, папа...—сказала она, поднялась со стула и поцеловала его в щёку.

Он не мог вымолвить ни слова от её неожиданного смеха и непривычной фамильярности.

Таня вышла играть на улицу через месяц после смерти Бориса. Борис перед уходом в итальянскую больницу, из которой, как он знал, никто не возвращается, заплатил за квартиру на полгода вперёд и выплатил все долги: за воду, газ и электричество. Пачку наличных он оставил в хрустальной вазе на пианино, рассчитывая, что Таня сможет на это протянуть подольше. А она уже начисто забыла, как ловко умела экономить первые годы в Израиле,—всё это время хозяйством распоряжался Борис.

Стоял солнечный день, какой бывает в феврале только в Израиле. Перед глазами простиралась вся Хайфа, и порт, сердце любого приморского города, и жилые массивы, казавшиеся единым организмом, пересекались артериями и венами автомобильных дорог, по которым, как кровь, циркулировал бесконечный поток автомобилей... При входе в Бахайский храм цвели розы, вид с набережной Луи слепил синевой моря.

—Живут в раю,—сказал за спиной Тани какой-то турист на русском,—живут в раю и сами не понимают этого...

Таня была с ним согласна. «В раю, да, в раю,—думала она, наигрывая одним пальцем вальс Шопена.—Как же это сыграть?» Таня уже давно научилась преодолевать жгучие спазмы стыда, которые охватывали её, когда она видела знакомое лицо. Она с достоинством, лёгким кивком головы проявляла благодарность за небрежно брошенный в коробку шекель и не выказывала обиды или разочарования, если человек с наслаждением слушал её музыку с видом на море, а потом уходил, не положив даже десять агарот. Сегодня Таня сама получала удовольствие от своей игры. Да и туристические автобусы, пытавшиеся примоститься по обеим сторонам дороги, обещали неплохой заработок.

Тут какая-то тень в военной форме мелькнула перед ней, захлопнув крышку от органа, куда ей кидали деньги. «Арабский террорист!»—мелькнуло у неё в голове. Арабский террорист, превратившись в Олега, запихнул орган в коробку, пнул ногой несколько выкатившихся монет и потащил Таню за руку, подальше от этого позорного места.

— Почему это — позорное место, что ты себе позволяешь? — Таня сопротивлялась, дёргала руку, но ровно настолько, чтобы её не выдернуть.

Она, вообще-то, не любила вмешательства в свои дела, но как истинная бакинка, могла простить это только мужчине. А Олег, может быть, с неосознанной подачи Тани, рядом с ней всегда чувствовал себя мужчиной. Ему хотелось Таню защищать, с ней он был старшим и сильным.

Олег сидел на Таниной кухне и как настоящий мужчина просматривал газетку, пока Таня жарила котлеты. У него сегодня был выходной, и он получил в части машину, чтобы съездить к родителям в Хайфу. Вот и приехал… Ему почему- то казалось естественным сидеть с ней тут, на её кухне, с хозяйским видом, как будто не прошло пяти лет. И Тане, как ни странно, было не в тягость готовить для него обед, хотя она толком не знала, как включать печку: Борис купил её, когда переехал к ней жить, и Таня ни разу к ней не прикасалась.

Олег в машине уже успел узнать об обстоятельствах, которые привели Таню на улицу, а ему и рассказывать-то было нечего. Он остался на два года в армии по договору, а после этого собирался учиться… Все свои перипетии с Машей он Тане открывать не собирался. «О предыдущих женщинах нынешней не рассказывай» — это правило Рина вбивала ему в голову с детства, ещё тогда, когда его пигалиц-одноклассниц называть «женщинами» можно было с большой натяжкой.

Вот и о Маше в последнее время, несмотря на их былую недолгую дружбу, Рина стала отзываться с едкой, какой-то чисто женской злостью: «хищница!».

— Да она и не корыстная совсем, — начинал возражать Олег. — Она и в кафе всегда порывалась за себя заплатить, только я никогда не соглашался…

— Правильно, что не дал себя унижать, — эта твоя Маша относится к самому редкому и к самому опасному виду хищниц, она потрошит не мужские кошельки — она потрошит мужские души…

Олегу казалось, что заявление Рины отдаёт патетикой: «Просто ревнует меня к ней, вот и преувеличивает», — решил он про себя. С Таней он её обязательно познакомит. То, что Таня на десять лет старше, его уже не волновало, он по-своему этим гордился. Известно, что удовлетворить тридцатилетнюю женщину — это не девочек в кафе водить…

Даже банальное «мир тесен» не пришло в голову Олегу, когда он, через неделю явившись к Тане как к себе домой, застал там Рину, хозяйничающую на кухне и оторопел, застряв в дверях. Таня сидела тут же на стуле, не принимая участия в процессе приготовления еды, обхватив голову руками над чистым листком бумаги и ручкой. Рина энергично крошила лук и помидоры на салат и твердила ей, как заведённая: «Думай, думай, думай». Через пять минут Олег разобрался, что Таня и Рина теперь — закадычные подруги, что познакомились они в Москве, а встретились здесь совсем недавно, что обе обожают музыку и думают, как можно на этом заработать. Конечно, они не рассказали ему, при каких обстоятельствах они познакомились и при каких встретились снова. Что этот мальчишка сможет понять? А Рина тоже хороша…

Глава 31

Эта поездка была запланирована заранее. Всё рассчитано: у Юльки каникулы, у Наташи закончится сессия, билеты Аллочка уже давно оплатила. Она встретит их в Нью-Йорке, и они первым делом пойдут на мюзикл «Король Лев» — самый популярный сегодня на Бродвее, — так решила Юлька. Наташа не возражала, хоть и не пищала, как Юлька, при каждой передаче по телевизору об Америке, и даже подтрунивала над её пресловутым патриотизмом. Но перелететь через океан, вдохнуть воздух свободы, пройтись по Бродвею — вот бы рассказать это своим подружкам из Харькова! Только вряд ли кто-то поверит, что она, Наташка-Промокашка, добралась до самой Америки. Наташа, конечно, тщательно скрывала от Игоря своё возбуждение по поводу предстоящего путешествия — он-то остаётся. Но от его внимательного взгляда не укрылся тот факт, что свадебные каталоги были подложены под ножку журнального столика, чтобы не шатался, а их место заняли проспекты с видами Нью-Йорка. Он только усмехался про себя: сказано — дети... Наташа и Юлька уже давно казались ему одного возраста. Он отвёз их в аэропорт, и ему показалось, что Наташа не слишком расстроена тем, что они расстаются на месяц. Впрочем, отъезжающим всегда легче...

Рина не знала, как предложить это Игорю. Трудно поверить, что он оставит свою невесту и поедет с ней на неделю в Италию. А ведь они могут присоединиться к Тане и Олегу. Улететь и вернуться с ними — будет, что сказать мужу. Олег как раз закончил сверхсрочную службу, получил выходное пособие и жаждал совершить какой-нибудь романтический поступок, например, повезти Таню в Милан послушать оперу в театре «Ла Скала». А Рине воплощением романтики всегда казался Рим. Может быть, из-за фильмов Феллини. После всего, что произошло с ней в Израиле — с благополучной девочкой из благополучной семьи, — она стала казаться себе типичной героиней итальянского неореализма. Ещё с детства её преследовали навязчивые фантазии: то она часами бродит за руку с любимым по бесконечным тенистым набережным Тибра, то сидит с ним в обнимку на Испанской лестнице среди разношёрстной толпы целующихся парочек, и они вместе пытаются понять, кто на каком языке говорит, а потом начинают целоваться, как все… Целуются-то люди на всех языках одинаково…

И главное, не забыть бросить монетку в фонтан Треви, чтобы истинный дух Рима принес тебе удачу. Сомнения терзали Рину во время их очередного свидания, и она весь вечер была задумчивой и не такой искрящейся, как обычно. Игорь вдруг почувствовал себя виноватым. Если подумать, он так мало даёт своей любимой женщине. Иначе он не называл её про себя, только любимой женщиной. Себе он давно уже признался в этом, а вот Рине никак не решался сказать.

— Знаешь что, — вырвалось у него вдруг, — давай слетаем в Рим на недельку?

Много раз после этого Рина пыталась выпытать у Игоря, почему он предложил поехать именно в Рим, ведь они никогда об этом не заговаривали… Игорь долго упирался и искусно уходил от ответа, но когда Рина совсем уж было поверила в родство их душ и высшую телепатическую связь, он случайно проговорился, что в тот день по телевизору объявили существенные скидки на полёты в Рим. На самом деле прагматизм Игоря их спас, потому что цены на билеты и гостиницу были неподъёмными. Настоящей иронией судьбы оказалось то, что для поездки ему пришлось разбанковать счёт, предназначенный для свадьбы…

Олег уже давно считал себя взрослым. Он, пройдя репатриацию, бомбёжки, армию, тяжёлый и унизительный роман с Машей, находясь в связи с женщиной много старше себя, был уверен, что его ничем не удивишь. Но когда он узнал, что его сестра, которую он боготворил с детства, замужняя женщина, мама Гошика и жена Володи, его первого друга и советчика, едет за границу с совершенно чужим мужчиной, как будто он её настоящий муж, — его возмущению не было предела. А после того, как он признал в этом мужчине Игоря, брата Маши, Тане стоило больших усилий удержать Олега от скандала. Счастье, что они остановились в разных гостиницах, чтобы не мешать друг другу, и встретились всего один раз у того самого фонтана Треви, о котором так мечтала Рина. Олег еле кивнул сестре, проигнорировал Игоря и тут же утащил Таню, даже не дав ей бросить монетку на счастье…

Вообще, для Олега поездка оказалась менее приятной, чем он ожидал. Вдруг выяснилось, что, исключая постель и кухню, у них с Таней очень разные интересы. С ней он себя чувствовал, как в первой поездке в Москву с родителями, когда он был десятилетним школьником. Его таскали по музеям, и ладно бы только Третьяковка и Пушкинский. Именно в Третьяковке было несколько забавных вещей, например, «Последний день Помпеи». Вспоминая об этом огромном полотне, Олег давно решил, что Брюллов первый открыл для него эру ужасников. Но дом-музей Толстого — это уже слишком… До сих пор, когда он видит на какой-нибудь книжной обложке седую бороду и густые брови Льва Николаевича, у него скулы сводит от скуки и тоски. Если у Толстого в Ясной Поляне была такая музейная тоска, как в московском доме, то понятно теперь, почему же он всё-таки оттуда сбежал, хоть и терпел восемьдесят лет. Вот такая же тоска одолевала Олега сейчас в Италии, когда они должны были осмотреть все соборы и художественные музеи Милана, Флоренции и Рима, и всё бегом, без остановки. Хорошо было бы посидеть пять минут в прохладном кафе с видом на какие-нибудь древние развалины, выпить бокал вина, которое шло тут по цене кофе, посмотреть на разношёрстную толпу туристов, намного более интересную и разнообразную, чем все достопримечательности, вместе взятые: ещё одна церковь, ещё один фонтан… Таня не хотела об этом слышать: во-первых, времени жалко, во-вторых, денег, лучше ещё в один музей сходить…

А если эти доводы не помогали, в ход шли другие: Таня начинала говорить об общем уровне, который необходимо поддерживать, даже живя в таком культурном вакууме, как Израиль. Олег не был согласен с тем, что Израиль — это культурный вакуум, совсем наоборот: Израиль, например, столица психоделик-транса, и здесь работают известные во всём мире трансгруппы, такие, как Infected Mushroom и Yahel. Но спорить с Таней было трудно, слишком неравноценным был их культурный багаж. В какой-то момент у Олега начало создаваться ощущение, что он находится в клетке — в клетке, где не видно прутьев. Но когда начинаешь задыхаться и пытаться выйти на воздух — бьёшься об стекло... И ведь хорошо ему было с Таней, очень хорошо, но всё то, что она пыталась ему привить насильно — отторгалось организмом. Пусть он будет некультурным, неразвитым, недалёким, но он будет делать то, что он захочет.

По странному совпадению, его сестре Рине тоже было не до культурной программы. Конечно, они посетили и музеи Ватикана, и Сикстинскую капеллу, а вот вдоль берега Тибра пройтись не хватило времени. У Игоря в руках был путеводитель с рекомендуемыми маршрутами по Риму, и он твёрдо решил выполнить всю программу, так как человеком он был обязательным. Игорь шёл по маршруту и смотрел на Рим. А Рина шла с ним рядом, первый раз в жизни открыто, под руку, и смотрела на него. Всё в нём было для неё внове: она открывала его, как необитаемую землю, как неисследованный чужой город и куда там было Риму до любимого ею человека. Ей было интересно даже как он щурился, пытаясь прочитать названия улиц, как мужественно бросался спрашивать дорогу у таких же туристов, как они, которых можно было узнать по картам или толстым путеводителям в вытянутых руках, где на разных языках было выведено название вечного города.

Они выходили утром и каждый раз брали новую карту у молоденькой консьержки, вся работа которой сводилась к тому, чтобы сидеть здесь с семи утра до полудня, улыбаться немногочисленным гостям и делать ручкой: направо туалет, налево завтрак. Рине казалось, что такой молоденькой девушке эта однообразная непрестижная работа в крошечной гостинице на шумной и загазованной Пьяцца Венеция должна смертельно надоесть, пока она не увидела, как за этой молодой итальянкой каждый день приезжает муж в белой рубашке и галстуке. Он, видимо, выскакивал из офиса на обед, забирая по дороге из школы двух маленьких дочек с одинаковыми гривами запутанных чёрных кудрей и огромными ранцами. И в этот момент Рина поняла, что она тоже хочет каждый день отсиживать в прохладном лобби какой-нибудь маленькой уютной гостиницы и мечтать о том, как через несколько часов за ней заедет Игорь с их детьми, двумя маленькими школьниками (у них, конечно, будут сыновья), и они поедут домой, обедать, только они — своей маленькой семьёй…

Олег простил сестру только в самолёте обратно, когда, каждый раз проходя мимо её кресла в туалет или покурить, видел слёзы, которые безостановочно катились у неё по щекам. Сначала он думал, это из-за Игоря, и хотел тут же с ним «разобраться», но Таня сообразила шепнуть ему, как тяжело Рине возвращаться домой. «Приеду и набью этому гаду морду», — решил про себя Олег и тут же возненавидел Володю навсегда.

Рина действительно никак не могла остановить слёзы. Это было сильнее её. Её как будто прорвало. Она оплакивала свою жизнь в семейной тюрьме, с нелюбимым уже давно мужем; будущую свадьбу Игоря и появление ребёнка, которого родит ему не она; её проклятую работу, которая даётся ей так же тяжело, как тяжело далась ей учёба. Неужели ей уже никогда не будет так беспечно и весело, как на том школьном вечере, где они так страстно целовались с Володей, и так легко и счастливо, как той ночью в Москве с Игорем, перед отъездом в никуда и в ничто, без лишних слов и обязательств? Она сидела, вжавшись в кресло, не расстёгивая ремни, с закрытыми глазами, а по щекам её текли и текли слёзы… Рина вспоминала, как они сидели с Игорем в кафе на Пьяцца Навона и слушали маленького скрипача, который переходил от одного кафе к другому, наигрывая народные итальянские песенки, мелодичнее которых ничего нет в мире… Нужно отметить, что каждый вечер, обессиленные после музеев и форумов, они приходили сюда, не преминув по дороге кинуть очередную монетку в фонтан Треви. В последний вечер перед их отъездом (чемоданы уже стояли собранные в гостинице) на площади появилась цыганка с зелёным попугайчиком, который всего за одну монетку вытаскивал записки с предсказаниями. Рина сфотографировалась с попугайчиком, конечно же, без Игоря, — даже этого они не могли себе позволить. Оцарапав Рине плечо почти до крови своими неожиданно острыми, как у хищной птицы, когтями, наглая птичка перелетела на руку к хозяйке и, метнув на Рину хитрый взгляд чёрных горошин из-под старческих, морщинистых век, вытащила туго скрученную бумажку.

Рина разворачивала осторожно, чтобы не порвать: «Be careful, you will change your life soon». Игорь, который стоял сзади, поцеловал ранку на её плече и заглянул в записку.

— Ну а ты думала, они что напишут? — улыбнулся он.

Рина не ответила и положила записку в кошелёк, туда, куда складывала квитанции на неоплаченные счета. «Этот счёт ещё придётся оплатить», — подумала она.

Игорь на обратном пути опять сидел в самолёте впереди, опять же, для конспирации, а на соседнем с Риной кресле рыжий пожилой джентльмен делал вид, что внимательно читает газету. На самом деле он из-под очков тревожно поглядывал на соседку и прикидывал: что же может заставить так горько плакать эту симпатичную молодую женщину? Неужели тот приятный молодой человек, который сидит на несколько кресел впереди и так неумело делает вид, что летят они не вместе…

Глава 32

«Гоа — это не только танцы под кокосовыми пальмами», — так начиналась статья Гоа Гила, известного идеолога транс-движения и самого популярного ди-джея современности. Олег был потрясён прочитанным. Он сидел в офисе Володи, вернее, в их общем офисе. Ещё до поездки в Европу Олег из бесплатного помощника превратился в законного компаньона по бизнесу — и готовил графику рекламы для одной из новых русских дискотек. Рылся в Интернете, чтобы найти подходящую картинку и наткнулся на эту статью о «рае наркоманов всего мира» — так называли это место в Индии официальные источники. На самом деле, это был центр транс-движения и рай для любителей транс-музыки. За шесть лет в Израиле, из которых пять он провёл в армейской форме, Олег забыл о музыке вообще и о том, что он был самым популярным диск-жокеем в школе, и о «new wave» стиле, которым безумно увлекался перед своим отъездом. Теперь «new wave» преобразовался в транс, а Гоа — это адрес на обратной стороне открытки с голубой бухтой и кокосовыми пальмами, написанный Машиным бисерным почерком. Всё было стандартно: она восхищалась чистыми пляжами, необыкновенно прозрачной водой, танцами до утра в честь индийского божества Шивы. Одна фраза насторожила тогда Олега, но он сразу о ней забыл и вспомнил только сейчас: «Первое, что отличает всех, кто танцует здесь ночью в светящихся одеждах — это глаза. То есть я сразу поняла: эти люди видели что-то такое, что навсегда осталось у них в глазах».

Понятно, что они видели — «экстази», он тоже хочет это увидеть. Музыкальные треки, сменяющие один другой в своём неторопливом путешествии к рассвету, запах индийских благовоний и Маша в полупрозрачных, светящихся одеждах… У него вдруг перехватило дыхание, так сильно захотелось её увидеть: было что-то в ней такое, что не отпускало, а снова и снова возвращало к ней, заставляя напрочь забывать о клятвах и обещаниях самому себе: «больше никогда не видеться, не искать, не звонить и т.д.». «Ведьма», — подумал про себя Олег и засмеялся, — скоро он её увидит.

Офис он оставлял с лёгким сердцем. После поездки в Рим и измены любимой сестры Володе, собственному мужу — в чём он убедился воочию, — Олег не мог поднимать на Володю глаза и старался появляться в офисе, только когда тот был на встречах. Что касается работы Олега, то Володя на его зарплату может держать двух человек — для бизнеса прямая выгода. Да и вернётся же он в конце концов, и Машку привезёт, пусть заканчивает учёбу, а потом выходит за него замуж. Ну уж он её будет круто держать, она без него во всякие там заграницы летать не будет…

Таня восприняла сообщение Олега со спокойствием обречённого. Она знала, что это рано или поздно случится, а после поездки в Италию уход Олега был только вопросом времени. Птенцы всегда покидают гнездо: Таня слушала сбивчивые объяснения Олега о том, что вся израильская молодёжь после армии едет на год путешествовать, а он и так упустил два года; что у него есть классный спутник — парень, с которым он служил. Тот едет уже второй раз и знает Индию как свои пять пальцев, а главное, они попадут на юг, в Гоа, где он давно хотел послушать самых знаменитых диджеев современности, исполняющих транс.

На этом месте Таня, вспомнив, что Маша изучает там индийскую философию, не выдержала и высказала всё, что думала о психоделик-трансе, который некоторые недоучки и дилетанты ошибочно считают музыкой. Олег промычал в ответ что-то невразумительное, покраснел, побелел и выскочил из квартиры, демонстративно хлопнув дверью. Таня вытащила из стопки нот нижний лист, который лежал там со дня смерти Бориса. Она сначала неуверенно, потом, по мере того как вспоминала ноты, всё торжественней и громче играла «Реквием» Моцарта. Ещё одна могила в саду любви. Но сегодня Таня не плакала. Музыка вбирала в себя её боль, обиду и горечь… «Как же справляются с этим люди, которые не умеют ни петь, ни играть?» — спрашивала себя Таня, чувствуя, как руки сами вспоминают забытые аккорды. — «Может быть, они кричат в подушку от отчаянья, и им становится легче?»

Олег взял билеты до Гоа, на пересадку был час, и поэтому все прелести Дели он решил изучить с Машей на обратном пути. Он почему-то вбил себе в голову, что Маша вернётся вместе с ним, о чём не преминул сообщить её матери, нанеся ей официальный визит перед отъездом. Конечно же, он встретил там Игоря, с которым сухо поздоровался, но руки не подал. Игорь с внутренней усмешкой слушал заверения Олега, что тот привезёт Машу. Но помалкивал, тем более что Олег приходился ему почти что родственником: Ринин родной брат. И смеётся он точно так же как Рина, — жалко парня…

На Гоа, в Анжуну, Олег прибыл один, к вечеру. Напарник его остался в Дели и собирался продвигаться дальше в сторону Непала. Но, чтобы заявление, что у израильтян везде свои явки, не было голословным, он дал Олегу несколько адресов в Гоа, где можно остановиться совсем дёшево. Когда Олег увидел кровать, на которой придётся спать, ему сразу захотелось чего-нибудь подороже, но, увы, в адресах израильских явок подороже ничего не было — известное дело, евреи… Говорят, что человек отправляется в путешествие, чтобы познать самого себя. Олегу пришлось ехать очень далеко, чтобы понять, что грязь, вонь, подозрительная пища, голый матрас — это не тот вид отдыха, который ему нравится. Даже таблетка экстази, заботливо предложенная ему хозяином, не помогла: мозги немного затуманило, но стены в грязной хижине, которую ему предоставили по дешёвке, светиться от этого не стали. Он решил искать Машу завтра по тому адресу, который был написан на открытке, а сам лёг поспать, чтобы не пропустить одну из самых грандиозных транс-парти со знаменитым Гоа Гилем, которая должна была состояться сегодня ночью.

Сколько времени нужно человеку, чтобы познать свой путь и решить, чему он посвятит себя в будущем? Некоторым — всю жизнь. Олегу для этого понадобилась всего одна ночь. Ровно шесть часов: с той самой минуты, когда он, разбуженный в одиннадцать вечера тем же заботливым хозяином, спешно собирался на транс-вечеринку, пропустить которую в этой части

Индии считалось просто преступлением, и до пяти утра, когда полторы тысячи участников, танцуя, встретили рассвет солнца в едином порыве утреннего транса. Обессиленный, не чувствуя ни рук, ни ног, лежал он, разбитый, на вонючей койке и мечтал. Действие одной несчастной таблетки прошло давным-давно, а Олег грезил наяву. Он будет проводить настоящие транс-парти (по-английски звучит, несомненно, лучше, чем по-русски) в Тель-Авиве; он начнёт работать с самыми известными группами транс-музыки в Израиле, а ведь они — одни из самых известных в мире. Но никакой грязи, никакого хиппиленда... Он сделает светящийся в темноте дизайн зала с элементами космических эффектов и может быть, немного Востока — фигура индийского бога, танцующего «космический танец», и конечно, ароматические свечи. Можно сделать графику на компьютере и спроецировать на огромный экран. Нужно хорошее оборудование, мощный синтезатор... Где взять деньги?

На этом, самом распространённом и почти всегда риторическом вопросе начинающих предпринимателей Олег уснул и проснулся только к ночи, к очередной вечеринке. «Ого, — подумал он, посмотрев на часы, — начинаю втягиваться...» Он прополоскал рот водой из бутылки, как было указано в листовке «Правила гигиены в Индии», которую заботливый друг вручил ему в самолёте, взяв обещание вешать её на стенку напротив кровати где бы он ни был, даже если стенкой будет служить пальма.

Сегодня звезда диджеев занимался медитацией, а вечеринку организовывал какой-то русский. Как и в израильских «русских» дискотеках, сюда стекались бывшие соотечественники со всего побережья, а когда диджей запускал трек на тему «Машины времени» или «ДДТ» — народ начинал беснoваться. Олег сегодня не танцевал, как, впрочем, и во все последующие дни. Он хотел учиться делать транс-музыку, а не заниматься ерундой. Одного особо шустрого, маленького индуса, продавца экстази, он чуть не ударил в нос за назойливость. Здесь он и встретил Машу...

Он так обрадовался ей, что вытащил её за руку из толпы танцующих, даже не обратив внимания с кем она была, и тут же, что свойственно всем мужчинам, начал ей рассказывать о своих грандиозных планах… Пока Маша молча слушала, как Олег «заливается соловьём» и строит планы своего будущего бизнеса, она выглядела абсолютно нормальной, но когда она заговорила…

— Посмотри на себя! Что ты о себе возомнил? Как ты не понимаешь, что транс-пати — это не просто пошлая вечеринка в дискотеке, это священнодействие! И может происходить только здесь, в этих местах, где люди открытые и в своём первозданном обличии, и верят в транс-послание пришельцев, где на рассвете и на закате танцует бог Шива, и где люди умеют летать! — Маша привычным движением закинула в рот розовую таблеточку и запила из бутылки Олега.

— Люблю розовые, — улыбнулась она, — они со вкусом клубники…

Вечер — вернее, утро — закончилось у Маши, в её доме. Она жила в такой же жалкой хибаре, как и Олег, но тут был уют, который может создать только женщина: белые занавесочки на окнах, пёстрое покрывало на кровати, разнообразные коробочки, разноцветные фонарики — всё это превращало убогое жилище в подобие настоящего дома.

«Прекрасно, — думал Олег, заботливо укрывая Машу, которая и не думала просыпаться, хотя время уже перевалило за полдень, — прекрасно, что вкус и запах у женщины остаются теми же, не нужно привыкать заново, как будто и не расставались».

Олег всерьёз решил изучить все приёмы диджеев и все разновидности транс-вечеринок, поэтому он пошёл сегодня совсем в другое место. Маша не согласилась идти с ним, она сказала, что танцует всегда на одной и той же площадке, независимо от того, кто проводит вечеринку. У этого места есть своя энергия, от которой она набирается сил прожить следующий день.

Появившись только на следующий день в полдень, Олег обнаружил в Машиной хижине огромного негра, полоскавшего свои ослепительно белые зубы из его же, Олега, бутылки воды, которую он оставил тут вчера. Значит, Маша напитывалась энергией не только от транс-музыки…

Этот негр был настолько же огромен, насколько и добродушен. Он перехватил руку Олега, который в порыве оскорблённого самолюбия пытался нанести ему удар где-то в районе плеча и, улыбаясь, как настоящий киношный негр — ослепительно белой улыбкой, — заявил, показывая на Машу, мирно сопевшую на кровати, выпростав из-под простыни голую ногу:

— Your girl? Very nice girl! — он аккуратно отодвинул Олега, как стул или табуретку, и вышел из комнаты, одарив его на прощание своей великолепной голливудской улыбкой.

Может, между ними ничего не было? Олег обошёл всю комнату, чтобы убедиться, что нигде не валяются Машины трусики, которые она имела обыкновение забрасывать за спинку кровати, после чего сорвал с неё простыню и начал трясти, чтобы она быстрее проснулась. На его счастье, Маша действительно спала в нижнем белье и вставать не собиралась, упорно пытаясь натянуть простыню обратно… Забегая вперёд, можно сказать, что Олег ни разу так и не определил, был ли у Маши секс с теми представителями разных рас и народов, одного из которых он обязательно находил у неё в комнате, если возвращался не с ней, посетив пару вечеринок в образовательных целях… Она яростно всё отрицала, делая упор на единстве мировоззрений. Не все из них были так добродушны, как тот первый негр, и несколько раз Олег серьёзно подрался. Правду сказать, Маша каждый раз честно отхаживала его потом несколько дней, не пожертвовав, тем не менее, ни одной вечеринкой.

Месяца такой жизни Олегу показалось вполне достаточно: общеобразовательный курс по организации транс-пати он мог считать законченным. Олег съездил на Анджуна-маркет купить подарки родным, а все оставшиеся после оплаты комнаты деньги потратил на музыку. Забыл только об одном — поговорить об отъезде с Машей. В слепоте своего молодого эгоизма он был уверен, что Маша уедет с ним, нужно только поменять дату отъезда в билете. Но дату отъезда Маша передвигать не собиралась, вернее, собиралась, но в другую сторону.

— Я сама почувствую, когда накоплю достаточно энергии, чтобы вернуться обратно, — заявила она Олегу при прощании.

Последнее, что он видел с трапа самолёта, — это её манерный воздушный поцелуй и какого-то типа с растами,[46] который крутился рядом. Впрочем, может быть, между ними ничего и не было…

[46] Раста — небольшая прядь волос в виде косички, оплетённая по кругу нитками с бусинками.

Глава 33

Идея выпускать свою собственную газету принадлежала, как ни странно, Олегу. Всё началось с того, что он попытался протолкнуть в одну из русскоязычных газет свою статью о транс-движении и его влиянии на будущее человечества. Но статью не брали, транс-музыку культурным явлением не признавали и вместо того, чтобы платить гонорар, за статью просили деньги как за рекламное объявление — по количеству слов.

Олег решил плюнуть на то, что сам после поездки в Рим избегал встреч с Володей, и приехал к Рине прямо домой. Дело было поздним вечером, и Володя уже устроился в кресле перед телевизором с пультом в руках, в расчёте отключиться наконец-то от дневных забот. Олег явился прямо во время выпуска новостей и, не ожидая перерыва на рекламу, сунул Володе папку со своей статьёй прямо под нос.

— Вот, смотри, что делают акулы империализма! Мы, как голодные волки, рыщем для них в поисках заказов на рекламу, готовим тексты, графику, берём на себя ответственность за расчёты с клиентом, а они только сливки снимают. А что они печатают в своих газетах! Посмотри на это убожество, на их музыкальную страничку, — он вытащил из кармана скомканный газетный лист. — Я перед носом редактора вырвал это у него из газеты. Вот чего стоят их публикации! Посмотри, это же средние века, доперестроечный период. Да мы бы сами сделали в сто раз лучше, писали бы о современной музыке, о том, что интересно тысячам молодых, о компьютерах, например, об Интернете. Сделали бы интернет-страничку о самых классных сайтах, о том, как с ними работать, рядом штамповали бы свою рекламу.

Олег поднял голову. Володя молчал, но по выражению его глаз Олег понял, что попал в точку, — это была стоящая идея.

— Ну-ка, дай свою статью посмотреть, — Володя потянул папку к себе.

Так вот иногда, очень прозаично, во время выпуска вечерних новостей, случаются судьбоносные переломы в жизни людей. Пробежав глазами статью, Володя понял, чего там не хватало. Он в студенческие годы подрабатывал редактором институтской газеты и, будучи человеком основательным, изучал теорию «газетного дела». Была у него мысль податься после института на журналистику, получить второе образование, но это значило бы начать всё сначала, а ради чего? Ради сомнительного удовольствия, в лучшем случае, значиться в штате какой-нибудь районной газетёнки и писать о перевыполнении плана местной трикотажной фабрикой или успешном удое коров в соседнем колхозе? И даже об этом придётся писать только то, что удовлетворит партийное руководство. Теперь в Москве, конечно, всё по-другому, но он-то здесь…

Володя закончил править статью Олега и вытащил из нижнего ящика шкафа свои старые записи со времён войны в Персидском заливе, когда «Скады» начали падать в первый же день их приезда в страну. Тогда Володя каждый вечер при приближении темноты, когда начинало сосать под ложечкой в ожидании звука неизбежной сирены, садился и в хронологической последовательности записывал, что происходит каждый день в Израиле, как разворачиваются события на театре военных действий, и что думает об этом мировая общественность с одной стороны, и простые израильтяне — с другой. Правда, информация у него была достаточно однобокая: его «простые израильтяне» говорили только по-русски, а мнение мировой общественности он узнавал по телевизионному подстрочнику CNN, скрупулёзно переводя его со словарём. Но сейчас он понял, что труд его не пропал даром: записки выглядели как настоящие репортажи военного корреспондента с линии фронта, и сегодня, через пять лет, когда угроза не уменьшилась и вся страна меняет противогазы, статья о последней войне была как нельзя к месту.

Володя с трудом пробивался в толпе танцующей, вернее, извивающейся и трясущейся молодёжи. Он вдруг с удивлением поймал себя на этом определении. Что ж, он уже давно не «молодёжь», тридцатник стукнул год назад. Впрочем, он и в институте никогда не посещал дискотеки, предпочитая выпить чего-нибудь покрепче с друзьями в общежитии. В чемпионах, правда, не ходил, там ребята из Сибири были, за ними угнаться было невозможно. А тут, в Израиле, и не пьют вовсе, зато смотри, как танцуют. Правда, от Олега он слышал, что неотъемлемой частью таких транс-вечеринок были наркотики. Глядя на танцующих, находящихся в глубокой прострации, нетрудно было поверить, что большая часть из них накурилась или укололась. Пространство под потолком рассекалось пучками лазерных лучей разных цветов, выхватывающими из темноты фигуры многоруких и многоногих индийских богов, изображенных флуоресцентной краской и на стенах, и на майках танцующих. В воздухе стоял нестерпимый запах каких-то благовоний, так что Володя на всякий случай проверил, на месте ли его ингалятор.

Каждую секунду меняя траекторию движения и вовсю работая локтями, он наконец-то пробился к Олегу. Тот находился в центре зала на небольшом возвышении, в наушниках, и виртуозно управлялся с тонной аппаратуры, двигаясь в такт музыке, периодически что-то вещая в микрофон, и казалось, магнетизировал толпу. На ступеньках к «пульту управления» расположилось несколько длинноногих юных граций с коктейлями в руках. Невозможно молодые, голубоглазые, со светлыми волосами и непередаваемо «русским» выражением лица, девчонки гипнотизировали Олега, в надежде получить от него хотя бы один многообещающий взгляд. На Володю они смотрели недовольно: «Что за противный старик пришёл отрывать наше божество от священнодействия…» Он почувствовал укол зависти, но быстро вернулся к действительности: что бы он, спрашивается, стал делать с этими малолетками? Олег действительно был весь в трансе, вернее, в транс-музыке, и Володе пришлось несколько раз сильно дёрнуть его за рукав, чтобы обратить на себя внимание. Олег обернулся, не отрывая рук от пульта. Говорить было бесполезно — всё равно ничего не слышно — но Олег по губам понял, что Володя сегодня должен был «закрывать газету», а страничку о музыке в Интернете ещё не получил.

— Диджей подвёл, не явился, на переподготовку в армию забрали — обычно я сам этим не занимаюсь, — Олег извиняясь, пожал плечами и посмотрел на часы. — Всё только начинается: раньше, чем в семь утра, до компьютера не доберусь.

Володя только махнул рукой, — «Ладно, сам справлюсь». Он посмотрел на часы: всего двенадцать. Рина сегодня на ночном дежурстве, Гошик спит у родителей, — можно вернуться в офис. До сих пор интернет-страничкой занимался Олег — он искал сайты о музыке, систематизировал их и писал о них в газете, параллельно рассказывая о разных стилях и печатая рекламу своей дискотеки. Володе было не до Интернета: он мотался по рекламодателям, писал статьи, искал графоманов-любителей, готовых платить деньги за то, чтобы их напечатали... Всё это нужно было, чтобы газета выходила раз в неделю и чтобы рекламное агентство продолжало функционировать, и даже переводы Володя не отдавал в чужие руки. Володя взял предыдущий выпуск газеты, просмотрел, о каких сайтах рассказывал там Олег, и стал проверять, чего новенького они предлагают. На полях газеты Олег от руки написал для Володи названия нескольких порносайтов, мол, на твоё усмотрение: хочешь, мы можем сделать страничку и об этом, за содержание сайтов редакция ответственности не несёт. Володя зашёл и туда. Это было необыкновенное ощущение: вот так, без всякого напряжения, тайн и шушуканья можно смотреть порнофильмы. Володя ещё не забыл, как это выглядело в Союзе. Впрочем, он этим никогда не увлекался, секс вживую ему нравился значительно больше. Но сейчас, слушая все эти вздохи и ахи, любуясь на разные части тела удивительно соблазнительных женщин, он вдруг подумал, что уже давно у них с Риной ничего не было так, как надо: так, как хочется. Всё как-то скомкано, быстро и невпечатляюще... Его газета, её ночные дежурства... А может быть, у неё кто-то есть? Он тут же попытался отогнать эту мысль как ненужную. Обычно он это умел делать, но сегодня не получалось. Не получалось не думать о том, с кем она была, когда он уехал в Москву, как последний дурак. Что он себе думал, с кем будет спать его жена? Рина, правда, утверждает, что у неё никого не было за эти два года: а что она скажет — познакомит с временным его заместителем? Ещё хорошо, если с временным... За этими мыслями и Интернетом ночь пролетела, как одно мгновение, за окном вдруг неожиданно посветлело, и зазвенели, защебетали птицы. «Совсем как дома, в Минске, чувствуют весну, хоть зимы и не было…» Так неожиданно наступило утро, можно было посылать газету в типографию.

Теперь Володя два раза в неделю, когда у Рины были дежурства, оставался в офисе, у компьютера. Правда, к порносайтам он быстро потерял интерес — решил пригласить Рину на пару дней в гостиницу, в Эйлат, и там уже поговорить. Но времени как-то не находилось, и разговор откладывался на неопределённое время… «Потом, сейчас не время, — говорил себе Володя, — может быть, и так что-нибудь изменится…» Пока ничего не менялось, но две ночи в неделю он посвящал Интернету, и интернет-страничка в газете становилась всё насыщеннее и интереснее. А Володя бродил по интеллектуальным джунглям Интернета и открывал для себя неизведанную землю, где жили люди, похожие на него, которые не брезговали крепким словцом, не боялись посмеяться хорошей шутке и при этом умели всю эту словесную бредятину как-то философски возвеличить.

Неожиданно для себя он начал писать и посылать в интернетовские журналы статьи о современной философии, которой когда-то увлекался, пока репатриация в Израиль так травматически не прервала разбег мысли.

Самым большим сюрпризом Интернета была для него виртуальная встреча с Димой, его бывшим учителем иврита. Оказалось, что именно Дима скрывался под виртуальным именем «Хромой Учитель». А на самом деле он был руководителем редакции одного из крупных сетевых журналов русского Интернета и большим авторитетом в вопросах сетевой идеологии и философии. Отсутствие факса уже не могло стать препятствием к совместной работе, и теперь Володя два раза в неделю готовил для него небольшие заметки об Израиле под старым проверенным заголовком «Горячие точки планеты».

Глава 34

Олег вернулся с той транс-вечеринки, где нашёл его Володя, уже после полудня. Всё прошло благополучно, даже лучше, чем можно было ожидать, но Олег был в плохом расположении духа. Давно прошли времена, когда пульт диджея возбуждал его больше, чем красивая девушка… Пришлось даже проглотить две таблетки экстази, чтобы немного завестись. Прошли и те времена, когда для проведения стоящего транс-парти ему приходилось заниматься и музыкой, и рекламой, и съёмом помещения, и дизайном. И деньги считать тоже всегда приходилось самому, а их постоянно не хватало. Потом он постепенно сделал себе имя и теперь мог приглашать на свои вечеринки самых популярных диджеев, умеющих держать публику в напряжении всю ночь. И из-за того, что он отвык работать у пульта столько часов подряд, и из-за этих проклятых наркотиков, которые и наркотиками-то назвать нельзя всерьёз, он пошёл с этой голубоглазой — или кареглазой, — он даже не помнит точно… Но он помнит наверняка — что не проверил, как делал всегда, как бы в шутку, её паспорт, и теперь мучился сознанием того, что ей, возможно, меньше шестнадцати и от неё так просто не отделаешься. Она даже в постели не сняла свои деревянные бусы, и во время секса декларировала основные принципы трансёров: «НИКАКИХ ЗАКОНОВ ЗДЕСЬ! СВОБОДА! МУЗЫКА! ТАНЕЦ! НИКАКИХ БАРЬЕРОВ! ДЕЛАЙ ЧТО ХОЧЕШЬ! СЕЙЧАС!» Теперь Олег понимает, что она имела в виду. Для неё «делай что хочешь и никаких барьеров», а для него эта свобода может обернуться обвинением в изнасиловании несовершеннолетней. И это в то время, когда у него и так напряжённые отношения с полицией! Кто бы мог подумать, что на второй родине транса, где выступают такие известные группы, как Shiva Space Technology или Infected Mushroom, транс-пати практически запрещены, и проводить их приходится под видом обычных русских дискотек. Местных, в смысле, израильтян, на такую дискотеку палкой не загонишь, а у них денег побольше нашего.

И вообще, наши предпочитали свои ретро-хиты, и он решил, что параллельно будет открывать свой постоянный клуб-дискотеку для своих. Олег чувствовал, что у него скоро не хватит сил бороться с властями: он по натуре был законопослушным гражданином, и каждое появление полиции приводило его в полное смятение. Так и с женщинами: с каждой вечеринки он теперь уходил с другой девушкой, но предварительно проверял её паспорт и доступно объяснял, что понятие свободы в транс-идеологии предполагает также и свободу от сексуальных обязательств. Его предыдущие связи, особенно с Машей, закончились полным фиаско, и причиной этого, по его сегодняшнему мнению, было его же, Олега, совершенно необъяснимое и упорное постоянство.

Он пришёл к Лидии, Машиной маме, как и обещал, сразу после приезда. Только переступив порог дома, он понял, в какое неловкое положение попал, — ведь он обещал вернуться с Машей. Насколько реальным это казалось тогда, перед отъездом, настолько нереальным оказалось в действительности. Маша обладала удивительной способностью гасить все его порывы. Лучшие намерения и мечты разбивались в мелкие брызги об её цинизм и непредсказуемость, как морские валы о волнорез. Олег стоял, переминаясь с ноги на ногу и не решаясь поднять на Лидию глаза, а она, видя его состояние, боялась что-нибудь спрашивать. Наконец недоразумение рассеялось, и Олег понял: Лидия и не рассчитывала, что он сможет выполнить своё обещание. Это не на шутку задело его самолюбие, и он нарочито скупо, в двух словах, рассказал о Машиной жизни на Гоа, не упомянув, конечно, ни розовые таблеточки, ни сменяющуюся непозволительно часто череду кавалеров. Маша была для него неизведанным островом, и когда он задумывался об этом всерьёз, то понимал, что она ему просто не по зубам. Он опять начал думать о ней, в последнее время всё чаще и чаще: она не отпускала его ни днём, ни ночью и напоминала ему роковых женщин Достоевского, про которого он писал сочинение в своё последнее лето в Союзе.

Ну, пусть она и остаётся роковой женщиной, только он не будет идиотом. Пусть она ему не по зубам — вон сколько других! Но проходило несколько дней, и он, получив от неё очередную открытку со знакомыми очертаниями голубой лагуны и отпечатком её губ в виде сердечка — так она передавала поцелуй — вдруг забывал о её роковой сущности: она казалась ему обиженной и несчастной, а он сам себе — жестоким и бессердечным предпринимателем, думающим только о выгоде и деньгах. Он ловил себя на мысли, что ищет повод снова вернуться в Гоа, например, набраться дополнительного опыта в проведении транс-пати, пообщаться с другими диджеями — каждый месяц появлялись новые звёзды… Но он не мог оставить раскрученную уже огромную машину, в каждом деле у него были свои партнёры, и интересы многих людей были поставлены на карту.

О деньгах приходилось думать вне зависимости от Маши. Денег не хватало катастрофически, и любовные страдания отодвигались на второй план. Все те проекты, которые он на себя взвалил, нельзя было окупить только входными билетами на дискотеку. Нужны были вложения, и он отчаянно искал спонсоров. Он читал где-то, что люди никогда не кончают жизнь самоубийством из-за несчастной любви, в конечном счёте всё сводится к отсутствию денег. Олег, конечно, был далёк от мысли свести счёты с жизнью, но в глубине души знал про себя, что если бы сейчас он нашёл кого-нибудь, кто готов вложить деньги в его дискотеку, то любил бы его не меньше, чем Машу.

Олег даже начал взвешивать возможность отказаться от квартиры, которую снял по приезде из Гоа. Но именно сейчас делать ему этого не хотелось, потому что в этой квартире Олег просыпался с одной и той же девушкой уже третью ночь.

Именно с той, которая не снимала бусы. Бусы она не снимала, была немного блаженной и ходила по квартире только босиком, но наркотики не пробовала — собственной дури в голове ей хватало, чтобы завестись на вечеринке за несколько минут. И это у неё он не проверил вовремя паспорт. Теперь уже поздно… Фамилия у неё смешная, что-то вроде Кобасова или Долбасова, но он называл её Босявка; и до 16-ти ей оставалось ровно 23 месяца и 10 дней. И Олег, притворно вздыхая, сам себя убеждал, что не может сейчас её оттолкнуть: она поднимет шум, нажалуется подружкам, родителям, и тут его за ушко и на солнышко. Нужно как-то протянуть это время. Было странно взять на себя ответственность за так называемые «постоянные отношения» с самым, казалось бы, непостоянным существом, которое только можно было себе представить. В его отношении к ней появилась какая-то особая нежность, и он даже купил ей дополнительную подушку, так как свою он всегда находил утром у неё под головой, запутавшуюся в её длинных волосах. Но через неделю их совместной, почти семейной жизни, когда он уже почти приучил её ходить по дому в тапочках и есть за столом, а не стоя на одной ноге у холодильника, она, рыдая у него на груди, сообщила, что родители разводятся, и мама переезжает с ней вместе в Яффо, к своему коллеге по работе. Какой коллега по работе может жить в Яффо, где девяносто пять процентов белого населения — арабы, Олегу было понятно без слов, но дела это не меняло — он будет свободен… Олег не знал, радоваться ему или отчаиваться, позвонил владельцу квартиры, который давно уже хотел её обратно, загрузил в тарантас восемьдесят шестого года выпуска свои немногочисленные пожитки, не особенно заботясь о том, чтобы упаковать их как следует, и в этот же вечер переехал к родителям…

Отец и мать, растерявшись, стояли в коридоре перед грудой вещей, которые их богемный сынок — так они в шутку его называли — сгрузил прямо у входа. Мать многозначительно указала отцу глазами на вторую подушку. Олег перехватил её взгляд и усмехнулся про себя: «Родители до сих пор считают его ребёнком. А ведь у них в его возрасте уже была Рина». Пока мать спешно распихивала вещи сына по углам их крошечной квартиры, отец вызвал его на кухню с видом заговорщика:

— Сегодня у нас важная встреча. Приходит очень богатый человек, и он заинтересован вложить деньги и помочь своей русской подруге, нашей приятельнице, начать серьёзный бизнес с Гербалайф. Это наш шанс, и ты должен нам помочь.

Олег засмеялся:

— Если ты хочешь, чтобы я ему сказал, что я такой худой от Гербалайфа, — пожалуйста!

— Нет уж, он не такой дурак, чтобы так просто купиться. Лучше сделай вид, что ты — начинающий дистрибьютер и очень интересуешься продукцией Гербалайф, — отец начал нервничать.

— Нет, ты серьёзно? — удивился Олег. — Да ты посмотри в зеркало — мы же похожи как две капли воды, он же сразу поймёт, что я твой сын. Он же не дурак, как ты говоришь.

— Ну хорошо, — нехотя отказался отец от своей замечательной идеи, — просто переводи ему на иврит и попытайся на него повлиять, ведь дело-то стоящее.

На следующий день, вспоминая этот разговор, Олег точно помнил, что действительно хотел помочь родителям. Но, видимо, когда отец немного перебарщивал в своих восхвалениях Гербалайф, он несколько раз непроизвольно хмыкнул, чем явно не вызвал доверия к предмету у почётного гостя. Высокий лысый старик с удивительно молодыми, проницательными глазами и густыми, как у Льва Толстого, бровями, он дождался, наконец, окончания речи и спросил у Олега просто:

— А вот вы, молодой человек, во что бы вы вложили сегодня деньги?

— В дискотеку! — брякнул Олег и тут же пожалел о содеянном.

Старик начал хохотать визгливым, женским смехом, при этом пришлось притащить ему рулон туалетной бумаги, так как смеялся он взахлёб и до слёз. Отец, который, в отличие от матери, понял их короткий диалог на иврите, смотрел на сына с немым укором, все остальные молчали, почтительно ожидая, когда гость успокоится. Приятельница родителей, у которой сорвалась почти готовая сделка, ушла, не дожидаясь окончания вечера, громко хлопнув входной дверью, и утащила за рукав своего «миллионера», который ещё подвизгивал и посмеивался дробным смешком. Пикантность ситуации была в том, что дама эта оказалась почти родственницей Рине, вернее, Володе. Олег сразу запутался в сложных конфигурациях типа: «Доктор прожил с ней всю жизнь, несмотря на то, что любил другую, а она его бросила в трудную минуту». Однако доктора он знал, как и все дети еврейских родителей, очень уважал ещё с Минска, и поэтому ему вдвойне была неприятна эта история.

Тем не менее, когда через пару дней отец отошёл от обиды и вручил ему телефон весёлого старика, который тот, оказывается, успел оставить для Олега, он не постеснялся позвонить и пообещать сводить того и на дискотеку, и на транс-вечеринку, и даже свозить в Гоа. А обещание держать всё в строгой тайне, чтобы ни дети, ни подруга ничего не прознали, ему пришлось повторить на трёх языках: иврите, английском и русском. Дед-то, оказывается, был родом из России.

Глава 35

Нельзя не отметить, что «итальянские каникулы» произвели на Таню неизгладимое впечатление и в какой-то мере изменили её саму или, если сказать точнее, изменили её мировоззрение. Она вдруг почувствовала себя именно тем свободным человеком в свободной стране, о котором упорно нашёптывали десятки лет всякие там «Би-би-си» да «Голос Америки». Роман Соломонович любил за завтраком пересказывать жене и дочери самые провокационные новости с таким значительным видом, как будто получил их прямиком из небесной канцелярии, а не слушал вчера вечером по маленькому транзистору, закрывшись в туалете. Так или иначе, Таня вдруг перестала чувствовать себя забитой репатрианткой, упорно цепляющейся за любую соломинку, позволяющую выжить. То ли первая в её жизни поездка за границу вызвала эту метаморфозу, то ли прошли те самые легендарные пять лет, за которые каждый эмигрант, или, в её случае, репатриант, должен съесть «горшок дерьма». Звучит не самым лучшим образом, но из песни, как говорится, слов не выкинешь. И даже тот факт, что это путешествие стало последней точкой в её отношениях с Олегом, нисколько не умаляло его значения: она начнёт всё сначала — и карьеру, и личную жизнь, какие её годы… Сегодня она знала наверняка: в тридцать три года жизнь только начинается.

Таня и Рина взволнованно заканчивали последние приготовления. На старом пианино в комнате для заседаний управления красовались розы в бутылке из-под колы, а возле них ханукальный семисвечник. Честь зажечь первую свечу будет предоставлена ответственному по культуре профсоюза фармацевтической фабрики. Пианино обитало здесь со времён Британского мандата. Вокруг него существовала легенда, что оно принадлежало дочери управляющего, которая была безнадёжно влюблена в сына арабского шейха, но злобный отец, чёрствый и тупой англичанин, не давал соединиться сердцам влюблённых. Поэтому несчастная девушка по ночам играла печальные мелодии, которые слышала вся округа. После объявления независимости Израиля все участники этой душераздирающей истории разбежались кто куда. Жестокосердный отец с безутешной дочерью отправились восвояси в туманный Альбион, а шейх с семьёй решил пересидеть лихие времена в своей летней резиденции на Ливанском побережье Средиземного моря. Так бездушные родственники и исторические обстоятельства разлучили несчастных влюблённых, которые, возможно, были созданы друг для друга. Единственным свидетелем этой истории осталось поцарапанное, но благородное пианино, которое Таня протирала сейчас специальной жидкостью для мебели, чтобы придать ему блеск. На самом деле настоящим героем этого вечера было не пианино, а Танино концертное платье. Кто не верит, что платье не может изменить женщине жизнь, — тот не знает женщин.

Полгода назад, после смерти Бориса и бегства Олега, Таня осталась и без мужской поддержки, и без места работы. Её место на набережной Луи занял какой-то лысый самозванец со свистулькой, балалайкой и металлическими тарелками. Он шумно управлялся со всем этим невиданным оркестром губами, руками и ногами, не забывая при этом показывать глазами на футляр, в который нужно было кидать монеты. Футляр был от контрабаса, но ошарашенные туристы не обращали внимания на эту пикантную деталь. Одним словом, Тане пора было начинать новую жизнь. А с чего женщина начинает новую жизнь? Конечно же, с нового гардероба, потрудившись избавиться предварительно от старого. Таня энергично распихивала вещи в два мешка: один — для новоприбывших олим, другой — для старoприбывших эфиопов. Она остановилась, когда вытащила из шкафа давно забытое концертное платье, копирующее последнюю модель солистки театра «Ла Скала». Солистка «Ла Скала» за эти годы сшила, безусловно, не одно платье, тогда как у Тани оно было единственным. Таня посмотрела на часы. Через десять минут должен прийти ученик. Нужно успеть за это время принять душ, примерить платье, которое как-то особенно застёгивалось на спине, и снова переодеться в обычную одежду. Таню, как любую нормальную женщину, это не испугало: нужно же проверить, изменились ли её габариты. За отведённое время она успела только принять душ и надеть платье: с застёжками пришлось повозиться. Вот тут и раздался стук в дверь: на пороге стоял её давний ученик, профессор Техниона. Он не был таким молодым и перспективным, как Аллочкин, но зато мечтал учиться играть на фортепиано с трёх лет — это был тот возраст, в котором его вывезли из Германии. Он считал себя необыкновенно музыкальным. Увидев Таню в роскошном платье, профессор буквально задохнулся и рассыпался в комплиментах.

— Это моё старое концертное платье, — смутилась Таня, — только выступать мне негде…

— Как же негде? — не растерялся профессор. — Давайте сделаем концерт, я найду вам аудиторию.

— И кто же будет выступать? — Таня не знала, что сказать.

— Как кто? Вы и я, — скромности ему было не занимать. — Кроме того, у вас же есть другие ученики.

— Да, но немного, — пролепетала Таня, не решаясь сказать, что он остался единственным из бывших учеников, платившим за уроки.

— Если бы вы могли ставить голос, я привёл бы вам целый хор: мы с коллегами каждую неделю собираемся у кого-нибудь дома и поём, — заявил этот необыкновенно музыкально-активный ученик.

— Ставить голос, ставить голос, ставить голос… — Таня ходила по квартире, сжав голову руками.

Конечно, преподавать то, чем ты никогда не занимался, — это очень по-израильски, но Таня не могла на это решиться. «Ставить голос — это учить петь, — рассуждала она про себя. — Если бы это хоть были дети». И тут её осенило: «Рина — вот кто умеет это делать, она же пела с детками в садике, а взрослые — те же дети, только более амбициозные. Тот же профессор, например: «Танец маленьких лебедей» только правой рукой играет, а туда же: выступления ему подавай». Таня вздохнула. Она давно завидовала раскрепощённости израильтян — они всегда верили, что всё им по плечу…

Рина так часто вынимала и перечитывала записку, которую вытащил для неё попугай на Пьяцца Навона, что она стёрлась на перегибах, и некоторых слов не было видно. Впрочем, она знала текст наизусть: «Осторожно, вы скоро измените свою жизнь». Что-то нужно было делать…

Менять работу? Страшно сказать, что удерживало её каждый раз от ухода, — очередной смертельный больной. Они — мужчины, женщины, старые и не очень старые и иногда даже очень молодые привязывались к ней моментально и не могли прожить без неё и дня. Пока не наступал их черёд… И каждый раз, когда освобождалась ещё одна койка, Рина говорила себе: «Всё, я ухожу, больше не могу…» Но на другой кровати или в другой палате ждал её кто-то, кто тоже не мог без неё прожить и дня. И всё начиналось сначала…

Менять мужа? Хорошая шутка, но Гошик… И она не хочет больше быть одна. Да, отношения с Володей зашли в тупик, каждое выполнение «супружеского долга» становилось всё более неподъёмной обязанностью. Но у неё был Игорь, её жаркая любовь, её счастье… А теперь будет ещё и музыка — Рина очень обрадовалась неожиданному предложению Тани. Она же вызвалась найти ещё учеников для их музыкальной студии и начала с Деборы, сестры Йоси, у которой когда-то убирала. Они иногда встречались, теперь уже за чашкой кофе, как подруги, а не как работница и работодатель, и должность заведующей кадрами фармацевтической фабрики уже не казалась Рине равнозначной дворянскому титулу.

Они вместе смеялись теперь, когда Рина рассказывала, как она пела и танцевала со шваброй под песни Арика Айнштейна во время уборки, и Дебора говорила, что она в детстве делала то же самое.

И вот сегодня состоится первый — после полугода напряжённой работы — концерт их песенно-музыкальной студии, которую они, как дань ностальгии, назвали «Мелодией». Первой пела соло Дебора, она же и организовала им это помещение; потом — активист-профессор: он уже играл «Танец маленьких лебедей» двумя руками; затем ещё несколько разновозрастных учеников, которые пришли воплощать свои мечты детства в музыкальной школе для взрослых; и наконец, программу завершал «хор Пятницкого», как шутя называла его Таня. Она, в своём концертном платье от «Ла Скала», была неотразима. Правда, платье за несколько дней до концерта пришлось ушивать почти на два размера, так как Таня похудела от волнения. А для Рины взяли напрокат вечерний наряд в салоне невест, как ни тяжело ей было там появляться. Не белое платье, конечно, а одно из тех, которые надевают подружки невесты. Она и выглядела в нём, как девочка, трогательная и мечтательная... Больше всего на свете ей хотелось сейчас, чтобы Игорь увидел её в этом платье, но на концерт пришли Володя с Гошиком, и Игорю там места не было.

Глава 36

Володя сидел на топчане, погрузив ноги в горячий песок, и с неудовольствием рассматривал своё белое тело и полоску жира на животе, которая образовывалась на сгибе, когда он садился. «Пивным животиком» это уплотнение ещё нельзя было назвать, но оно вызывало тревожные мысли о приближающейся зрелости и необходимости заняться собой. Понятие «заняться собой» включало в себя много составляющих, начиная с давно осознанной, но так и не осуществлённой необходимости бегать хотя бы по часу в день, и заканчивая очередным обещанием не выпивать больше бутылки пива по ночам, когда он закрывает газету или сидит в Интернете. Воспоминания о газете нарушали покой и саднили душу не меньше, чем угрызения совести от неправильного образа жизни... Газета — то единственно важное для него, чему он был готов посвящать все дни и ночи — стоила ему слишком дорого. Эта «капризная дама» была ему не по карману. Ни доходы от переводов, ни доходы от рекламы, которую они печатали и в своей, и в других газетах, не могли окупить эту роскошь — оплату типографии. Если бы не нужно было тратить на это деньги... А что, если делать газету без бумаги, виртуальную газету, интернет-газету? Ту колонку недавно появившихся русскоязычных новостей в Интернете, которую он проглатывал по утрам вместе с чашкой кофе, нужно преобразовать в газету! В настоящую газету с колонкой редактора, серьёзными статьями, полемикой, письмами читателей и конечно же, теми самыми новостями. Настоящими сегодняшними новостями... Это то, что возможно только в Интернете... Это идея! Это то, что он хочет делать, это то, что он будет делать, чего бы это ему ни стоило. Он хотел было рвануться в офис к компьютеру, но вдруг вспомнил, что он в Эйлате и не один.

Не один... Его московская подруга приближалась к нему в каком-то невероятном пляжном наряде, до жути напоминающем её коллекцию разнообразных шелково-сатиновых домашних халатов и халатиков, которые она искусно меняла утром, днём и вечером. Таким же богатым было собрание её откровенно сексуального белья, которое она привезла сюда, в Эйлат. Но как она ни старалась, оно не украшало её квадратную фигуру, а только подчёркивало её нелепость. Так же, как белокурые локоны, которые она завивала в ванной каждое утро (а потом прятала плойку под раковину, чтобы Володя не заметил), не могли смягчить тяжёлый подбородок и непозволительно длинный для нееврейской женщины нос.

Он вспомнил тетрадку со стихами о любви, которую она, как бы случайно, «забыла» сегодня у него на тумбочке. Володя сделал вид, что не притрагивался к ней. Да и что он мог сказать? Стихи были неплохими: нежными и полными горечи. В этом неуклюжем теле скрывалась трепетная душа, но мужчины не торопились её выискивать… Вот же не повезло бабе. И ещё этот больной ребёнок, которого она родила от предприимчивого молодого аспиранта с Украины, приехавшего защищаться на её кафедре и «пока» остановившегося у неё в Москве. И ведь неглупая женщина — вернее, очень даже умная. У неё уже два высших и кандидатская… А статью об американском философе Рорти, которую он мурыжил уже месяц и собирался закончить здесь, в Эйлате, она привела в порядок за несколько часов. Вот он и плавится теперь на солнце от безделья… Умная, а не видит, как смешно смотрится в роли пылкой возлюбленной. И любит его с института…

Она как будто почувствовала, что он думает о ней, и с необыкновенной нежностью посмотрела на его складки на животе и на опавшие, а, вернее, давно отсутствующие мускулы. Ему стало неприятно, и он даже не улыбнулся ей в ответ. Вот что значит, когда не любишь. Если бы Рина хоть немного напряглась, чтобы порадовать его какой-нибудь новой сексуальной находкой… Только недавно, совсем случайно, он заметил, что она надевает какие-то чёрные крошечные кружевные трусики и такой же точно лифчик. Ей-богу, если бы у неё не был такой озабоченный вид и она не спрашивала бы его триста раз, не забудет ли он о родительском собрании Гошика, он бы подумал, что голова у неё занята совсем другим…

К счастью, неловкое молчание нарушил инструктор, который привёл за руку их «аутёнка» — так ласково называли здесь больных детей. Он сказал, что сегодня ребёнок намного лучше контактировал с дельфинами и даже пытался прижаться к детёнышу, который был приблизительно его размера.

Дельфинотерапия для детей аутистов — это то единственное, что Володя смог сделать для этого ребёнка и его матери. Лечение аутизма в Израиле находилось в самом зачатке. Одна-единственная частная клиника в центре страны брала безумные деньги за двухнедельный курс с проживанием: и это было даже не лечение, а «коррекция», как врачи осторожно называли курс. В Москве делали то же самое и совсем за другие деньги. И так же безрезультатно. Но Володя, дав однажды слово, должен был его выполнить любой ценой. Он нашёл это — достаточно дорогое — развлечение для детей-аутистов в Эйлате, которое было так же далеко от настоящего лечения, как конфеты для диабетиков от инсулина.

Вечером в гостиницу позвонила Рина. Он так обрадовался, услышав её голос, что ему пришлось отвернуться к стене, чтобы не было видно предательски повлажневших глаз. Если его измена Рине была его виной, то он её уже искупил этой неделей в Эйлате.

Но новости, которые сообщила Рина, быстро вернули Володю на землю. Гошик в больнице, в отделении у Антонины Ивановны, которая, к счастью, сегодня дежурит. У него подозрение на менингит, вернее, подозрение — это у старого доктора, с которым Тонечка постоянно на телефоне, а у врачей отделения никаких подозрений нет, они спокойны и счастливы и едят свои бутерброды, пока ребёнка рвёт от высокой температуры. Рина требует вызвать невропатолога из другого отделения, но они только отшучиваются!

У Володи застлало глаза от бешенства. В эту минуту он ясно ощутил разницу между своим ребёнком и чужим мальчиком, который сидел рядом, у его ног, и постукивал палочкой по кровати. Его, конечно, очень жалко, но Гошик!.. Володя вытащил из кармана деньги и положил на тумбочку. Придётся заплатить за такси из Эйлата в аэропорт, завтра у них самолёт в Москву.

Мальчик не сможет выдержать поездку на автобусе, а он, Володя, на своей машине уезжает сейчас. Уже ночью, в долгом — как он ни нажимал на газ — возвращении из Эйлата, он вспомнил, что забыл сказать хоть пару ласковых слов этой женщине, для которой он как-никак был любимым человеком…

Володя добрался в больницу к Гошику только к двум часам ночи. Он приехал как раз вовремя: ребёнку должны были делать пункцию, так как невропатолог, которого всё-таки удалось вызвать после целого дня настоящей войны, подтвердил диагноз Якова Семёновича. Специалисты по детским болезням скептически пожимали плечами, а Рина шёпотом объясняла Володе, что Гошику будет очень больно, никакие израильские чудодейственные обезболивающие не помогут, и счастье, что он приехал вовремя, так как мальчик всё время его ждал: видимо, присутствие отца прибавляет ему мужества.

Рина видела, как Гошик вцепился в руку Володи так, что пальцы его побелели. Она точно знала, почему сын сейчас не плачет. Он вспоминает историю, которую рассказывал Володя: как ему зашивали руку, которую он распорол, когда прыгал на соседней стройке с одной бетонной плиты на другую и упал, споткнувшись об арматуру. За дверью хирурга сидел его заклятый враг, пацан из соседнего дома, который вместе с другими ребятами привёл его в больницу, обессиленного от потери крови. Было очень больно — как оказалось, потому, что медицинская сестра по ошибке ввела новокаин в вену, и место вокруг раны не заморозилось. Получается, что шили ему «вживую», а он молчал — только для того, чтобы враг его не радовался и не думал, что он слабак.

«Вот для чего мальчику нужен отец, — думала про себя Рина, — для того, чтобы ему было о ком сказать: я буду таким, как он!»

Неделю после этого Володя просидел с Гошиком дома, — тот не отпускал его ни на шаг. Они вышли на какой-то новый уровень близости или, точнее сказать, взаимопонимания. Володе казалось, что он первый раз в жизни приобрёл настоящего друга — друга, который любил его со всей горячностью двенадцати лет. Между тем, концепция новой виртуальной газеты была готова, и Володя сделал самое лёгкое и, как оказалось, самое умное, что ему пришло в голову: отправил проект Диме, «Хромому учителю», в Москву.

Полёт в Дели в этот раз показался Олегу намного короче предыдущего. Его спутник, с которым он ожидал неимоверных хлопот, не только занимался собой сам, но и руководил Олегом. Летели они в бизнес-классе, и «дед», как называл его про себя Олег, каждую минуту подзывал стюардессу, чтобы «прогреть», как он выражался, старческие кости первоклассным шотландским виски. Олег поспевал за ним с трудом. В перерывах между стопками старик рассказывал свою жизнь и с каждым появлением стюардессы со стопками виски на подносе история становилась всё более захватывающей. От первого школьного джаз-банда (состоящего из разбитого старого рояля, пионерского горна и барабана), который он организовал в девять лет, после выхода фильма «Весёлые ребята», до настоящего джазового оркестра, который просуществовал с тысяча девятьсот сорок четвёртого года (когда был открыт второй фронт) до тысяча девятьсот пятьдесят третьего. Тогда концертную деятельность пришлось перенести в один из лагерей Архангельской области, куда посадили весь оркестр в полном составе за исполнение буржуазной музыки. Когда дед рассказывал о смерти Сталина, об освобождении из лагеря и о рождении рок-н-ролла, он пытался в проходе между креслами проделать основные па рок-н-ролла не хуже, чем Элвис Пресли. При это он сбросил на поднос стюардессы оба одеяла — и своё, и Олега, — которыми укутался для лучшего «прогревания» организма. Про переезд в Израиль и раскрутку нескольких известных израильских рок-групп в середине семидесятых Олег слышал уже в тумане, когда, поддерживаемый неутомимым жилистым стариком, едва волочил ноги при пересадке в Дели. Откуда у бывшего советского политзаключённого, исполняющего рок-н-ролл, появились деньги, чтобы поднимать рок в Израиле, — Олег так и не узнал: как прошёл полёт до Гоа, он не помнил.

Дорога в Гоа привела старика в восторг, и Олег вдруг тоже посмотрел на неё новыми глазами; раньше ни пальмы, ни виды лагуны не вдохновляли его, вдоволь наевшегося израильской экзотики. На одну из самых крупных транс-вечеринок сезона они явились на белом кабриолете с открытым верхом и прямо на автомобиле проехали сквозь расступающуюся ошарашенную толпу до самого центра, чтобы старый джазмен смог засвидетельствовать своё почтение одному из самых известных диджеев современности.

На сегодняшней вечеринке, собравшей около трёх тысяч человек, Машу они не встретили, хотя транс-пати проводилась в том самом единственном месте, которое питало её энергией. Едва проснувшись, Олег пошёл по старому адресу — искать Машу. Он уже не казался себе таким неуязвимым, как в Израиле, и сердце его ныло при мысли, что дверь ему откроет какой-нибудь очередной Машин поклонник. Как назло, неутомимый старик увязался с ним. Он, казалось, был сделан из железа — ведь они поспали всего пару часов, встретив рассвет в одном порыве с трансёрами. Дверь в Машину комнату была приоткрыта, и слышалось что-то нежилое в её лёгком поскрипывании... Олег растерянно протягивал хозяину, который не сразу его признал, последнюю открытку Маши с неизменной голубой лагуной, обрамлённой тропической растительностью, и именно этим адресом на обороте. Тот, сначала на плохом английском, потом жестами и в конце концов, на хинди визгливо объяснял, что Маша давным-давно тут не живёт, но Олег не верил и снова и снова совал ему под нос его же адрес, написанный на обратной стороне. Дед, увидев, что ситуация зашла в тупик, осторожно взял из рук своего взбешённого молодого спутника открытку:

— Позвольте мне, — успокаивающе произнёс он и поднёс её прямо к глазам. Очки старик принципиально не носил, пытаясь доказать, что для своих семидесяти с хвостиком у него прекрасное зрение. Он несколько минут крутил кусочек картона так и сяк, пока не усмехнулся удовлетворённо:

— Посмотрите-ка, молодой человек, на штамп, только внимательно. Прочтите-ка это слово...

Олегу пришлось всерьёз напрячь зрение, чтобы прочесть на штампе диковинное слово «Похара».

Похара, — произнес всеведущий старик, — это город высоко в Гималаях, и относится он к королевству Непал, то есть, говоря по-простому, ваша подруга послала эту открытку из Тибета.

— Но она прислала точно такую же и своей матери, и тоже с этим, старым адресом, здесь, в Гоа, — растерянно возразил Олег.

— Значит, Ваша подруга точно так же хотела, чтобы её мать или Вы, не знали, где она находится. А находится она сейчас на Тибете, и найти её нет никакой возможности, пока она не захочет этого сама.

Глава 37

Игорь разочарованно переминался с ноги на ногу около окошка «Информация» в аэропорту «Бен-Гурион». Самолёт из Нью-Йорка задерживался. Игорь растерянно посмотрел на голубой, надутый гелием шар «Welcome Home», который так непредусмотрительно и поспешно купил прямо здесь, в сувенирном, при входе в аэропорт. Какой же Наташка в сущности ещё ребёнок! Для неё, он был уверен, увидеть у него в руках этот шарик было не менее важно, чем увидеть его самого…

А ему было важно увидеть её — молодую, лёгкую, живую, всегда свежую, как глоток живительной влаги. С ней всё было просто — он и она, только двое, и никаких дополнительных сложностей и неразрешимых проблем. При мысли о Наташе Игорь вдруг испытал волнение. Это лето, в отсутствие Наташи, прошло совсем не так, как он ожидал. Не то чтобы ему не хватало двух вечеров в неделю с Риной, для которых он наконец-то полностью освободился. Просто ему вдруг трудно стало коротать те вечера, которые он с ней не проводил. Чтобы не возвращаться домой в пустую квартиру, он подолгу задерживался на работе. Но даже перед компьютером, во время решения какой-нибудь трудной задачки, перед ним вдруг всплывала одна и та же картина: Рина, в коротком халатике, хлопочет у плиты, на которой что-то жарится и шкварится. В кухне пахнет по-домашнему вкусно. За столом уже собралась её маленькая семья: муж и сын — смеются, шутят, торопят её с ужином. А он, Игорь, самый близкий её человек, сидит тут как бомж, у которого нет ни семьи, ни дома, и давится неизменным батоном с салатом из тунца и майонезом — символической пищей одиночек-неудачников…

Но это горе ещё можно было «залить» острым соусом чили и «заесть» антрекотом грамм на четыреста, заказанным в соседнем ресторане. А вот как оказаться нужным, когда её сына забирают в больницу с подозрением на менингит, а он не может их даже подвезти в больницу, и его любимая женщина вынуждена искать ночью такси для больного ребёнка?! Зато постылый и нелюбимый муж, одолев дорогу в шестьсот километров из Эйлата в Хайфу, через пять часов оказывается рядом. И не потому, что именно он — настоящий мужчина, а потому, что у него есть права. А что есть у Игоря? Два вечера в неделю — кость для побитой собаки…

Приглашение в ресторан от Володи Рина восприняла, как что-то само собой разумеющееся. Не часто они ходили по ресторанам, хоть и могли себе это позволить. Тем более что для неё предпочтительней было общаться с Володей в общественном месте, чем оставаться дома наедине. Её немного насторожило, что идут они туда вместе с Гошиком, но с другой стороны, мальчик уже большой, почему бы не взять его с собой? Израильтяне таскают своих детей по ресторанам с младенчества. Тем более при Гошике Володя не сможет брать её руку в свою, целовать тыльную сторону ладони, проводить рукой по щеке с такой нежностью… А она, когда они оставались одни, не могла поднять на него глаза — и совсем не от чувства вины, хоть и была перед ним кругом виновата. Она боялась, что Володя увидит по её глазам, как неприятны ей его прикосновения, какими неуместными кажутся ей его ласки, насколько он нежеланный… Рина в этот моменты старалась не думать об Игоре, чтобы не расплакаться и не выдернуть с неприязнью руку. Кому из них было хуже — Володе, преданному ею и нелюбимому, но остававшемуся в иллюзиях, или ей, предавшей и оставшейся без единой иллюзии?..

За столиком, в первый же момент, когда Володя открыл рот и начал рассказывать, что его проект виртуальной газеты принят в Москве, а Гошик, подпрыгивая от восторга, пытался вставить слово и пропищал только на смеси иврита и русского: «Мы едем жить в Москву и Новый год встретим на Красной площади — папа обещал…», Рина буквально почувствовала, что теряет сознание. Это было так картинно и так смешно, что она сама не могла поверить, и не сказав ни «да», ни «нет», подняла бокал.

— Смотри, мама плачет от радости! — Гошик с непосредственностью ребёнка по-своему оценил ситуацию и тут же переключился на огромный гамбургер с чипсами, который поставила перед ним официантка.

Володя ел молча и делал вид, что не замечает, как Рина, склонившись над тарелкой, продолжает ронять слёзы в мясной соус, разбавляя его до светло-коричневого цвета…

Рина не видела Игоря уже шесть дней и не могла от него оторваться, не стесняясь показать, как она по нему соскучилась. Но рано или поздно всё хорошее заканчивается, и Игорю пришлось выбраться из машины, чтобы удобнее было застегнуть брюки. Он всегда подшучивал в такие минуты, что чувствует себя, как тинейджер, который взял у папы без спроса машину, чтобы заняться сексом со своей подружкой.

Рина, воспользовавшись тем, что Игорь снаружи, перегнулась назад через сиденье и быстро подняла с пола какой-то билетик, не успев даже натянуть колготки. Эта бумажка привлекала её внимание с той самой минуты, как она села в машину. Рина постеснялась взять её при Игоре и как оказалось, поступила умно. Проштампованный в нескольких местах прямоугольник оказался посадочным талоном на рейс Нью-Йорк — Тель-Авив на имя Макаровой Наташи, датированный тремя днями раньше. Так вот почему Игорь отменил их последнюю встречу! Вот почему она почувствовала, что сегодня он не так уж сильно «изголодался» по ней, несмотря на то, что они не виделись почти неделю. Вот почему он был в таком приподнятом настроении и беспрестанно насвистывал — вернулась Наташа…

— Ты понимаешь, — говорила Рина, сидя напротив Тани на её кухне и докуривая уже пятую сигарету, — я, после сообщения Володи об открытии этой проклятой виртуальной газеты в этой проклятой Москве, проревела три дня и три ночи. Я была даже рада тому, что Игорь отменил встречу, так опухли и покраснели глаза. А оказалось, всё это было из-за неё, из-за Наташи! Я из-за него рискую потерять и мужа, и сына. Володя заберёт Гошика в Москву, и я ничего не смогу сделать: ребёнок в двенадцать лет сам может принимать решение, с кем ему жить. Когда мы с Игорем вместе в постели, то есть в машине, извини за подробности, я уже не знаю что каждый раз придумать, чтобы его, так сказать, порадовать… При этом нужно оставаться оптимисткой и не раскисать — ты же знаешь, как мужчины этого не любят. Я, соответственно, ничего не прошу и не заглядываю вперёд, только быть с ним…

Таня, не прерывая, слушала сбивчивый монолог подруги и сочувственно кивала головой. А про себя думала, что никогда не испытывала ничего подобного по отношению к своим мужчинам. Ни к кому не подстраивалась, ни перед кем ничего не пыталась из себя изобразить: ни пылкую любовницу, ни заботливую хозяйку. Всегда вела себя естественно и говорила то, что думает, не сильно заботясь о результате. Может быть, поэтому она сегодня одна — без мужа и без любовника, никем не желанная и не востребованная… Но жить в таком напряжении, как Рина, даже ради самого разлюбимого мужчины в мире, она не согласилась бы ни за что.

Чтобы перевести разговор в другую плоскость, Таня сложила в большой пакет и вручила Рине вечернее платье, которое нужно было вернуть в салон невест до завтрашнего вечера, чтобы не пришлось платить штраф. Рина, предпочитая не тащиться с этим пакетом через весь город домой, решила сдать его сегодня же, тем более что салон находился на соседней улице. Всё равно домой возвращаться не хотелось — было совершенно неясно, как противостоять разговорам Гошика о переезде в Москву. Володя молчал, и это было ещё более страшно.

Каждая девушка мечтает о свадьбе, чтобы хоть раз в жизни нарядиться в белое платье. Но в Союзе предполагалось это платье хранить в чемодане, пересыпав нафталином, и потом показывать в течение всей жизни дочерям и внучкам. В Израиле же это платье бралось напрокат, и в принципе, платья как такового не существовало. Оно составлялось из кусков и могло представлять собой роскошный королевский наряд со шлейфом образца пятнадцатого века для одной невесты или модернистский костюмчик эпохи зарождения джаза — для другой. Всё зависело от того, к какой юбке какой верх приспособить… Об этом думала Рина, когда в салон из примерочной, поддерживая двумя руками пышную белую юбку, просеменила высокая светловолосая девушка и с серьёзным видом застыла перед большим зеркалом. А две подружки и портниха крутились вокруг неё и что-то трещали без умолку, то одёргивая, то поднимая юбку и пытаясь при этом приспособить к откровенно прозрачной кружевной блузке высокий воротник с бантом. Даже фотографы здесь присутствовали. Из-за всей этой кутерьмы Рина не сразу сообразила, что девушка была ей знакома, а присмотревшись повнимательней, убедилась наверняка — это была Наташа. Рина видела её один только раз, в знакомой до боли «Тойоте». Рука девушки хозяйски покоилась на плече Игоря, и слёзы так же мгновенно застлали тогда Рине глаза, как и сейчас, когда она увидела уверенную в себе соперницу, так просто и буднично примеряющую свадебное платье.

Рина посмотрела на часы и не поленилась пройти несколько кварталов, чтобы зайти в единственное туристическое агентство, которое работало до такого позднего часа. Там она заказала три билета в одну сторону до Москвы и без возражений заплатила задаток, который не возвращался в случае отказа. На сборы Рина дала себе неделю, ровно семь дней. Большего срока она всё равно бы не смогла выдержать в Хайфе, чтобы не увидеться с Игорем… Домой Рина шла пешком, растягивая время. Вся дорога заняла сорок минут, а хотелось бы идти до утра. Уже около дома она зашла в маленький магазинчик, работающий двадцать четыре часа в сутки, и вместе с черноволосым, смуглым, плохо выбритым продавцом долго шарила по полкам в поисках чего-нибудь крепкого, пока не нашла за ящиками с колой запылившуюся бутылку дешёвой израильской водки. Рина попросила парня открыть бутылку, и несколько завсегдатаев ночной забегаловки — таких же смуглых, небритых, одетых в трусы и майки — оторвали глаза от футбольного матча, опустили свои бутылки с пивом и с любопытством уставились на Рину. Она смутилась, выскочила, свернула за угол и в кромешной тьме сделала пару глотков, чтобы помянуть свою любовь, потом сморщилась от отвращения и выбросила бутылку в урну.

Игорь ждал в машине, слушая радио, и с нетерпением поглядывал на знакомую ограду итальянской больницы — Рина должна была появиться с минуты на минуту. Она уже два раза отменяла встречу — чего с ней раньше никогда не бывало, — и Игорь поймал себя на том, что нервничает даже больше, чем мог бы ожидать. Внезапно перед лобовым стеклом появилась Таня, каким-то образом ставшая Рининой закадычной подругой, и Игорь тряхнул головой, пытаясь отогнать неожиданное видение. Но Таня не исчезала и делала явные знаки, что хочет с ним поговорить. Игорь, полный дурных предчувствий, уменьшил звук и открыл дверцу. Таня плюхнулась с ним рядом, заняв непривычно много места и на одном дыхании сообщила, что Рина вчера улетела с семьёй в Москву и просила передать Игорю, что у неё не было другого выхода, пусть он устраивает свою судьбу как может. Игорь еле сдержался, чтобы не нагрубить, молча довёз Таню до её дома, и только высадив её, дал волю чувствам. Он матерился вслух минут двадцать без остановки, даже не отдавая себе отчёта в том, что повторяет одни и те же ругательства. В хорошие времена он бы пошутил над этим своим неожиданно скудным запасом, но сейчас он просто тупо повторял одно и тоже, пока не почувствовал, что на душе стало немного легче, а из глаз потекли слёзы.

Наташа не хотела, чтобы Игорь видел её в свадебном платье, — говорят, это плохая примета. Поэтому она не рассказывала ему, что уже неделю снимается для свадебного каталога, а платье, которое предназначалось для обложки — с пышной юбкой и высоким воротником, с бантом на откровенно прозрачном кружевном лифе, — Наташа выбрала для своей будущей свадьбы, которая казалась всё более нереальной. И вот ведь какое совпадение — ровно через неделю после начала съёмок Игорь сделал ей официальное предложение. Всё как положено: с кольцом и цветами, в присутствии своей матери, Лидии. Наташе даже показалось, что в глазах у Игоря блеснули слёзы. Она по-настоящему растрогалась и, преодолев своё смущение перед будущей свекровью, бросилась ему на шею. Она хотела, чтобы Игорь знал, — она ни перед чем не остановится и сделает всё, чтобы он был счастлив рядом с ней: он — мужчина её жизни.

Пять лет спустя. 2002–2003 годы

Глава 38

Рина почти прилипла к пластмассовому стулу — солнце пекло беспощадно, и пот лил ручьями. Присягу назначили на пять вечера, было уже полшестого, но температура не спускалась ни на градус. Жара стояла такая, какая бывает только в июле и только в Израиле. Родители, сёстры, подруги после долгой возни и делёжки стульев наконец-то расположились, запихали под стулья пакеты с кастрюлями, полными домашних котлет, жареной картошки, кебабов, и затихли в волнении, ожидая своих бравых воинов.

Наконец-то послышался нестройный звук марширующих рот, голоса сержантов. Вот роты остановились и развернулись к зрителям. Вольно стоять!

А зрители глядели во все глаза, каждый пытался высмотреть своё дорогое существо: все ребята были как на подбор, рослыми — как-никак «Гивати»,[47] — в одинаковой форме и в одинаковых головных уборах. Да и слёзы застилали глаза... Рина вдруг поняла, что с ней это уже когда-то происходило, давно, в Москве...

Вот она, сдерживая слёзы, смотрит, как Гошик, в талите и кипе, неожиданно повзрослевший и чужой, мужественно стоит в ряду таких же, как он, мальчиков и ждёт своей очереди, чтобы произнести благословение у свитка Торы. Её мальчик становится мужчиной и скоро будет сам решать, что делать со своей жизнью...

Гошик с замиранием сердца ждал, когда его вызовут к Торе. Сегодня в синагоге в Марьиной Роще бар-мицву делали ещё нескольким мальчикам одновременно, и они, наверняка, вол-

[47] Бригада морской пехоты Армии обороны Израиля.

новались не меньше его, но делали вид, что им всё безразлично, — особенно тот толстый, в очках, с дорогим талитом. Гошик уже знал, какой талит дорогой, а какой обычный. Но когда нужно было прочитать отрывок из Торы, толстяк внезапно замолчал, как будто у него свело горло, очки его запотели, и из-под них выкатилась слеза. Гошик сразу понял, что пацан — слабак, и то, что кисти у его талита сделаны из золотистых шёлковых нитей, никак не помогает сохранить самообладание. Он-то не расхлюпается у Торы!

Гошик глубоко вздохнул, как будто набирал воздух, чтобы нырнуть поглубже, и громко, с выражением прочитал положенные страницы на хорошем иврите и не удержался, чтобы не кинуть победный взгляд на других виновников торжества, которые чувствовали себя куда более стеснённо. И иврит он знает настоящий, а не «московский», сусально позолоченный, и еврей он настоящий, из Израиля, не то что эти, примазавшиеся. Неплохо бы пойти с ними в туалет и посмотреть — обрезаны ли они, вот этот толстый сноб, например… Нет, не стоит, наверняка станет противно. Небось, в Израиль уехать — кишка тонка! Теракты, арабы, жара, а потом ещё в армию идти.

Гошик покосился на маму. Ей он ещё ничего не сказал, но для себя давно решил, что будет служить в израильской армии, даже если они останутся в Москве, и не где-нибудь, а в «Гивати». Он уже потихоньку начал обливаться холодной водой по утрам и бегать после школы вокруг их микрорайона, пока родители были на работе. Если мама узнает, то сразу догадается: с чего вдруг у него проснулся такой интерес к здоровому образу жизни?

Рина на самом деле уже поняла, что сделала роковую ошибку в своих расчётах. Каким бы драматичным и личным поступком ни был её отъезд в Москву, она всегда помнила, что делает это и для сына. Если уж выпало на её долю уехать от любимого человека, пожертвовать единственно возможным счастьем в жизни, то хотя бы её сыну не придётся служить в армии и рисковать жизнью. Мысль об армии перенести было невозможно, так же, как невозможно было думать о счастливой супружеской жизни Игоря и Наташи.

Некоторые простые истины постигаются только тогда, когда проверяешь их на себе. Рина, в своём бегстве, не подумала, что любовь вдалеке от предмета любви разгорается только сильнее, так как питается топливом воображения. Вот и любовь Гошика к своему дому — а Израиль был для него домом — из простого чувства привязанности превратилась в какую-то мучительную преданность или, сказать точнее, зависимость, точно так же, как у Рины разлука с Игорем превратила её и без того сильное чувство в болезненную страсть. И Гошик теперь ни за что не отступится: она видела, с каким усердием он готовился к церемонии бар-мицвы, как, затаив дыхание, слушал объяснения раввина. Для него религия и принадлежность к еврейству слились с памятью о школьных друзьях, о первых встречах с девочками, о тёплом море, о том, что прервалось вместе с отъездом и никак не завязывалось вновь в этой холодной, чужой и бездушной Москве. И холодный душ по утрам, и бег по бетонным дорожкам вокруг квартала втайне от неё и от Володи (как будто она не знала!), — разве всё это не для этого? Гошик в конце концов вернётся в Израиль, пойдёт в армию, то есть случится то, чего она больше всего боялась, и она не сможет этому противостоять. А сама она предала свою любовь, отступилась, побоялась стать нежеланной, лишней. Она должна была вцепиться в Игоря, вырвать его у Наташи из рук. К чему рассуждения о том, что нельзя привязывать человека своей любовью!.. Если кого-то любишь, если так страстно хочешь — прав только ты, не может такое сильное желание быть неправильным…

За год в Москве Рина так и не привыкла к безликим бетонным многоэтажкам и невероятным расстояниям. Человек в бессмысленном споре с пространством. Нужно было всё время куда-то идти, бежать, снова идти. Переходы в метро, перегоны на пригородных вокзалах, дикие очереди в ожидании автобусов. Ей казалось, что она всё время убегает от себя, — а разве от себя убежишь? А бесконечные пробки на загазованных проспектах, изнурительное ожидание в транспорте, переполненном сонными, измученными людьми… И всё это, чтобы вовремя добраться до единственного еврейского садика, расположенного в центре города, в настоящем каменном мешке, на улице с неприятным названием Мясницкая.

Правда, здесь Рине повезло: она устроилась работать по специальности — музыкальным работником. Ирония судьбы: теперь, уехав из Израиля, она поёт с детками «Нагила хава» и «Авив игиа, пейсах ба», про Пейсах.

В день утренника Гошик прибежал из школы намного раньше обычного.

— Отменили урок русского! — радостно соврал он, сбрасывая ранец, и тут же включился в оформление зала.

Разноцветные воздушные шары, которые путём неимоверных усилий ухитрились надуть самые крепкие из малышей, были разбросаны по всему залу. Они периодически лопались с таким звуком, как будто рядом разорвался «Скад». «Нервы как канаты у этих крошечных человечков...» — поражалась Рина, единственная, кто подскакивал на каждый минивзрыв. Гошика она позвала на утренник для того, чтобы он читал Пасхальную Агаду.[48] Гошик всегда был готов ей помочь: писать тексты песен на иврите, украшать зал и выполнять одновременно обязанности помощника режиссёра и звукооператора. Но сегодня ему пришлось стать ещё и дублёром. Дети вдруг сбились и запутались в непривычных словах, и Гошик подпевал им во весь голос на иврите, спрятавшись за ширму с изображением Моисея в пустыне, которого он сам же несколько дней и рисовал. Рина аккомпанировала, но при этом не забывала следить за тем, чтобы все старательно открывали рот: родители плохо переносят, когда их чадо не принимает участия в общественном пении.

Перед последней, любимой Гошиком песней «КанНалядити», Рина заглянула к нему за ширму, — дать знак заканчивать — и вдруг увидела в его глазах слёзы, а ведь он никогда не был хлюпиком.

Гошик ходил в еврейскую школу, которая, собственно, составляла один комплекс с садиком. Рине сначала претила мысль

[48] Сборник молитв и песен из Торы, который или которые читают в ночь еврейского праздника Пейсах.

об этих московских еврейских детках, которые, находясь в стенах школы, защищённой от житейских невзгод, будут кичиться перед Гошиком благосостоянием своих родителей. Но куда деваться: в обычной школе было небезопасно, а тут они на работу и с работы ездили вместе: автобус, метро, автобус… А потом долго тащились пешком, известное дело — Бирюлево! Выходя из автобуса, Рина меняла туфли на каблуках на кроссовки. Кто может позволить себе жить в центре? А школьное трёхразовое бесплатное питание! И вообще питание. Чем-то их жизнь напоминала Рине первые дни репатриации. Хорошо, что Володя вечером не требовал от неё обеда — чем-то питался на своих тусовках. А ей — ей давно стало все равно. Что она сделала со своей жизнью?!

Володя работал дома. Вернее, предполагалось, что он работал дома. Несмотря на то, что те времена, когда Рина считала его самым способным и самым умным, ушли в небытие, она не могла не отдать ему должное: он оказался талантливым журналистом. Читая его статьи, которые, муссируя самые проходные и заезженные темы, содержали какую-то непредвиденную глубину, Рина как будто узнавала его заново. Некоторые эссе об основах современной философии и мистики она просто не смогла одолеть. Может быть, от недостатка подготовки, а может быть, инстинктивно страшась заглядывать в омут его души.

Интернет-газеты открывались и закрывались; менялись названия. Володя писал по утрам, а вечером тусовался со своими виртуальными друзьями, точнее сказать, друзьями по виртуалу. Друзья эти часто были неприятны Рине своим чисто московским снобизмом и страстью к словоблудию, так характерному для наследников советской эпохи. Чего только стоит определение человека, оперирующего сознанием тысячи людей в Интернете, которого они ласково называли «виртуалом»!

«Виртуал — деконструкция субъекта. Человек как бы распадается на мелкие осколки, и непонятно, должна ли за этим последовать структуризация. В общем, либо так и останутся дробящиеся обломки, либо из них синтезируются несколько личностей. Но при этом они — неразъёмные части новой, более богатой во всех планах личности. Некое такое размножение виртуалов». Иначе как «многочленными виртуалами в процессе размножения» Рина теперь Володиных друзей не называла. И он уходил каждый вечер. Рина с Гошей возвращались с работы буквально через несколько минут после Володиного ухода: иногда компьютер был ещё горячим. Они садились и обедали вместе какими-нибудь готовыми шницелями или сосисками. Иногда она на скорую руку варила суп. Гошик любил рассольник. Рина не задавала себе вопросов, почему Володя каждый вечер уходит. Она была рада, что к его возвращению можно было уже спать, не обсуждая достоинства и недостатки их интимной жизни. Впрочем, обсуждать было нечего, интимной жизни у них не было с тех пор, как они приехали в Москву. К удивлению самой Рины, которая в глубине души рассчитывала, что, оторвавшись от Игоря, она сможет снова полюбить мужа, этого не случилось. Нельзя полюбить заново того, кого уже когда-то разлюбил. К разлюбленным нет жалости, поэтому Рина даже не задавалась вопросом, как её муж устраивается без женщины, вернее, с какой женщиной он устраивается. Она же как-то обходится… С той самой минуты, когда самолёт на Москву оторвался от земли, и под крылом прощально замерцали огни Тель-Авива, она как будто высохла, забыла, что такое желание — чего уж там говорить про любовь. Но Игоря она забыть не могла. Он жил в ней, как незатушенный костёр, который не раздувают, но и не заливают водой: держат угли раскалёнными, на случай, если понадобится огонь.

Как-то через пару месяцев после приезда она услышала в передаче «Здоровье», что боль при инфарктах похожа на жжение. «Может быть, у моей болезни и не такое романтическое происхождение», — сказала себе Рина и отправилась к кардиологу, благо Володя позаботился о страховке. Кардиограмма была в порядке: «Сердце у вас, как пламенный мотор», — острил симпатичный молодой врач, особенно старательно выслушивая область груди. А угли её сгоревшей любви тлели и жгли, выжигая всё живое и нежное, что жило в ней когда-то…

В принципе, с тех пор, как вопрос секса в их семье ушёл с повестки дня, жизнь стала протекать по очень простой схеме:

работа, дом, суп, сын… Всё просто и мучительно примитивно. Главное — не думать, не думать…

Но наступил день, когда и эта примитивная схема дала сбой. В России начался дефолт 1998 года. Вот тогда и пригодились доллары, которые Рина потихоньку покупала на те рубли, которые могла сэкономить в хозяйстве. Когда Володя первый раз не смог принести в дом зарплату, Рина вытащила доллары «из чулка» и протянула Володе. Они встретились глазами. Его нельзя было обмануть — Рина замышляла побег…

Глава 39

«Уважаемые пассажиры, вы приземлились в аэропорту Бен-Гурион на пять минут раньше положенного времени. В Тель-Авиве сейчас восемнадцать часов ноль ноль минут. Температура за бортом — плюс тридцать четыре градуса по Цельсию».

Такая жара в шесть часов вечера! Плюс тридцать четыре было за бортом, но Володю пробило потом только от мысли об этом. Тут же, в салоне самолёта, кондиционеры, которые он ненавидел, работали так, что он просидел весь полёт закутанный в одеяла, как куколка шелкопряда. А ведь он всегда всем говорил, что выбирает El-Al[49] именно из-за кондиционеров. На самом деле, он выбирал его из патриотических соображений. Смешно сказать, из-за этого же патриотизма он никогда не снимал кипу. Странное чувство для человека, прожившего в общей сложности всего пять лет в этой маленькой стране, которую жителю России и страной-то смешно называть. Может быть, это не патриотизм, а ностальгия по молодости, трудностям, «приключениям», если так можно назвать его мытарства первых лет репатриации? Здесь его мама, его сын, его жена — вернее, уже не жена… При мысли о Рине у него засаднило сердце. Он увидит её завтра, на присяге у Гошика. Рина даже не знает, что он приезжает. Гошик просил маме ничего не сообщать. Володя знал: сын в глубине души надеялся, что если родители встретятся случайно, то всё, как в сказке, встанет на свои места — они снова будут вместе.

При этом в бегстве Рины тогда, в девяносто восьмом, Володя винил только себя. Да, он оставлял Рину и сына в Москве одних, затерянных в каменных джунглях многоэтажек, в огромном чужом городе, а сам тусовался на тёплой арбатской кухне Димы — своего старого знакомца и учителя, а теперь сорат-

[49] Национальная авиакомпания Израиля.

ника, с компанией интернетовских «виртуальных» интеллектуалов. Его завораживала эта нескончаемая, высокого уровня, по-настоящему мужская пикировка интеллектов на смеси запредельного мата и чарующих фраз из книг общих кумиров: Кастанеды, Кроули, Лири. Это был только их язык: новый язык новых людей новой виртуальной реальности.

Рина не хотела о них слышать. А ведь из «бессмысленной», по словам Рины, болтовни, пьянства и добродушного распутства вырастало новое, прежде неведомое средство общения между людьми. Тысячи людей протягивали друг другу руки через экраны своих компьютеров: обменивались новостями, мнениями, делились радостями, надеждой — и всем этим, как театром марионеток, манипулировали интеллектуальные столпы электронной современности, готовые прокомментировать каждое более или менее важное событие, дать экономическую или общественно-политическую оценку происходящему, независимую от чьих-либо мнений и денег.

Это потом интернет-газеты и журналы стали покупать на корню вместе с мнением их авторов по болезненно-насущным вопросам, а пока это был мир «Дикого Запада» — свободный, неосвоенный, и надо было спешить завоёвывать пространство.

Володя постучал ногой в дверь. Руки были заняты пакетами с пивом, и он всё время боялся, что ненадёжный пластик порвётся. У него был ключ от Диминой квартиры, но он так ни разу и не решился им воспользоваться, хотя этот самый Дима, его бывший учитель, а теперь партнёр по удаче, который иногда, под хорошую закуску, вспоминал вместе с Володей о жарких пляжах Израиля, о смуглых стройных красавицах с обнажёнными животами, был уже пару лет как благополучно женат и имел отдельную спальню с огромной кроватью, покрытой кружевным покрывалом.

Дверь как будто сама распахнулась, выпуская клубы дыма. Все были уже в сборе и встретили Володю громкими возгласами. Все уже знали, что ему продлили финансирование интернет-газеты, поздравляли, подбадривали и подначивали, но не без зависти. В отличие от нескольких других — аналогичных и куда более интеллектуальных и спонсированных проектов, — он смог выдвинуть свою газету вперёд только благодаря идее оперативности: обыватель узнавал новость не из завтрашней свежей газеты, а из сегодняшней ленты новостей. Тот, кто мог узнать о крушении самолёта ещё за пять минут до того, как тот догорел, ни на что не променяет этого ощущения присутствия в самых горячих точках мира.

После того как его газета стала первой в рейтинге популярности, вопрос — стоит или нет продлевать финансирование — уже не стоял. Вопрос был только в том, сколько. Пили за его и Димкину победу, случайно совпавшую с днём рождения «Хромого учителя», пили за удачу, тайно мечтая, что она улыбнётся каждому на вновь завоёванной виртуальной реальности. Разошлись только к утру. А утром именно Володина же интернетовская газета первой сообщила о вопиющем дефолте, подписав таким образом себе же смертный приговор…

Не кто иной, как Димка, который, хоть и был хозяином квартиры на Арбате и коренным москвичом, именно он предупреждал Володю об опасном эффекте тусовки…

— Да, ты крутишься среди своих, и все кажутся друзьями и братьями, и действительно, иногда не забывают замолвить за тебя словечко. Но когда наступают тяжёлые времена — а они в конце концов наступают, — тусовка распадается, и остаётся клан. «Своими» остаются не те, кто пьёт с тобой пиво каждый вечер и может навзлёт процитировать о коте Шрёдингера из Уилсона. Остаются те, кого мамы водили в один садик, здесь на Арбате, за углом. Он и сейчас ещё там, только любимая воспитательница умерла. Остаются те, с кем ты вместе ходил в районный дом пионеров на театральный кружок, и те, кого встретил на приёмных экзаменах в тот единственный во всей Москве вуз, куда берут евреев…

Володя был чужим. Работы не было. Нет, не было никаких проблем послать свою статью о слиянии мистического мышления и постулатов квантовой физики кому-нибудь из друзей, чтобы пристроили в свою газету или журнал — бесплатно, разумеется. Первое правило джунглей: в тяжёлые времена деньги делят между членами клана, а чужие могут умереть. Но Володя умирать не собирался назло всем этим кланам. Они, избалованные московской сытой жизнью, не знали, что такое по-настоящему тяжело. А его, прошедшего бомбёжки Персидской войны и стекловату Кирьят-Гата, запугать было трудно. А уж человека, который держал свой бизнес в Израиле, не испугаешь и камерой пыток.

Володя не взял ни одного доллара, собранного Риной, и назавтра она купила билеты себе и Гошику в Израиль. Он знал, что она убегает не от безденежья. А Рина знала, что Володя не предлагает остаться не потому, что не может их содержать…

И вот он снова смог… Он поднялся… Идея фирмы по установке баннеров[50] пришла ему в голову, когда он слушал очередной доклад Олега о делах их общего детища в Израиле. Разве Интернет — не есть самая лучшая доска объявлений? Он снова владелец рекламного агентства, на этот раз виртуального. Пошли люди — пришли деньги. Только Рина их не захотела. Её профессия медсестры позволяла ей зарабатывать на двоих — себя и сына, а Володе она, как и много лет назад, посоветовала складывать деньги Гошику на учёбу.

О том, как давно это было, Володе напомнила его же собственная лысина, на которую теперь так сложно было пристроить кипу в тесном пенале туалета международного авиалайнера.

Когда появилась лысина, Володя сообразить не успел. Ему почему-то казалось, что она появилась вскоре после отъезда Рины. И это был не первый раз, когда он жил один, без Рины, но тогда, впервые, он стал по-настоящему одинок…

Его давнишняя московская подруга, которой он иногда подкидывал деньги на мальчика, приложила невероятные усилия, чтобы сделать свою внешность более женственной. И, нужно признать, преуспела. Были мужчины, которым она нравилась, и один даже предложил жить вместе, несмотря на то, что мальчик её был не совсем нормальным. Но Володю нельзя было обмануть. Её драматические признания, её тяжёлое дыхание

[50] Баннер — графическое изображение рекламного характера.

и чрезмерное обожание — несмотря на лысину и животик — теперь уже ставшие неотъемлемой частью его нынешнего облика — казались ему слишком неподъёмной ношей, и он всячески избегал её навязчивой любви.

Но разве он одинок? Ведь у него есть сын — сын, к которому он едет сейчас, сын, который идёт в самые престижные войска израильской армии, и Бог знает, сколько им с Риной предстоит провести бессонных ночей…

Глава 40

Наташа сидела одна за стойкой бара, закинув ногу за ногу, и потягивала из трубочки «Маргариту». Коктейль был именно таким, каким должна быть классическая «Маргарита», и никакого дроблёного льда и сахарного сиропа — изобретения инфантильных израильтян, которым чем меньше спиртного в коктейле, тем лучше. Короткий сарафанчик, который, несмотря на вольные израильские нравы, можно было носить только в Эйлате, задрался на правом бедре, обнажив свежий загар цвета Соломоновых столбов в Тимне. Там красный оттенок древним камням придавало месторождение меди, а красный оттенок загара Наташи, который она в этой же Тимне получила на экскурсии со своими маленькими гимнастками, как всегда, выдал полную профессиональную непригодность её белой кожи к солнцу. И это при февральском солнце! Хорошо, что отборочные соревнования в сборную Израиля проводят в конце февраля: страшно подумать, во что бы она превратилась в Эйлате летом.

Тем не менее, четырём парням, сидевшим за центральным столиком и цедившим по бутылке пива на человека уже битых два часа, это не мешало посматривать в её сторону чаще, чем было принято даже здесь, в главной курортной столице Израиля. Наташа узнала в троих из них официантов ресторана этой же гостиницы: они отличались европейской выправкой и полным незнанием иврита. С клиентами и начальством они общались на ломаном английском, а между собой — на каком-то славянском наречии, может быть, на словацком? У Наташи, которая до восьмого класса, пока не приехала в Харьков, говорила только на украинском, теплело на сердце, когда она слышала мягкие звуки чужой речи, так похожей на родную. Да и судьба этих ребят, закинутых в далёкую, горячую от ветра пустынь страну в поисках средств к существованию не могла не напомнить ей её собственную судьбу.

То ли из-за того, что один из них был чем-то похож на Игоря — такой же светлый и симпатичный, — то ли оттого, что «правильная» «Маргарита» быстро стукнула в голову, Наташе вдруг вспомнилась её несостоявшаяся свадьба.

Обидно было признаваться самой себе, что подробности подготовки к этому долгожданному торжеству за эти пять лет она немного подзабыла и даже не могла вспомнить точно, какой бант в конце концов выбрала — кружевной или атласный, и что должно было быть написано на свадебном торте. Хорошо помнила Наташа всё то, что предшествовало этой свадьбе, и как они с Игорем начинали смеяться, как только переступали порог раввината — а сделать им это пришлось не раз. Для начала оказалось, что искусно подделанному Наташиному свидетельству о рождении никто и не думает верить, и нужно найти более серьёзные доказательства принадлежности к еврейской национальности: привести свидетеля, который видел, что твоя мама родилась в еврейской семье, или, на худой конец, того, кто видел, как ты родилась у еврейской мамы из еврейской семьи. А если и такого свидетеля нет, то неплохо бы принести фотографию дедушки с пейсами, где на обороте написана его фамилия, идентичная твоей. Наташа с Игорем сидели, ожидая своей очереди в душном зале раввината, чтобы заплатить за открытие дела о разрешении на хупу — шестьсот шекелей — и думали-гадали, как им доказать Наташино еврейство.

В кабинках, разделённых фанерными перегородками, вместо привычных по другим присутственным местам израильских служащих — в основном небрежно подкрашенных дамочек бальзаковского возраста — сидели бородато-пейсатые пожилые мужчины в чёрных кипах и белых, мокрых в подмышках, рубашках (на кондиционерах в богоугодном месте экономили). Наташе казалось, что их перенесли сюда какой-то невероятной силой из средних веков и они в ужасе и растерянности, морща лбы и пыхтя от жары, силятся разобраться, какую именно кнопочку нужно нажать в компьютере, чтобы наверняка обобрать желающих сочетаться в двадцатом веке законным религиозным браком — единственно признаваемым в Израиле.

На правильное решение Наташу натолкнул предстоящий выпускной экзамен Юльки по театроведению. Был такой замечательный предмет в израильской школе. И мало того — оценка по этому предмету могла существенно повлиять на общий выпускной балл. Юлька готовилась к выпускному спектаклю по произведениям Шолом-Алейхема долго и вдохновенно, а песни на идише Наташа выучилась распевать вместе с ней. Именно эти песни поколебали сомнения длинного, худосочного раввина в лоснящемся на локтях чёрном халате и устрашающе высокой шляпе. Наташа, которая привела на назначенную заранее встречу Юльку как единственную родственницу, резонно заметила, что в силу своего юного возраста Юлька не может помнить, как Наташа родилась, но зато она помнит те песни, которые им пела бабушка. Не пришлось даже вытаскивать фальшивую фотографию, которую умело сфабриковала Юлька, использовав обложку книги о киевском еврействе. Как только Юлька запела на идише своим нежным голоском, а Наташа подхватила низким, памятным по урокам пения, третьим голосом, сердце настоящего ашкеназийского еврея растаяло, и он, напевая вместе с ними, выдал Наташе самую что ни на есть настоящую справку, в которой значилось, что принадлежит она к Игоревой нации и может стать его законной женой. Именно в этой комнате, пропахшей потом напряжённо трудящихся писцов, которые, как во времена Диккенса, записывали от руки каждое слово раввина, Наташа первый раз почувствовала дурманящую тошноту. Она не придала этому значения, но когда это произошло ещё и ещё раз, Наташа пошла в аптеку покупать «тест беременности». Они с Игорем вот-вот будут мужем и женой, и сообщение о её беременности должно было стать настоящим подарком к их свадьбе. Но в тот момент, когда полосочка на приборе приобрела нужный цвет, Наташу охватила робость. Казалось бы, что может быть естественней, чем сообщить своему без пяти минут мужу, что у них будет ребёнок? Но вдруг страхи её литературных героинь стали ей необыкновенно близки, хоть и происходило это в конце двадцатого века, когда ни наличие свидетельства о браке, ни пол партнёра не имели уже большого значения. Имела значение только радость будущего единения с ребёнком, существом, которое, по мнению Наташи, возьмёт всё лучшее у неё и у Игоря… Она давно мечтала родить Игорю сына — чтобы он был таким же светловолосым и коренастым, чтобы над правой губой у малыша была такая же родинка, как у отца, и чтобы Игорь мог рассказать сыну все те умные и интересные вещи, которые он знает, включая балку по сопромату.

В первую же минуту, когда Наташа объявила Игорю о своей беременности, она поняла, что не ошибалась в своих сомнениях. Нет, он конечно же, был невероятно рад, и подхватил её на руки, и кружил по комнате, и тут же потащил в ювелирный покупать подарок. Но что-то такое мелькнуло у него в глазах, и он начал говорить… нет, ничего такого, решительно ничего такого, из-за чего стоило плакать всю ночь, а потом разорвать всё в одну минуту…

Наташа машинально взялась за второй коктейль, услужливо протянутый ей барменом. В эту же минуту один из парней, сидевших за столиком, поднялся и направился к ней. Выглядел он, несмотря на своё славянское происхождение, как истинный испанец, этакий конкистадор: высокий, мускулистый, с маленьким чёрным клинышком острой бородки и серёжкой в правом ухе. Он приглашал её на танец. Наташа посмотрела на него отсутствующим взглядом. Она и не заметила, что небольшой ансамбль из пианиста, гитариста и саксофониста давно играет, и несколько пар плавно покачиваются в танце, прижимаясь друг к другу под нескончаемые вариации старых, известных блюзов. Наташа поднялась, поставив бокал на стойку, и покачнулась. «Второй коктейль был лишним», — усмехнулась она про себя. Сильная рука поддержала её, и отказываться было уже неудобно. Трудно поверить, как давно Наташа не танцевала. Партнёр оказался достаточно корректным: не прижимался больше, чем это соответствовало приличиям, и они даже смогли неплохо пообщаться на чудовищной смеси украинского, русского и словацкого. Когда музыканты прервали бесконечный блюз, чтобы немного отдохнуть, парень пригласил её к столику. И тут Наташа сама подсела к тому светленькому, который был самым молчаливым и стеснялся поднять на неё глаза.

Наташа уже давно забыла, кто был её первым мужчиной после Игоря. Но она помнила, сколько времени ей понадобилось, чтобы привыкнуть к такому вот сексу с первого взгляда: ровно год. Всё стало на свои места с того самого дня, когда она поняла, что идти нужно не с тем, кто хочет тебя, а с тем, кого хочешь ты: перестали мешать и вкусы, и запахи, и сердце каждый раз распахивалось благодарностью любому случайному проявлению нежности. Только одного Наташа боялась теперь как огня: постоянства. Как только она видела, что парень начинает привыкать и размякать — тут же обрывала эту связь резко и безжалостно, по-мужски… Вот и сейчас, как только закончились соревнования, Наташа даже не разрешила ему, светленькому, с которым так нежно и убаюкивающе было хорошо этой ночью, проводить себя на автобус: не хотела «светиться» перед девчонками. Но шила в мешке не утаишь, и по дороге, на обратном пути, десять жестокосердных двенадцатилетних маленьких стерв ехидно обсуждали, какое лицо было у этого Наташиного ухажёра, который даже не говорит на иврите, когда та почти насильно вытащила у него из рук свою чёрно-жёлтую спортивную сумку от «Пумы».

«Ну и пусть, — мстительно думала про себя Наташа, — пусть растут стервами, язвами, предательницами, но пусть научатся никогда не зависеть от мужчин; пусть сумеют, когда нужно, растоптать их чувства так же, как они топчут наши…»

Тому же самому она учила Юльку, тем более что та вращалась в какой-то подозрительной тусовке. Аллочке она, конечно, ничего не говорила: ребёнок учится в университете, занятия не пропускает и даже оценки получает приличные…

Глава 11

Олег посмотрел на часы, схватил папку с тетрадями, толстенный учебник по C++ и уже открыл дверь, чтобы выскочить из дому. Компьютер он не выключил, и напрасно. Сейчас, обернувшись, он увидел, что получил письмо от своего самого главного, самого крутого клиента, за которым бегал уже несколько месяцев... Этот сайт, на который он потратил полгода, должен был стать его новой визитной карточкой и поднять на несколько уровней статус Олега как специалиста. Клиент этого, конечно, не понимал и, как истинный израильтянин, платить не торопился. Деньги, как всегда, нужны были позарез, и Олег не выдержал. Только открыть емейл и посмотреть — да или нет... Это было скорее «да», чем «нет», и Олег, воодушевлённый, бросился к окну — посмотреть, не пропустил ли автобус: «Чёрт, как тут тесно!» Каждый раз, когда Олег ударялся коленкой об стол, чтобы добраться до окна, он чертыхался и вспоминал недобрым словом предприимчивую хозяйку огромной квартиры на Кармеле, которая отделила свою прихожую на первом этаже, сделав из неё, как она громко выражалась, «квартиру для студентов с отдельным входом». Так называемая «квартира» состояла из так называемого офиса, где с трудом помещался стол из «Икеи» и пластмассовый шкафчик для документации, и из такой же крошечной спальни, совмещённой с туалетом.

Единственным преимуществом этого помещения был тот факт, что остановка автобуса в университет находилась прямо перед окном. Казалось, можно было махнуть водителю рукой, чтобы успеть, как всегда, в последнюю минуту... Олег прищурился: мартовское солнце било в глаза беспощадно и по-настоящему пекло. Скоро придётся включать кондиционер — опять расходы. Иногда ему казалось, что его мозг работает, как счётчик. Хорошо, если бы доходы считал... Он вытянул шею: ну конечно, вот показался автобус, его зелёный бок проглядывает между деревьями: неужели не успеет? И в эту минуту картина исказилась, вернее, исчезла в дыму и всполохе огня: звук страшного взрыва достиг окна, которое взорвалось мелкими брызгами и осыпало Олега, едва успевшего наклониться и прикрыть голову, стеклянным дождём.

И наступила тишина… «Точно как в Дельфинарии»,[51] — вспомнились Олегу слова таксиста по телевизору, который привозил русских девчонок на дискотеку. Считанные мгновения после взрыва — и мёртвая тишина. И тела девочек, которые полегли друг на друга, как домино. Это интервью он первым напечатал в колонке о терактах, в своей газете, которую он открыл тогда, два года назад, увидев в списке погибших от взрыва у дискотеки знакомую смешную фамилию: то ли Колбасова, то ли Долбасова… В голове колонки он поместил фотографию танцующей без обуви Босявки в неизменных бусах, которую он держал у себя в столе, не зная зачем, с того дня, как она уехала в Тель-Авив. Потом он послал эту фотографию матери девочки, даже не оставив себе копии… Как будто похоронил.

Олег попытался выпрямиться, но стёкла, попавшие за шиворот, тут же вонзились в кожу. Он снова наклонился и услышал звонок… В куче стёкол на полу лежал чужой мобильник и беспрестанно звонил… Потом замолчал… «Занесло взрывом», — похолодел Олег. Аппарат был розовым. Олег поднял его из стекла, стряхнул, положил на стол. Рука стала влажной, Олег почуял запах крови. «Вот чёрт, — пронеслось в голове, — порезался…» Он осмотрел руку: порезов не было. Но запах крови оставался. «Мобильник! — снова похолодел Олег. — Девчоночий розовый мобильник. Кровь была на нём… Ещё одна Босявка…»

За те несколько секунд, пока он возился с мобильником, стряхивал с себя стекла и менял рубашку, тишина разорвалась криками людей и гудками машин. Уже слышны были сирены пожарных и полиции, пытавшихся прорваться к месту взрыва. Он снова посмотрел, теперь уже в пустую глазницу окна. Вместо автобуса перед глазами предстала искорёженная декорация из американского триллера. Взрыв был такой силы, что перед-

[51] Теракт в «Дельфинариуме» был осуществлён террористом-смертником из организации ХАМАС, подорвавшим себя в толпе подростков (в основном, девочек) 1 июня 2001 года у входа в клуб-дискотеку на набережной Тель-Авива. В результате теракта 21 человек погиб, 120 ранено.

[illegible] оторвало и подбросило в воздух. Крыша автобуса вывернута наизнанку. Всё вокруг осыпано стёклами, кусками сидений и залито кровью.

Из того, что осталось, выбирались окровавленные люди. «Те, что уцелели», — сообразил Олег.

Будучи военным с пятилетним опытом, он начал лихорадочно искать пакеты первой помощи, которые у него оставались ещё с армии, но потом вспомнил, что возил их в машине. «Простыни, — мелькнуло в сознании, — простыни можно порвать на жгуты…»

Он схватил охапку белья, заботливо сложенную матерью, и выскочил из дома. Мысль, что в этом автобусе должен был быть он, пришла ему в голову только сейчас…

Понадобилось всего несколько минут для того, чтобы были стянуты полицейские и скорые: раненым уже оказывалась квалифицированная помощь. Олега оттеснили за заграждение, и никто даже не посмотрел на стопку белья, которую он пытался ткнуть им в нос.

Олег вернулся восвояси и схватился за щётку, чтобы убрать осколки… В эту минуту в кармане зазвонил чужой телефон, о котором он совершенно забыл. Олег не решался ответить. Когда телефон замолчал, Олег вытащил его и посмотрел на неотвеченные звонки. Звонили «Мама», «Наташа»… «Русская», — подумал Олег. Ещё несколько имён даже показались знакомыми. Он стал листать по алфавиту. Олег ещё не добрался до буквы «О», на которую начиналось его имя, но уже знал, чей это был мобильник…

Олег давно заходил на дискотеку с чёрного хода: он был здесь не просто своим — он был хозяином. И тем не менее, никогда ещё не чувствовал себя настолько далёким от разноцветной, юно-бесшабашной, беснующейся толпы. И по возрасту, и по уровню жизненного опыта. Иногда, правда, на дискотеке появлялись ребята его возраста, но быстро тушевались и отправлялись искать ночной клуб для взрослых: здесь было царство юных. «Ещё немного, — усмехался про себя Олег, — и придётся открывать клуб танцев «Для тех, кому за сорок». Это он сам с собой так кокетничал, до сорока было ещё далеко, а вот тридцатник не за горами. Олег открыл дверь в свой, так сказать, кабинет. Юлька сидела, закопавшись в счета, но когда увидела его, вскочила и чмокнула в щёку приветственным поцелуем.

— Сижу уже с четырёх часов, — вернулась она за стол, — а у меня завтра ещё экзамен, всю ночь и весь день зубрила. Обязательный курс, беру уже третий раз. Третий и последний!

Олег посмотрел на тёмные мешки у неё под глазами, сгрёб со стола счета и засунул к себе в портфель.

— Иди домой, поспи, сделаю сам.

Юлька радостно приложила губы к его щеке, теперь уже прощально, поправила перед зеркалом взъерошенный ёжик пепельно-серых волос и, покидав в сумку свою косметику (подкраситься не забыла), скользнула в дверь, даже не успев её прикрыть. На Олега пахнуло запахом духов — всё, что осталось от её присутствия, — и он улыбнулся про себя: «Юлька в своём репертуаре, всё время куда-то мчится. Но что бы я без неё делал?» Из приоткрытой двери слышались родные звуки: диджей поставил старый трек «Машины времени».

Пять лет назад он вернулся из Гоа со своим спонсором-благодетелем и открыл «русскую дискотеку» с русским роком здесь, в Израиле, — тогда это был поступок. Он как раз работал над этим треком, когда охранник пришёл и сказал, что какая-то пацанка просится к директору, у неё, дескать, есть предложение. Пацанку он узнал сразу: у неё были такие раскосые глаза, при виде которых хочется спросить: «А кто же был папа?» При условии, конечно, что ты видел маму. Маму Олег видел, и не раз — это была та самая Аллочка, которая жила вместе с Таней в одной квартире в первый год их приезда в Израиль, а потом вышла замуж за профессора и умотала в Америку. У неё было чисто русское лицо и белые волосы, как у Мэрилин Монро. Это теперь Олег понимает, что она их подкрашивала: слишком неестественной казалась их белизна. А у Юльки волосы были чёрными и блестящими, глаза, как у Виктора Цоя,[52]

[52] Виктор Цой — советский рок-музыкант корейско-русского происхождения.

и была она фанаткой всего русского и в частности, русского рока. Как потом понял Олег, это была позиция, проводимая в пику матери, которая пыталась вжиться в израильское общество, не брезгуя ничем и стерев прошлое, как неудачный карандашный набросок.

Юлька тоже его узнала, очень обрадовалась и заявила, что приветствует открытие первой русской дискотеки и готова работать у него «промоутером», для начала — бесплатно. Олег, к своему стыду, знать не знал значения этого слова. Он сказал, что подумает и завтра сообщит ответ по телефону, решив про себя, что для начала посмотрит значение этой мудрёной должности дома, в Интернете. Но Юлька отступать не собиралась.

— Хорошо, — покорно сказала она, — я посижу до завтра здесь в коридоре, а то ты ещё про меня забудешь.

Олег только пожал плечами. Но когда в пять утра, после окончания дискотеки, одурманенный бессонной ночью, он пытался закрыть дверь чёрного хода, то увидел Юльку, уныло сидящую на бордюре около давно запертой парадной двери в обнимку с бутылкой колы. У Олега дрогнуло сердце, и он подошёл к ней. В сущности, она совсем ещё ребёнок…

— Надеюсь, в своей работе ты не планируешь раздевания? У нас не стриптиз-клуб, — Олег решил на всякий случай подстраховаться.

Юлька отрицательно замотала головой.

— Ладно, ты принята, можешь завтра приступать к работе. Пойдём, подвезу тебя домой, ты где живёшь?

Назавтра Юлька продала сто билетов на ближайшую субботу. Оказалось, что «промоутер» — это что-то вроде специалиста по продвижению товара. Их товар Юлька продвигала с таким неистовством, что Олег уже со следующей недели начал платить ей проценты и ни минуты не пожалел о своём скоропалительном решении. Идея сделать для их дискотеки свой собственный сайт в Интернете тоже принадлежала ей.

Конечно, в те времена наличие собственной дискотеки не приносило такие доходы, чтобы можно было платить кому-то, кроме непосредственно диджеев. Даже ремонт помещения Олег делал практически сам, только с помощью отца. Что уж тут говорить о сайте! А сделать сайт в Интернете — не краску по стенам размазывать. Но эта мысль не оставляла его. «Ещё немного, и каждой компании захочется иметь свой собственный сайт — этакую собственную вывеску в виртуальном пространстве, — думал про себя Олег. — И это то, что я смогу продавать: изготовление сайтов. Дайте только научиться». Хотя заниматься надо было на самом деле их с Володей бизнесом, который тот полностью перекинул на Олега, укатив в Москву. Рина поехала с Володей, и Олег, счастливый тем, что они снова вместе, продолжал «окучивать» клиентов, завоёванных потом и кровью… Тем не менее, нужно было смотреть правде в глаза: газета, плод забот и волнений Володи, его детище и первая любовь, была самым слабым звеном. Олег, по молодости, ещё не боялся терять и абсолютно убыточную газету закрыл, не задумываясь. Оставил только рекламное агентство — благо агенты работали за проценты. Единственному работнику, доктору Якову Семёновичу — переводчику, с которым он наконец-то познакомился лично, Олег выдал единоразовое выходное пособие, на которое пошли все деньги, вырученные от продажи старого «Макинтоша». Денег за гиганта компьютерной технологии девяностых дали унизительно мало по сравнению с его первоначальной ценой. «Возраст обесценивает», — грустно пошутил доктор, но деньги взял с удовольствием и тут же сделал то, о чём мечтал уже много лет, — купил золотую цепочку для Тонечки.

Глава 42

Только увидев, как зарделась Тонечка, когда он застёгивал ей на шее цепочку, Яков Семёнович вдруг осознал, что это был первый подарок, который он по собственной инициативе сделал женщине, любившей его всю жизнь. «Как же так, — думал он, — кто отучил нас покупать нашим любимым украшения? Впрочем, никто и не приучал… Можно, конечно, обвинить Советскую власть и самих женщин, боровшихся семьдесят лет за свои права, но если копнуть глубже, то ни у Чехова, ни у Толстого не помнит он приверженности такой традиции. Разве что герой Куприна со своим гранатовым браслетом, но это уж от полной безысходности». Тонечке тоже приходили в голову похожие мысли, когда её местная напарница, молоденькая медсестричка с чёрными, как греческие маслины, глазами, прибегала на работу и тыкала всем в глаза то новым кольцом, то браслетом, подаренным ей очередным другом. «Дикие нравы — покупать женщин», — вздыхал начальник отделения, конечно же, из русской алии. А Тонечке, наоборот, это казалось необыкновенно романтичным и вполне оправданным. По её мнению, женщин положено одаривать каждый день за ту лямку, которую они тянут в этой жизни, — как только мужчины этого не понимают. Впрочем, это не о её докторе, он просто выше всего этого… И всё-таки ей было страшно приятно, и она каждые пять минут по дороге на работу и с работы проверяла, не расстегнулась ли застёжка. Так она и вошла в свою квартиру, в очередной раз пытаясь нащупать рукой цепочку, и чуть не порвала её, споткнувшись о чемодан…

Якова Семёновича дома не должно было быть — магазин работал сегодня до восьми вечера, да и чемодану неоткуда было взяться, они никуда не собирались. «Володя приехал, сынок!» — задохнулась Антонина Ивановна и радостно влетела в салон. Тут она снова задохнулась, но уже не от радости, а от пыли. В лицо ей летели журналы, газеты, папки со старыми переводами доктора, панически кричали канарейки, и всё было уставлено горшочками с рассадой, которую доктор выращивал в своём кабинете. Некоторые из них перевернулись. Комната эта была бывшей спальней, где сразу после приезда доктор жил со своей супругой. После её бегства он не замедлил переместиться в спальню к Тонечке, а в освободившейся комнате сделал кабинет, который сейчас последовательно и неумолимо разорялся. Кем? Только сейчас Тонечка поняла, чей это был чемодан. С ним почти десять лет назад демонстративно выплыла из этой квартиры супруга доктора. А вот и она — выскочила из кабинета, взмыленная и красная, услышав, как хлопнула входная дверь.

«Как же она постарела», — первое, что подумала про себя Тонечка. С какой целью незваная гостья очищает комнату, можно было предположить без особых усилий: богатый старик или умер, или попал в дом престарелых, а квартира и имущество было завещано детям ещё до того, как эту хищную птицу впустили в дом. Она осталась на улице, вот и вспомнила о них. Мысль, как известно, летит быстрее света, поэтому всё это промелькнуло у Тонечки в голове с невероятной скоростью, но вслух она смогла только предложить кофе.

— Неужели, Антонина Ивановна, вы забыли, что я не пью кофе? Впрочем, что говорить, годы никого не щадят! Память изменяет, да и руки, я смотрю, у вас дрожат… Не Паркинсон ли? Даже не верится, что за несколько лет человек может так измениться — то есть я не говорю «состариться», но и морщин прибавилось, и глаза потускнели. Теперь я понимаю, что вам не по силам было присматривать ещё и за Яковом Семёновичем, вон какую грязь в нашей комнате развёл. Известное дело, мужчины могут очень быстро изгадить всё вокруг себя, когда остаются одни. Ну ничего, я теперь здесь и живо наведу порядок.

К счастью ли, к несчастью ли Тонечки, в эту минуту вошёл доктор.

— Сегодня мы закрылись раньше, потому что хозяину нужно в Тель-Авив… — начал было он свои объяснения, но внезапно запнулся, увидев разруху, царившую в квартире, и надо всем этим — свою бывшую супругу. Но супруга себя «бывшей», судя по всему, не считала и налетела на ошеломлённого доктора со всей энергией законной половины, как будто и не отсутствовала в его жизни лет десять.

Тонечка с ужасом и нарастающей тоской слушала, как та пеняла ему за грязь в комнате и за то, что не интересовался судьбой своей законной жены, что дал ей уйти и превратиться в рабыню сумасшедшего старика, и ещё за столько всего, что Тонечка потеряла нить и присела на стул, чтобы не упасть в обморок от головокружения.

Доктор молчал, как, впрочем, молчал всю жизнь, и Тонечка уже начала понимать, что с таким трудом построенная ею счастливая жизнь вот-вот развалится на кусочки. Наконец источник обвинений иссяк. Две пары женских глаз в полной тишине смотрели на Якова Семёновича, когда он, так и не ответив ни слова, сунул себе в карман ключ от входной двери, который его супруга оставила по обыкновению на столике в коридоре, и подозвал её, не называя по имени:

— Ну, иди сюда, жена, помоги мне поднять чемодан, я уже стар стал таскать такие тяжести.

У Тонечки на глазах выступили слёзы. Она уже не жена, что ли? Супруга, довольная собой, подошла и, поднатужившись, приподняла чемодан, всем своим видом показывая, что сейчас надорвётся. Даже непонятно было, как она заволокла его наверх. Тонечка пыталась проморгать слёзы, которые уже капали и капали на нос, но тут произошло что-то невероятное. Сильным движением (какой там старик!) Яков Семёнович вытащил в подъезд чемодан вместе с супругой, не успевшей разжать пальцы, что-то прошептал ей на ухо и, резво заскочив обратно в квартиру, захлопнул за собой дверь. Тонечка ожидала, что та начнёт скандалить, колотить в дверь, и с ужасом подумала о соседях. Но только звук тяжёлого чемодана, который волоком спускали по лестнице, нарушал тишину за дверью.

— Что же ты ей такое сказал? — было первое, что спросила Тонечка, вытирая слёзы и сморкаясь, когда звуки в подъезде наконец затихли.

Яков Семёнович улыбнулся ей непривычно лукавой для него улыбкой:

— Ни за что не скажу! — ответил он. — Не могу же я своими руками разрушить столь лестный для меня имидж интеллигентного чеховского доктора…

Тонечка, увидев, что автобус, в который сел доктор, отъехал благополучно, собрала свою тележку и пошла на следующий автобус. Сегодня у неё ночная смена, и она вполне может съездить на рынок, чтобы Яков Семёнович не узнал. Последнее время Тонечка заметила, что доктор начал сдавать. Ему тяжело было поднять его любимый арбуз и тележку, полную продуктов, тяжело было толкать к кассе. О том, чтобы ходить на рынок, и речи не было. Впрочем, он этого и не любил. Это унижало его достоинство. «Мы, — говорил он, — не живём за счёт подачек. Мы оба работаем и можем себе позволить покупать продукты в супермаркете — там, где есть кондиционер и полы моют каждый день и, возможно, даже моют руки». О том, что килограмм помидоров в супермаркете стоил, как три на рынке, он не имел даже представления, так как всегда был выше этого.

Но таким его Тонечка и любила… Благородным и щедрым. Вон какую цепочку ей купил пять лет назад, не по её просьбе или даже намёку. Тонечка привычным жестом потеребила цепочку, проверить — на месте ли она…

Вернул её к действительности звук близкого сильного взрыва. Автобус остановился. Тонечка посмотрела в окно. Ничего странного не было видно ни впереди, ни сзади, но машины все встали. Впрочем, на Мория всегда были невозможные пробки.

— Да газовый баллон взорвался, — лениво предположила на русском расплывшаяся на два сидения тётка напротив Тонечки, с такой же тележкой, как она сама.

— Десять газовых баллонов должно взорваться, чтобы был такой звук, — возразил ей на иврите датишный,[53] который сидел через проход от Тонечки.

«Как же он понял на русском?» — удивилась про себя Тонечка, и они обменялись с тёткой удивлёнными взглядами.

[53] Датишный — религиозный еврей (сленг русскоговорящего населения Израиля).

Водитель о чём-то говорил по переговорному устройству, вернее, слушал и только иногда сдавленным голосом отвечал «да». «Да», конечно же, тоже на иврите. Потом он встал, открыл дверь автобуса и, спускаясь по ступенькам, не глядя на пассажиров, громко сказал, немного заикаясь:

— В-впереди, на Мория, взорван автобус. Кто хочет, может выйти. М-мы приехали…

Тётка напротив Тонечки засуетилась и стала требовать перевода, так как иврита не понимала. Ещё несколько пожилых русских тоже пытались выяснить, что же случилось. Тонечка могла бы перевести, но она онемела. В предыдущем автобусе ехал Яков Семёнович. Неужели это тот самый?.. Она, ни минуты ни задумываясь, подхватила тележку, выскочила из автобуса и пошла, почти побежала, вперёд, догоняемая сиренами «скорых» и «пожарных».

Ещё издалека Тонечка увидела остов догорающего автобуса. Это было на другой стороне улице, и Яков Семёнович не мог в нём ехать. Но он мог выйти случайно и быть где-то поблизости. Или пересесть на другой, в обратную сторону. Он часто возвращался с полпути, что-нибудь забыв дома, память уже стала не та…

Полиция, оцепившая место взрыва, остановила её. Но она может помочь, она медсестра!.. Однако ни узнать, ни увидеть что-либо не представлялось возможным: мобильники сразу же переставали работать, как обычно случалось во время террористических актов. Общественный транспорт не ходил, а на такси денег не было.

И она пошла пешком, через Кармель, вниз по лестницам, которыми пересечён весь город вертикально, до Адара, а там вниз, к морю. «На смену уже сегодня не попасть, — думала она, — а может быть, именно сегодня она там нужнее всего, точно привезут раненых из автобуса, если кто-то остался в живых». Тонечка вздрогнула и неожиданно для самой себя перекрестилась, точно так же, как её бабушка пятьдесят лет назад. Она вспомнила вид искорёженного автобуса и неизменную в таких местах похоронную бригаду датишников, которые ползали по земле и собирали в пластиковые пакеты останки взорванных человеческих тел, так как по еврейской религии каждая, даже самая крошечная часть тела должна быть предана земле…

Яков Семёнович был в магазине. Он проехал злополучное место минут за десять до теракта и взрыва не слышал, так как был уже у моря, внизу. Он пришёл на работу, как всегда, вовремя — пунктуальность была его сильной стороной, и он очень гордился своим умением точно рассчитывать время.

«Точность — вежливость королей», — приговаривал он иногда, и Тонечка только посмеивалась. У него был ещё миллион других достоинств, но гордился он почему-то только этим. Сегодня хозяин сделал себе выходной, магазин работал только с трёх, и доктор открывал магазин сам. Вся рутинная работа при открытии магазина, установке товара, который должен быть снаружи, включая клетки с поющими канарейками, всегда была на нём. Чистка клеток и кормление питомцев — само собой разумеется. Уже лет пять как он освоил кассу, и хозяин, понимая, что его единственный работник, скорее, доложит денег в кассу, чем возьмёт себе, стал спокойно оставлять магазин на кого-то впервые за последние тридцать лет.

Яков Семёнович как раз пристраивал клетку с канарейками так, чтобы на неё падала тень, но в то же время, чтобы она была видна потенциальным покупателям. Чириканье и трели заменяли ему любую музыку, поэтому радио, столь любимое его хозяином, он даже не включал. Тем более он был поражён, когда увидел, как Тонечка — вся взмыленная, еле держась на ногах, с пустой рыночной тележкой, — приближается к магазину. Она же, увидев его живым и здоровым, окончательно потеряла силы, и ему пришлось отпаивать её холодной водой и горячим кофе попеременно, пока она не смогла рассказать ему о теракте. Впрочем, долго она не задержалась, заспешила на смену. Нет сомнения, что в детском отделении в ней сегодня нуждаются больше, чем всегда. Они уже послушали новости. Число погибших приближалось к пятнадцати, раненых — к двадцати, и почти все из них были дети и подростки: кто ещё ездит в Израиле на автобусах днём?

Глава 18

Аллочка встала сегодня непривычно рано, обычно она в это время ещё не могла разлепить глаз. Она услышала хлопанье холодильника на кухне и приглушённые голоса. Муж собирает Шончика в школу. Это была его обязанность — заниматься Шоном утром — с того самого дня, как они вернулись из роддома. Аллочка не вставала несколько недель после кесарева и всего того, что произошло с ней в больнице. Её муж повёл себя очень достойно: платил медсестре, которая приходила на весь день, а ночью брал ребёнка на себя, включая и утро, которое начиналось у Шончика очень рано, часа в три.

И если Аллочка по прошествии шести лет, когда Шончик уже стал таким взрослым, ещё иногда прощала мужу его нестерпимое занудство и демагогию, беспомощность в обычных житейских ситуациях и полное отсутствие мужской привлекательности, то только из-за этих трёх первых недель. Нельзя было отрицать тот факт, что и все остальные шесть лет он вставал рано утром и собирал Шоника в ясли, а потом и в садик — ну, так на то он и отец. Пусть вообще спасибо скажет, что она ему родила ребёнка, где бы он ещё нашёл такую дуру... Давно уже прошло время, когда квартира на Кармеле и профессорство в Технионе казались Аллочке признаком богатства и значимости... Профессоров в Технионе оказалось пруд пруди, и деньги им платили не такие большие. Ну, а уж когда они приехали в Америку, то она по-настоящему узнала ему цену. Денег с его зарплаты едва хватало оплатить съёмную квартиру в каком-то разваливающемся деревянном доме «времён Очакова и покорения Крыма», даром что в Кембридже. Да у её отца в колхозе дом был новее и, по крайней мере, из камня. Обои Аллочка не успевала подклеивать, да и немудрёно. Они уже не держались на неровностях и буграх, созданных предыдущими слоями краски и обоев попеременно, и кто знает, что могли люди намазать и наклеить на эти стены за последние двести лет. Аллочка никак не могла привыкнуть к терпкому запаху, исходящему от этих стен. Наверное, это был запах всех тех людей, которых за двести лет успела увидеть эта квартира, и то, что они, возможно, учились или преподавали в Гарварде, не делало этот запах более терпимым.

Аллочка попыталась уснуть: глаза и не разлипались но сон не шёл. Она всё-таки решила посмотреть на часы, хотя по тому, как хлопнула входная дверь, поняла, что сейчас 7.20: это время, когда муж провожал Шоника на школьный автобус. Этот последний садиковый год был практически первым классом или, как они в Америке говорили, классом перед школой. Аллочка видела воочию, как Шоник, раздуваясь от гордости, влезает в автобус и посылает папе воздушный поцелуй. Представив лицо мужа, Аллочка только вздохнула. Да, не такого папу она хотела своему сыну, но что теперь говорить… У него тоже были свои преимущества. Вот встаёт рано… Аллочка зевнула и посмотрела на часы. Автоматически посчитала — в Израиле два часа дня. Нужно позвонить Юльке. У неё сегодня в универе какой-то экзамен, нужно поддержать ребёнка. Что за дикая манера устраивать экзамены после обеда, когда мозги уже не варят? Аллочка потянулась за телефоном и почти вслепую набрала номер. Телефон был мёртв… Аллочка разозлилась. Опять Юлька забыла зарядить телефон! Для чего она даёт частные уроки иврита этим надутым снобам, американским еврейским отпрыскам, и платит все эти безумные счета, которые «брошенная и одинокая девочка», по Юлькиному выражению, наговаривает на тысячи шекелей? Аллочка поняла, что уже не уснёт, с трудом встала и подошла к компьютеру, который она упросила мужа купить для неё лично и поставить в спальне. Вот она, прелесть Америки. Два компьютера в доме. Это не то, что в Израиле. Сколько уроков иврита пришлось ей дать, чтобы заплатить за Юлькин компьютер в Хайфе! На такие вещи Аллочка не хотела брать деньги у мужа. Да у него и не было. Понятно, что большую часть времени на «её» компьютере гонял свои виртуальные машинки Шоник. Но зато она может «гулять» по Интернету сколько захочет. А то муж к своему компьютеру их с Шоником не допускает на версту, боится вирусов… У него там, видите ли, важные исследования.

Аллочка нажала на кнопку и, пока компьютер загружался, пошла чистить зубы. Через минуту, одной рукой с трудом удерживая электрическую щётку, трясущуюся во рту (за зубами Аллочка следила так же тщательно, как и за волосами), она вернулась в комнату, чтобы посмотреть на экран своего ожившего компьютера, где израильские новости на русском были всегда на главной странице… Ничего не случилось. Мир не остановился. Часы продолжали тикать и даже отыграли свою мелодию в 7.30, как положено каждые пятнадцать минут. На экране компьютера чёрным по белому на чистом русском языке высвечивалось сообщение, что пятнадцать минут назад на улице Мория в Хайфе произошёл теракт. Взрыв необыкновенной силы был слышен по всему Кармелю. Автобус номер 37, конечная остановка которого «Университет Хайфа», был взорван, по всей видимости, террористом-смертником, который вошёл на остановке «Улица Мория». Есть убитые и раненые. Много убитых и раненых… Место взрыва оцеплено силами безопасности. Количество жертв уточняется.

Аллочка застыла на месте. Щётка бессмысленно трещала во рту. «Нет, этого не может быть. Да, это Юлькин автобус. В смысле, её маршрут, то есть её номер. Другой туда с Кармеля не ходит. Ну и что? Она всегда старается прийти на занятия раньше. Тем более сегодня экзамен. А почему телефон не отвечал? Именно пятнадцать минут назад. Ну и что — она вечно забывает поставить его на зарядку…»

Аллочка неожиданно для себя не спеша вернулась в ванную комнату. Она выключила и тщательно помыла щётку, потом ещё более тщательно прополоскала зубы. «Нужно записаться к дантисту, отбелить зубы», — отметила про себя Аллочка, пытаясь закрутить вечно текущий кран до конца… Она вдруг заметила, что руки дрожали так, как будто она до сих пор держала невыключенную щётку.

Аллочка знала, что тянет время, — боялась даже смотреть на телефон, который всегда таскала с собой даже в ванну. Она боялась набрать такой знакомый номер, боялась этой страшной пустоты на другом конце провода… Но телефон зазвонил сам. Номер был израильский, но не Юлькин и не Наташин, и никого из подруг и знакомых, имена которых высвечивались при звонке. Она поднесла аппарат к уху, нажала на кнопку ответа.

«Полиция Израиля»,—это последнее, что она услышала, и, схватившись за ручку двери, чтобы не упасть сразу, начала потихоньку оседать на пол.

Глава 44

Игорь увидел Юлькино имя в газете, где перечислялись погибшие в теракте на Мории. А потом по телевизору. И снова в газете, в объявлении о похоронах. Много объявлений, а кладбище одно. Игорь решил, что идти нужно. Да, пусть Наташа его «не узнает», и страшно будет встретиться глазами с Аллочкой, потерявшей дочь таким ужасным образом. Но Юлька — он то помнит её совсем девчонкой. Так она и останется теперь навсегда девчонкой, которой он помогал делать уроки по математике… Как же это несправедливо — гибнут дети, просто дети…

Игорь увидел их ещё издалека. Аллочку нельзя было узнать. Наташин же профиль не изменился. Он попытался попасть в поле её зрения, она равнодушно скользнула по нему взглядом… Не узнала. Не захотела узнать?..

Он и до сих пор не считал себя виноватым. Что он тогда сказал? Что ребёнок помешает им съездить в Европу, как они давно договаривались? Что Наташа только получила новую работу со сборной Израиля, а это бывает раз в жизни? Разве он хоть раз упомянул об аборте? Разве не она сама на это решилась, даже не спросив его? А это был, между прочим, и его ребёнок. И кто знает, случится ли с ним такое когда-нибудь ещё.

Он протискивался к ней поближе, но его опередил какой-то парень. Тот пробился сквозь толпу — людей была туча, — дотронулся до её плеча. Наташа повернулась к нему, снова не заметив Игоря, удивлённо смотрела на говорившего, пытаясь сосредоточиться. Видно было, что парень ей незнаком. Или она просто была не в себе. Парень что-то говорил. Игорь был уже так близко, что слышал обрывки фраз: тот знал Юльку, она работала у него в дискотеке, она была сама жизнь, сгусток энергии. Игорь узнал голос, разворот головы — это был Олег, брат Рины… Игорь остановился, тряхнул головой, как будто отгоняя от себя какое-то видение. Развернулся на все сто восемьдесят и стал пробиваться обратно. Что он может сделать сейчас, завтра ночью он всё равно улетает в Бостон.

Игорь курил на балконе, куда можно было попасть по коридору, завернув за угол его офиса. С этого балкона не открывался вид на реку Чарльз, как из окна напротив его стола, но зато можно было наблюдать жизнь центральной больницы города, над программным обеспечением которой трудилась его компания. Внизу люди кишели, как муравьи, там всегда что-то происходило. Из корпуса в корпус бегали поодиночке симпатичные медсёстры, а также ещё более симпатичные студентки, но эти уже стайками. Игорь даже решил про себя разузнать, где они обедают, — вот ведь перспективное место для знакомства. С другой стороны, здесь, в Америке, никогда не знаешь: «Засудят», — уже успели предупредить его старожилы. «Чушь, — думал про себя Игорь, — люди везде люди, а уж женщины...» Конечно, пока он оформил все документы — паспорт и рабочую визу, пока сдавал квартиру — и все это время продолжал работать, — какое-то время ушло, и за этой суетой некогда было подумать о личной жизни. Но он в себе никогда не сомневался. Теперь уже далеко в Израиле осталась Наташа со своей тяжёлой обидой, а Рина, наверное, процветает сейчас в Москве со своим мужем Володей. Игорь даже не захотел тогда на кладбище поговорить с Олегом, узнать, что с ней. Место было неподходящее, да и что нового он мог узнать? Игорь уже перестал пенять себе за то, что не стал искать Рину, не поехал за ней, не боролся. Видно, не судьба... Вспомнилась Юлька, как будто она была его дочкой. Дети, гибнут дети, что это за страна такая...

Внизу раздались звуки сирен скорой помощи. Игорь перегнулся через перила. Санитары спешили. Сначала вынесли носилки, а потом из машины вышла женщина с чемоданом. Второй чемодан ей помог вынести водитель «скорой». На чемоданах болтались бирки, видно было, что больного забрали из аэропорта. Женщина отнесла один чемодан ко входу, потом приняла другой, энергично пожала руку водителю и, развернувшись на каблуках, побежала за носилками. Игорь отпрянул от перил — это была Рина.

На следующее утро после бессонной ночи Игорь, жалуясь на духоту и головную боль, перенёс свой стул и ноутбук на балкон. Его сосед по кубику выразительно покрутил ему пальцем у виска. Новеньким не пристало слишком выделяться. Конечно, Рина на улице так и не появилась, а люди входили и выходили безостановочно, и «скорые» пару раз подъезжали с диким воем. Единственное, что удалось Игорю понять из карты госпиталя, найденной на Гугле, — это что это здание является детским ожоговым отделением.

«У Рины есть ещё ребёнок? Сколько сейчас её сыну? Если он в Израиле, то, наверное, в армии. Из Москвы сюда, в Бостон?.. Не может быть… Это была не Рина. Рина — не Рина: пытаться пойти и все разузнать? Не пытаться — забыть; вернуться в свой кубик…» Рабочий день подходил к концу, солнце пряталось за самым высоким зданием больницы. Появились уборщики. Вот когда пригодилось его хвалёное обаяние. Недаром он каждый день перекидывается двумя-тремя словами с этим жизнерадостным толстым пуэрториканцем, по-видимому, менеджером, который распределяет работников, вернее, работниц, по рабочим местам. Он понимающе присвистнул, когда в начале их знакомства, Игорь попросил его прислать к нему в кубик самую красивую… И действительно, послал убирать кубик Игоря самую молодую, справедливо рассуждая, что некрасивой она быть не может. А она была не только не очень красивой, но ещё и неуклюжей, и убирала тяп-ляп, вот муравьи уже протоптали дорожку к пончику, завалившемуся за принтер. Игорь, конечно, ничего не говорил — не хотел портить отношения. Пончик выковырял сам, муравьёв побрызгал; зато его пуэрто-риканский друг на первую же просьбу — не знает ли он уборщиков из того вон одноэтажного корпуса внизу — тут же что-то прокричал в свой уоки-токи и попросил Игоря подождать двадцать минут, если он может.

…Может ли он подождать двадцать минут? А разве он не ждёт уже тринадцать лет?

Надо признаться себе честно: он ждёт. И если бы кто-то ему сказал это вот так, прямо в лицо, он бы первый посмеялся над этим. Чтобы он ждал женщину тринадцать лет?.. Да их вон, миллион в каждой тысяче: одна лучше другой!

Зазвонил телефон: Машка. Они собирались сегодня куда-то выйти поужинать вместе…

Глава 45

Машка вернулась из Непала неожиданно. Она точно не помнит, что подвигло её в одно прекрасное утро, пока вся палатка ещё спала, сложить рюкзак и отправиться в аэропорт, выбросив половину вещей, которые никуда не помещались и вообще, уже не выглядели как вещи. В мусорный бак отправились и памятные сувениры, полученные от друзей, имена которых она и не пыталась запомнить, и даже образцы вулканических пород, которые она твёрдо решила изучать…

По прибытии, в аэропорту Бен-Гурион, Машка вдруг задохнулась, увидев приветственные надписи на иврите. Теперь она уже не могла понять, как долгими холодными ночами под звёздами Непала она могла мечтать, что спасательная экспедиция найдёт её замёрзшей во время медитации на снежной вершине, сидящей в позе лотоса (которая ей на самом деле никогда не давалась), и абсолютно все: и Игорь, и их равнодушная мамочка, и Олег, и, конечно же, рыжий сын этого альбиноса Йоси, которого увезла его истеричная жёнушка, — все они поразятся красоте и величию её смерти и бессмысленности своих жизней.

Приняв, наконец-то, горячую ванну в прохладной и просторной квартире Йоси, где хозяйничала Лидия, и поев домашнего борща и котлет, Маша снова превратилась в недоступную, практичную и манипулятивную особу. Она с невероятной энергией бросилась исследовать рынок труда, тут же отказалась от изучения вулканических пород и, вспомнив свои успехи в английском, с ходу сдала вступительный экзамен по английскому языку в американские университеты.

Таким образом, уже осенью Маша оказалась в Бостоне, где Игорь, неожиданно для себя, присоединился к ней через полгода, когда его компания открыла там свой филиал.

Поскольку его приезд случился буквально через пару дней после теракта на улице Мория, раны были ещё свежи, а Интернет пестрел фотографиями с похорон.

Игорь не успел ступить на порог квартиры, волоча тяжёлый чемодан и заплатив какую-то астрономическую сумму в долларах за такси,— Машка, конечно, и не подумала его встретить,— как та потащила его к компьютеру.

— Смотри, смотри, это Олег! Что он делал на похоронах? Ты же был там, мне мать говорила. Ты видел его? А это что за девица? — Маша тарахтела без умолку, Игорь смотрел на фотографию, искал себя…

Конечно, Машка не помнит Аллочку из Харькова, узнать её сейчас невозможно… Ни Наташу, ни Юльку она и в глаза не видела: его жизнь никогда её не интересовала, а, может быть, она только притворялась…

А Маша не могла успокоиться. Этот Олег, который таскался за ней, как липучка, столько лет — ведь она даже не позвонила ему, когда вернулась в Израиль, чтобы не приставал и не мешал со своими чувствами,— смотрит теперь восхищённо на какую-то чужую блондинку, и где, на похоронах! А какие слова говорил: зелёные глаза, белые руки… И в Америку она уехала, не попрощавшись. Маша схватилась за мобильный.

— В Израиле ночь! — пытался остановить её Игорь.

Больше всего на свете ему хотелось сейчас горячего супа — холодина тут в марте. Но от этой супа разве дождёшься? Да и женщина ли она? Маша уже набирала телефон. Наплевать ей — Йоси заплатит…

Она оттолкнула руку Игоря, который пытался её остановить.

— Ой, Машка! — раздалось из трубки.— Четыре утра, ты сумасшедшая, но всё равно — спасибо! Да, я знаю, что ты в Америке, маму твою встретил на рынке недавно. А ты в каком городе-то живёшь, в Бостоне? Мы, наверное, приедем скоро, тут у нас беда, потом расскажу. С кем приедем? Да с Наташей, невестой моей. Я вас познакомлю… Ты даже не представляешь, сколько тут всяких совпадений и как тесен мир… Слушай, ночь сейчас, потом поговорим…

Машкина рука повисла безвольно. Из телефона уже слышались гудки, гудки… Игорь взял телефон, нажал на кнопку. Да, видно Машка тоже женщина, хоть суп не варит… Вон как обмякла вся.

— Поставь-ка чайник, попьём чаю. Чай-то хоть у тебя есть? Зачем он тебе нужен, этот пацан, ты здесь американца найдёшь…

Не стал он говорить своей незадачливой сестрице, что, судя по всему, невеста Олега — это бывшая его, Игоря, невеста. Вот ведь как тесен мир. И как у них всё так быстро сладилось? Два дня? Права Машка, нехорошо как-то — своих мертвецов ещё толком не успели похоронить…

Глава 46

Таня сидела около постели матери. Софья Александровна спала, измученная после сеанса химиотерапии. Таня привезла её обратно из больницы на такси, но, посмотрев на цену, которую пришлось заплатить таксисту, и вспомнив свою поездку из аэропорта, поняла, что следующую поездку придётся совершать на общественном транспорте.

Не то чтобы автобусы так уж пугали Таню, она была уже ко всему привыкшая, и уж точно это не было опаснее, чем в Израиле. Но как мама перенесёт автобус? Это был третий сеанс, и пока самочувствие её становилось только хуже. Таня нащупала в кармане какую-то шелестящую бумажку, и Софья Андреевна внезапно открыла глаза:

— Что, доченька?

— Ничего, мама, спи. Извини. Это вот билеты мои, — Таня вытащила из кармана пачку смятых бумаг — билет и ... Таня замолчала. Она держала в руках телеграмму, полученную от отца и датированную позавчерашним числом, третьим марта. Таня оглянулась на Софью Александровну... Та снова задремала. Таня разгладила телеграмму на коленке: русский текст, отпечатанный английскими буквами: «ПОЛИНА ПОПАЛА ПОД МАШИНУ У МАМЫ РАК ГРУДИ ПРИЕЗЖАЙ БИЛЕТ ОПЛАЧУ ПАПА». «Достаточно насыщенно для одной телеграммы, не правда ли?» — Таня положила помятый листок обратно в карман. Она и не подумала воспротивиться предложению отца заплатить за билет, хотя уже несколько лет как начала получать постоянную, но очень скромную зарплату в Хайфском симфоническом оркестре. Скромной зарплаты хватало только на очень скромную жизнь. Студию «Мелодия» пришлось закрыть сразу после того, как Рина уехала с мужем в Москву. А через полтора года, когда Рина неожиданно вернулась, Таня уже устроилась в оркестр по протекции того самого профессора — своего первого ученика. Да и частных учеников по фортепиано у неё набралось предостаточно. Но, видимо, не совсем достаточно: Таня посмотрела на цену билета.

— Мама, как же вы устроились с Полиной? Кто отвёз её в больницу, кто повёз тебя на операцию? — Таня до сих пор была в шоке, что отец не встретил её и вообще не оказался дома.

— Он так много сделал для нас, ты не представляешь! Он звонил в больницы, он переводил деньги всем, кому нужно, — пела ему дифирамбы мама. — Он же уже год как работает во Владимирской филармонии, даже ни разу не смог приехать — так занят!

«Даже тогда, когда его жене делали операцию по удалению груди! — думала Таня. — Даже тогда, когда женщина, которая работала на него всю жизнь, попала под машину и переломала половину рёбер. Даже тогда!» — повторила про себя Таня, но ничего вслух не сказала. Да и она уже поняла, что хочет она этого или нет — придётся воспользоваться помощью отца. Он сможет устроить её на работу здесь, в Баку, в филармонии, хотя бы на время... Таня уже прикинула, что пробыть в Баку придётся больше, чем она рассчитывала. Неужели ей придётся расстаться со своей половиной ставки в оркестре, заработанной кровью и потом? Да и без Израиля она уже свою жизнь не представляла... И без своих маленьких учеников... Неожиданно для себя она поняла, что дети — это как музыка, все прекрасно разные и дают силы жить дальше. Они уже с Риной начали обсуждать проект открытия детской музыкальной школы. Рине тоже не прожить было с сыном на те деньги, которые платили в «Центре матери и ребёнка», куда она так удачно устроилась, опять же не без помощи: Дебора взяла над ней шефство. Таня вздохнула, вспомнив о подруге. Они очень сблизились после возвращения Рины из Москвы и ещё больше, когда Гошика призвали в армию. Как он там, Солдат Солдатович?

Раздался звонок, разбудив Софью Андреевну.

— Папа! — засуетилась она. — Звонит из Владимира, он всегда звонит в это время.

Таня потянулась к трубке. Разве не удивительно: она в Баку всего день, нигде не была, кроме больниц, но до неё уже дошли сведения, что первая скрипка симфонического оркестра Владимирской филармонии — очаровательная платиновая блондинка, приблизительно Таниного года выпуска, очень молодая для первой скрипки, — неожиданно сделала блестящую карьеру.

— Да, папа, — Таня привычно задохнулась, ожидая услышать раскатисто-очаровательный бас отца.

Но другой, молодой мужской голос со знакомым бакинским выговором попросил Софью Андреевну.

— Наверное, из твоего хора, мама, — Таня протянула Софье Андреевне трубку.

Софья Андреевна взяла трубку, испуганно глянула на Таню и несколько секунд отвечала «да, да», и только один раз «нет», явно пытаясь, чтобы тема разговора не стала понятна Тане.

— Ого! — засмеялась Таня, пристраивая замолчавшую трубку обратно на новый телефонный аппарат. — Если бы я не знала, как ты влюблена в папу, я бы подумала, что у тебя есть тайная связь.

Софья Андреевна радостно засмеялась, возбуждённая таким невероятным предположением. В это время раздался звонок в дверь.

— Это он, этот человек, он привёз мне лекарство из Москвы.

Таня открыла дверь и, в темноте не разобрав деталей, пригласила высокого смуглого посыльного в комнату. Она заскочила на кухню, чтобы взять очки, прочитать название лекарства (зрение начало подводить от многочасового глазения в ноты) и заодно поставить чайник, напоить гостя чаем. Вернувшись в комнату и уже нацепив очки на нос, Таня первый раз подняла глаза. Перед ней стоял Арсен.

Таня не очень любила женские романы, но иногда с удовольствием смотрела старые мелодрамы, и вот такая сцена была бы очень в её вкусе…

В таких случаях она начинала хлюпать носом, тереть глаза и тянулась за туалетной бумагой. Арсен, казалось, даже не был удивлён её присутствием здесь, но был очень возбуждён чем-то другим и начал говорить очень быстро:

— Я сожалею, Таня, я очень сожалею!

—Да, спасибо, но маме уже лучше, и Полина потихоньку выкарабкивается. Мы справляемся, спасибо, Арсен,—Танин голос дрогнул, когда она произнесла его имя, но он, кажется, ничего не заметил.—Я не знала, что ты в Баку.

—Да я не живу здесь, привёз вот ребят на соревнования.

—Он уже несколько раз нас навещал с тех пор, как стал приезжать,—как бы оправдываясь, вмешалась Софья Андреевна,—с тех пор, как Роман Соломонович во Владимире. Я не успела тебе сказать…

Таня подумала: «Побоялась отца…»

—Да я всего второй раз в Баку в этом году. Но я сейчас говорю об Израиле, о Хайфе, о городе, где ты живёшь. Там страшный теракт, автобус взорван и много людей погибли. Ты не слышала?—смутился Арсен.

—У нас только радио, и я даже не слушаю, все равно не понимаю… Меня же папа ещё в четвёртом классе освободил от азербайджанского,—Таня развела руками: Арсен-то знал азербайджанский прекрасно, несмотря на своё армянское происхождение.

—У меня в гостинице есть компьютер, там в Интернете можно всё прочитать, есть даже фотографии.—Арсен увидел Танино замешательство и посмотрел на Софью Андреевну.—Я имел в виду лобби гостиницы,—смутился он,—я не настолько богат, чтобы иметь компьютер в номере. Поехали, меня всё равно машина ждёт, нам спортивная федерация приписала средство передвижения… И обратно отвезём, не сомневайтесь, всё равно все на тренировке до ночи…

—Может быть, Танечка, ты сможешь и продукты купить.—неожиданно, казалось бы, подыграла Софья Андреевна,—Молоко закончилось, и любимое печенье Полины.

Таня стояла перед компьютером в лобби небольшой, но непривычно чистой и современной гостиницы в центре Баку. Она была переделана из левого крыла старого жилого дома каким-то новым русским. Таня даже не глазела, как обычно, по сторонам, хотя краем глаза и отметила старое, но хорошей марки пианино в углу около окна. Имела место даже небольшой сцены… «Здесь можно было бы подработать», — по инерции подумала Таня и охнула, посмотрев на экран компьютера. Обожжённый остов автобуса не оставлял надежды ничему живому. До боли знакомые фигуры людей в кипах, ползающих на коленях и собирающих в пластиковые пакеты даже самые маленькие фрагменты разорванных тел — всё должно быть предано земле…

У Тани защемило сердце. Что же такое есть в этой маленькой стране, что каждая такая катастрофа воспринимается как личная трагедия? Дети — там было много детей, учеников, студентов… Её собственные дети могли бы уже быть такими. Хоть бы среди них не оказалось её учеников…

На экране поплыли титры и фотографии погибших. Дети — вот этот мальчик и эта девочка, знакомые лица — да все русские похожи. Но эта не похожа, нет, — раскосые глаза… Господи, да это же Юлька! Она, Юлька, да и фамилия у неё та же, что у Аллочки: про мужа никогда не говорили. Таня ещё не могла поверить тому, что увидела, как Арсен курсором мышки перескочил на похороны, и на первой же фотографии была Аллочка. Таня-то сразу её узнала: у подруг, живущих вместе, нет секретов. Таня не раз видела её без косметики и в косынке, которую та повязывала, как деревенская баба, чтобы белокурые кудри не пропахли жиром от котлет… Аллочка!

Таня не могла отвести глаз от её лица. На нём не было даже отчаяния — одна пустота в глазах — пустота… Таня не знала, радоваться или огорчаться тому, что она сейчас не в Израиле. Это невыносимо тяжело — сопереживать. А каково тем, с кем это случилось? Она закрыла глаза. Нет, не думать, не думать, не представлять, — всё равно не поможет… По лицу текли слёзы. Таня начала ковыряться в сумке в поисках какой-нибудь салфетки. Арсен пытался увеличить изображение, передвигая курсор. Таня вздрогнула: ещё одно знакомое лицо, и ещё… Олег что-то говорит Наташе — Аллочкиной сестре, изображение расплывалось… Таня прищурилась, вытащила из сумочки очки… Да, вот она, салфетка, ещё из самолёта… Снова лицо Олега крупным планом: что-то было в нём такое — да, глаза… Глаза просящие, молящие, как у голодного пса. Так он теперь смотрел на другую женщину… Она хорошо знала это его выражение лица.

Таня сняла очки, повернулась к Арсену, который беспомощно двигал курсором, чтобы делать хоть что-то и не видеть горя на Танином лице.

— Компьютера, как я понимаю, у тебя в номере нет, — вдруг сказала она и сама не поверила, что говорит это вслух, — но умыться-то у тебя можно, Арсен-джан?

Глава 47

Двадцать минут, вернее, даже пятнадцать, показались Игорю вечностью. Вот появился его жизнерадостный пуэрто-риканский друг с бипером. Придерживая аппарат плечом, он жестом фокусника вытащил из-за уха карандаш и ловко выдернул лист бумаги из принтера, чтобы записать то, что ему диктовали по телефону. Протянул Игорю листок с фамилией и номером палаты нового пациента. Игорь скользнул глазами по неразборчивым каракулям, как будто сканировал, чтобы не забыть. Да, это был сын Рины. Игорь был уже окончательно уверен в этом, несмотря на то, как дико была записана на английском простая фамилия Мурашёв. Фамилия Володи.

— Мне нужно попасть туда, — больше жестами, чем словами, объяснил он.

Игорь не так долго был в Америке, но уже понял, что законы тут блюдут всерьёз. По лицу его друга промелькнула тень неудовольствия, и Игорь по давней советской привычке полез за кошельком…

Через двадцать минут Игорь, пробираясь дворами, уже еле поспевал за своим спасителем, который денег, кстати, не взял. Они вошли с заднего входа, избежав встречи с чёрным пожилым швейцаром. Тот ещё вчера днём из-за стеклянной двери подозрительно поглядывал на Игоря, который под предлогом ланча околачивался около отделения, как школьник, бравируя своим бутербродом.

Погруженный в свои мысли, Игорь и не заметил, как оказался у двери, на которую указал его друг с чувством выполненного долга. Он зашёл в палату, не успев перевести дыхание, и тут же пожалел о своём легкомысленном поступке. На кровати, опутанной проводами, лежало что-то замотанное и белое.

«Как мумия», — подумал Игорь, и ему стало не по себе. Но приборы работали, и кардиограмма на экране — прямо как в кино — пульсировала стабильно. Палата была огромной, освещённой закатным солнцем, и Игорь даже не заметил, как из ванной комнаты (обязательного атрибута любой палаты в американской больнице) вышла Рина, озабоченно вытирая руки стерильными салфетками. Игорь перевёл дыхание, намереваясь пошутить, чтобы как-то пережить эту первую минуту и может быть, следующую тоже. Но Рина просто бросилась к нему и обняла — крепко и в то же время доверчиво — так, как могла только она. «Что бы ни случилось, — подумал Игорь, крепко, но осторожно сжимая её тёплое и так знакомо пахнущее тело, — что бы ни стряслось с нами, я всегда буду благодарен тебе за эту минуту, моя любовь…»

Игорю и Рине удалось побыть вдвоём целых два часа только в тот день, когда прилетел Володя из Москвы и сменил её ненадолго у постели сына.

Игорь пытался спросить её о Гошике, но она сказала только одно: «Жив…». Он что-то наплёл начальнику, даром что было только девять утра, и снял им с Риной номер в гостинице. Чёрт с ними, с деньгами. Ему не хотелось объясняться с Машкой. Ему не хотелось даже называть имени Рины. Ему было страшно спугнуть своё счастье. Рина ничего не спрашивала. Он только сказал, что в Бостоне — по работе. Понятно, ей не до этого. Он был так счастлив, он так соскучился по ней, что ему и не пришло в голову: Рина до сих пор уверена — он женат на Наташе. Впрочем, Игорь тоже думал, что Рина и Володя всё ещё вместе. Но все это было уже неважно. Им ещё многое предстояло обсудить и обговорить, но это потом — у них теперь есть время. После всего они так и сидели раздетые на кровати и крепко держались за руки, даже не замечая этого сами. Яркое мартовское солнце било в окно и высвечивало побелевшие виски Игоря и каждую морщинку возле глаз у Рины. Им не хотелось разговаривать, они жадно смотрели друг на друга, и каждый знал, что они уже никогда не расстанутся. «Дай Бог, — думал Игорь, который не верил ни в Бога, ни в чёрта, — дай Бог, она ещё родит мне ребёнка».

«Дай Бог, — вторила ему в уме Рина, которая тоже вроде бы и не верила в Бога, но кто его знает? — Дай Бог, я рожу ему ребёнка. И Гошик жив!»

Рина ничего не знала о судьбе остальных пассажиров автобуса — её сын был жив. Обгоревший, полуживой — каждый час укол морфия. Необходимая для пересадки кожа нашлась здесь, в Бостоне — что за нонсенс, солдата лечат в детской больнице. Та же армия, которая не смогла защитить детей мирного автобуса в центре Хайфы, теперь оплачивала и полет, и скорую, и лечение в этой необыкновенной больнице — видно, что они уже в двадцать первом веке.

Боже мой, солдат, кто же сказал, что он солдат? Как она боялась этих прыжков, парашюта, который может не раскрыться!

Ну кто же предполагал, что Гошик пострадает в самом мирном месте, в свой законный отпускной день? Рина даже не сразу узнала о взрыве в автобусе, который шёл по центру Хайфы по школьному и студенческому маршруту. А вот Володя знал. Он знал это ещё до того, как Ринин звонок вырвал его из московской текучки, как кусок мяса из живого организма. Вот ведь сила Интернета: автобус ещё догорал, а он уже знал. Он только не мог предположить, что Гошик был там. Его сын ведь был солдат. Солдат, каждый день службы которого был его, Володи, стыдом и мучением: почему не он, почему его сын, совсем ещё мальчик, должен рисковать своей жизнью?

И вот как всё получилось... Что же это за страна такая, что нет никому пощады — ни детям, ни старикам? Нет в ней ни места, где бы ты чувствовал себя в безопасности, ни времени суток. А люди живут там, и радуются каждому прожитому дню, и вгрызаются в эту пересохшую от немыслимой жары землю, и делают из неё сад.

Гошик застонал. Володя выскочил из палаты кого-нибудь позвать и увидел Рину. Она просто шла по длинному больничному коридору с постами для медсестёр, открытыми и закрытыми дверями палат, перешёптывающимися родственниками, и от неё исходило какое-то сияние и покой. Володя не понял, что произошло, но в эту минуту он окончательно потерял надежду. Надежду, которая жила в нём и разгоралась, а иногда просто тлела, как кучка угольков в их школьном костре, но всегда, всегда грела его сердце. «Она здесь не одна, — подумал

Володя. — Она в этой жизни не одна». Он вдруг почувствовал невыносимую усталость, как будто все недоспанные часы этих последних дней навалились на него тяжёлым грузом. Рина звала медсестру. Володя присел, ноги его не держали: «Нужно искать другую Рину, ведь каждому положено в этой жизни немного любви… Вот подожду, пока Гошик поднимется…» — это была его последняя мысль, и он отключился на неудобном, но всё-таки кресле, какими были оснащены все палаты этой невероятной больницы. Рина зашла в комнату, повторяя про себя ответ медсестры на английском, который она понимала с трудом, а чаще — не понимала вообще… Володя спал. «Когда он успел заснуть? — Рина посмотрела на Володю с жалостью. — Постарел, смотри-ка, лысый совсем… — подумала она, укрывая его запасным одеялом, чтобы не простыл от беспрерывно гудевшего кондиционера. — Жалко его, особенно жалко теперь, когда она так счастлива… И Гошик жив».

Рина присела около сына. Вошла сестра уколоть морфий, чтобы он снова уснул и не чувствовал боли. Но Гошик, придя в себя на минуту и почувствовав прохладную руку матери у себя на лбу, первый раз за все время с Израиля заговорил: «Я жив, мама», — сказал он, — и снова впал в беспамятство.

Хайфа – Бостон
2008–2015

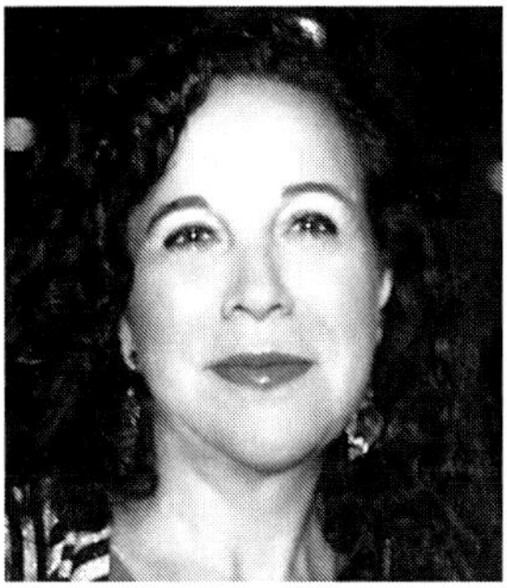

Елена Улановская —
писатель, продюсер, сценарист.

Родилась в г. Пермь, Россия. До 1990 года жила в Луганске, Украина, затем в Хайфе, Израиль, и с 2009 года — в Бостоне, США.

Закончила курсы продюсеров в New York Film Academy.

Автор трилогии «Женский Роман». «Предсказание Судьбы» (2003) и «Цена Любви» (2006) (первая и вторая книги трилогии) были напечатаны в журнале «Шарм», Израиль. Заключительная часть трилогии — «Апокалипсис» — была напечатана в 2014 году в «Новом Журнале», Нью-Йорк. Там же в 2016 году был напечатан журнальный вариант романа «Пальмы на Асфальте».

Елена — автор сценария и продюсер фильмов «Русский — тяжёлый язык» (2009, показывается на Израильском ТВ); «Из России с математикой» (США, 2013); «Новые протоколы Сионских Мудрецов» (2015). Эти фильмы представлялись на кинофестивалях в Нью-Йорке, Израиле, Москве.

Её пьесы и киносценарии «Туристическое агентство», «Немезида», «Взорвать Бостон», «Музей Русских Икон или долгая дорога домой», «Иврит на двоих», «Химеры» в настоящее время находятся на разных стадиях постановки в Израиле и Бостоне.

Елена пишет на русском, но также работает с англоязычными авторами над созданием телепьес и сценариев для сериалов. (http://timelesswriters.wix.com)

Елена также является соучредителем продюсерской компании Weekend Movie Productions, LLC.